· 图们江国际合作系列丛书 ·

漫话图们江与日本海

主 编／李 铁

海洋出版社

2018 年·北京

图书在版编目（CIP）数据

漫话图们江与日本海／李铁主编. —北京：海洋
出版社，2018.1
　ISBN 978 - 7 - 5210 - 0027 - 6

　Ⅰ. ①漫⋯　Ⅱ. ①李⋯　Ⅲ. ①东北亚经济圈 - 区域经
济合作 - 研究　Ⅳ. ①F114.46

中国版本图书馆 CIP 数据核字（2018）第 008113 号

责任编辑：阎　安　侯雪景

特约编辑：朱　岩

责任印制：赵麟苏

海洋出版社　出版发行

http://www. oceanpress. com. cn

北京市海淀区大慧寺路 8 号　邮编：100081

北京朝阳印刷厂有限责任公司印刷　新华书店经销

2018 年 1 月第 1 版　2018 年 1 月北京第 1 次印刷

开本：787 mm×1092 mm　1/16　印张：20.5

字数：270 千字　定价：58.00 元

发行部：62132549　邮购部：68038093　总编室：62114335

海洋版图书印、装错误可随时退换

序　言

　　图们江是位于东北亚的一条国际河流，发源于吉林长白山，蜿蜒曲折，流经中朝边界、俄朝边界，汇入日本海。图们江像一部写在大地上的历史、地理、人文教科书，记录了中华民族先民在这一流域的生存繁衍、开发繁荣，也铭记着中国近代以来积贫积弱、丧权割地的屈辱，令人慨叹。

　　图们江流域特别是图们江入海口区域，是中国、俄罗斯、朝鲜三国接壤地区，号称"一眼望三国，虎啸惊三疆"。这里既是加强日本海沿岸国家经贸合作的核心地带，也是东北亚地缘政治热点地区。图们江战略地位如何？图们江与日本海有何渊源？开发利用图们江对我国"一带一路"建设和海洋强国战略有何重要意义？所有这些，引发众多国人的思考和关注。

　　《漫话图们江与日本海》一书，便回应和讨论了上述问题。该书对人们进一步了解图们江、关注图们江，维护图们江出海权益，推进图们江地区开放发展，拓展海洋强国战略支点，具有重要的宣传阐释意义和研究指导作用。

本书分为上下两篇。上篇以通俗、灵动的笔触，漫话图们江水系的由来，展示图们江流域的风采，回顾图们江流域的历史兴衰。资料翔实、图文并茂，从地理到历史，从经济到文化，从习俗到民风，向读者描绘了图们江流域多姿多彩的画卷。下篇则从历史反思、现实对策、未来展望的角度，回顾了图们江通海受阻的原因和所做的努力，分析了利用大图们国际合作机制，推动图们江开放开发的有效途径，探讨了利用日本海港口资源，发展海洋经济，参与北冰洋东北航线的必要性和可行性。相信上述内容，能够引起广大读者的阅读兴趣，收到雅俗共赏之效。

20世纪90年代，由联合国开发计划署（UNDP）发起并支持图们江区域合作发展。经过我国及图们江区域其他各国共同推进，其内涵不断深化，规模不断扩大，显现良好的发展态势。图们江机制成为中国与东北亚各国交流合作和发展的良好平台和便捷通道。2015年我国发布了"一带一路"建设规划，图们江区域合作将以大图们通道建设为核心，打造"北方丝绸之路经济带"和"21世纪海上丝绸之路"，这也为图们江区域开边通海，带来了新的历史机遇。

习近平总书记指出，要进一步关心海洋、认识海洋、经略海洋，推动我国海洋强国建设不断取得新成就。我国拥有300多万平方千米主张管辖海域，1万多个岛屿。实施海洋强国战略，坚持陆海统筹，发展海洋经济，不仅要在南海、东海、黄海、渤海大有作为，而且要在图们江有所作为。中国海洋学会图们江分会倾力编撰《漫话图们江与日本海》，是一项很有意义的工作，衷心祝愿能把这方面的研究和探索继续深入，取得更大成果。

太平洋学会会长　张宏声

2018年1月

目　录

上　篇

第一章　图们江水系趣谈 ……………………………………… 3

　一、溯源方知出处高 ……………………………………… 3

　二、穿山透地不辞劳 ……………………………………… 8

　三、纵横交错融百系 ……………………………………… 17

　四、终归大海作波涛 ……………………………………… 36

第二章　图们江流域采风 ……………………………………… 42

　一、漫卷诗书话沧桑 ……………………………………… 43

　二、依江临水兴边城 ……………………………………… 50

　三、多姿多彩朝鲜族 ……………………………………… 56

四、品味独特满族情 …………………………………… 63

五、心驰神往觅佳居 …………………………………… 70

六、风雅古韵淳民风 …………………………………… 76

七、一方水土一方味 …………………………………… 86

第三章　图们江历史回望 ………………………………… 94

一、江涛滚滚流日月 …………………………………… 94

二、物换星移几度秋 ………………………………… 110

三、冲滩破冰再起航 ………………………………… 139

下　篇

第四章　图们江机制浅谈 ……………………………… 157

一、顾名思义 ………………………………………… 157

二、图们江国际合作机制的由来 …………………… 162

三、图们江国际合作机制的奠基石 ………………… 165

四、务虚转务实　转型路长 ………………………… 167

五、图们江国际合作机制的重要作用 ……………… 173

六、图们江国际合作机制成果多多 ………………… 176

七、图们江国际合作机制尚需不断完善 …………… 181

八、转型升级构想 …………………………………… 185

第五章　走进日本海的探索 ……………………………………… 192

　　一、图们江开发与"边疆近海省"的提出 ……………… 193

　　二、借港出海战略的探索实践 …………………………… 205

　　三、环日本海经济合作 …………………………………… 215

第六章　日本海域港口概览 ……………………………………… 229

　　一、丰富多彩的海洋资源 ………………………………… 229

　　二、密布环绕的港口群 …………………………………… 231

　　三、环日本海地区主要港口合作发展面临的困难与问题

　　…………………………………………………………… 251

第七章　图们江三角洲国际旅游畅想 …………………………… 254

　　一、图们江旅游：风景这边独好 ………………………… 256

　　二、从小三角洲到大三角洲 ……………………………… 262

　　三、邮轮遨游，美景在望 ………………………………… 284

第八章　图们江与海洋强国梦 …………………………………… 294

　　一、助推国家海洋强国战略 ……………………………… 294

　　二、实现图们江区域陆海统筹 …………………………… 301

　　三、在"一带一路"东北亚方向取得突破 ……………… 310

后　记 ……………………………………………………………… 316

上篇

第一章　图们江水系趣谈

俯瞰世界地图，在亚洲东北部，有一条国际河流，犹如一条巨龙，在崇山峻岭之间，蜿蜒盘旋，气吞山河。

千百年来，她不仅凝结了两岸各族人民的友谊，也哺育了两岸广袤的大地。她，就是享誉世界的图们江。

她，宛若饱经沧桑的千年古树，枝繁叶茂，苍劲有力。她的枝杈仿佛是千万条利剑，劈开冰层，凿开岩石，破开荒滩，绵延千里，汇入波澜壮阔的日本海，孕育了极具特色的图们江地域文化，造就了东北亚地区一方璀璨的历史文明。

一、溯源方知出处高

图们江，朝鲜语称"豆满江"，曾是中国内河，15 世纪之前，图们江两岸由中国少数民族——女真族所占领。

明王朝建立后，通过对女真族招抚，在图们江两岸设置地方机构，南岸也一度成为明王朝领地。然李氏朝鲜不甘示弱,不断向北扩张,于15世纪中叶,在图们江南岸设置了会宁、富宁、钟城、稳城、庆源、庆兴六个镇,标志着图们江开始成为中朝两国的界河。图们江下游末段,为朝鲜民主主义人民共和国与俄罗斯联邦的界河。

(一)图们江溯源

图们江,发源于中国长白山山脉主峰东麓,江水由南向北流经中国吉林省和龙、龙井、图们、珲春四县市,朝鲜两江道、咸镜北道,俄罗斯滨海边疆区的哈桑区,在俄朝边界注入日本海。

干流总长525千米,其中,中朝界河510千米,俄朝界河15千米。总流域面积33 168平方千米。其中,中国一侧22 632.07平方千米,占流域面积的68.38%。河道总落差为1297米,平均坡降0.24%。

从源头到入海口,从历史到今天,绵延千里的图们江水,滚滚东流,文明凝结着智慧与勤劳,也充满着屈辱与悲哀,千百年来,围绕着这条江发生过多少跌宕起伏的故事,图们江的历史就是一个充满神话魅力的历史。

图们江源头河流形态及地貌

图们江源头水系，有朝鲜境内的红土水、石乙水、红丹水及发源于中国安图县的弱流水等。其中，红土水与弱流水皆源自中国境内的长白山天池附近的园池。

关于图们江的正源，有不同的说法。《和龙市志》以红土水为正源；还有一说发源于赤峰西北部3千米丹树林之树林河为正源，该河流至赤峰西部1.5千米处，与朝鲜之红土水汇合。

(二)图们江的两个分支

北支：由红土水、石乙水、弱流水组成源头水系的北支，大浪河也属于此支。在《长白山江冈记略》和《延吉边务报告》中均有记载。

南支：红丹水，也叫红湍水，发源于长白山三汲泡。上游有江头水及另一源，自西向东，流经大红湍、新兴劳、农事劳，注入图们江。

《古今地名大辞典》中记载："江有二源，俱出长白县东北长白山支阜分水岭。正源曰红丹水，出岭东之三汲泡……"此系南支说。

图们江干流流经之处有吉林省和龙市、龙井市、图们市、珲春市四个市县。

1. 吉林省和龙市段

河长164.5千米，流域面积达2463平方千米，河道坡降0.24%（和龙市境内河道平均坡降0.7%）。流经崇善镇、南坪镇（原芦果、德化、勇化）等乡镇。

以红土水（朝鲜境内）为源，红土水自红土山下浩浩荡荡东流3千米，左会母树林河（又名树林河，安图县境内）。至此，摇身一变，成为中朝两国的界河——图们江。然后一路东行2.6千米，来到山高岭峻的赤峰（长白山山峰，安图县东南与朝鲜交界处）。沿途多少森林、植被、人与动物得以休养生息，被长期孕育、滋润并得以成长。

和龙市崇善镇古城里口岸一段

每一个朝阳托起的清晨,每一个雾气氤氲的暮霭里,这条伟大的母亲河,彻夜奔流,生生不息。

她仿佛弹奏着生命的乐曲一路向东,左会弱流水,向东南流7.8千米;右会石乙水,穿石凿土,披荆斩棘,一举向东挺进35.5千米;左会广坪沟,以排山倒海之势,再向东流10千米;右会红丹水(朝鲜境内),向东北流15.7千米;左会红旗河,再向东流1.5千米(在古城里);右会西头水(朝鲜境内)。前呼后拥,左揽右抱,席卷一切,淘尽风流。

自赤峰至龙井市三合镇之间河段为图们江上游。

图们江水一路风风火火来到风景秀丽的崇善镇的古城里(有古城里口岸)右会西头水之后,再向东流至崇善镇南夕村境内;左纳玉石河,又向东北流至芦果乡(1999年并入南坪镇)梨树村;右纳朝鲜境内的延面水,流至兴南村;左纳新丰河,流至虎岩村;右纳城川水,继续向东北流至德化镇(1999年并入南坪镇)柳新村;左纳柳洞河,再流至勇化乡(1999年并入南坪镇)惠章村;左纳高岭河,继续流0.5千米经龙井市的江口洞流入龙井市。

2. 龙井市段

境内河长136千米,流域面积727.95平方千米。图们江于白金乡江口洞流入本县(市)境内,自西而东,蜿蜒曲折,穿行于层峦叠嶂之间,至白金乡安和屯附近,转向东南,至富裕乡虚弓桥沙洲一带,

转而向北，至乡驻地转
向东南，至三合镇鹤栖
村又转而向北，流经开
山屯镇后，于光开乡船
口村出县境入图们市。
对岸为朝鲜咸镜北道会
宁市。

图们江龙井市开山屯镇一段

3. 图们市段

图们江流经月晴乡、红光乡、图们市城区。境内河长 38.75 千米，
流域面积 559 平方千米。落差 44.7 米，河道平均坡降 0.12%。江面平
时宽 60～240 米，水深 1.2～3.0 米。汛期江面宽达 260～1000 米，水
深 4～11 米，流速 5 米/秒。封冻期 106～117 天，冰厚 1 米左右。

4. 珲春市段

河长 164.7 千米，
自凉水庆荣村进入至防
川"土"字牌出境。流
经凉水、密江、英安、
三家子、板石、敬信镇
等 6 个乡镇、24 个村
屯，流域面积 5356.8

图们江珲春市敬信镇段

平方千米。本段先后有北大河、石头河、珲春河、大肚川河、圈河等支
流汇入。

河段的对岸为朝鲜的两江道和咸镜北道，流经城镇有：茂山、会
宁、钟城、南阳、稳城、新星、新乾里。

图们江俄朝界河段

5. 河口段

境内河长 15 千米，为俄罗斯—朝鲜界河。俄罗斯境内为滨海边疆区，朝鲜境内为咸镜北道。在朝鲜西水罗里以东注入波涛汹涌的日本海。

二、穿山透地不辞劳

经过千回百转，图们江一路东流，穿山透地、不辞辛苦地向世人昭示着独特的姿态与魅力；图们江水仿佛一个情窦初开的少女，美丽婀娜，时而浅吟低唱，时而引吭高歌，一路欢笑，奔腾不息。

（一）图们江流域划分

图们江干流流域分上游、中游、下游三段。

1. 吉林省龙井市三合镇以上为上游

图们江上游，有两条源流：红土水和弱流水。图们江河流穿行于玄武岩熔台地的深谷中，谷深达百余米，河道坡度陡，水流急，河槽又窄且深，河底孤石大而密集，水声轰鸣，数里可闻。

此段红旗河口以下平均水面宽 50～100 米，河道坡降陡，平均坡降为 0.24%，水流湍急，水量丰足，丰枯变化小。两岸山势陡峻，峭壁林立。由于山地多，河道异常弯曲，河槽宽窄不一，狭窄地段洪水水面仅宽 190 米，开阔地段龙渊洪水水面可达 1000 米。

2. 龙井市三合镇至珲春市英安镇甩弯子为中游

图们江中游河谷开始逐渐开阔，流域面积约增加 2 倍，水量猛增，河面展宽，水流变缓，平均水面宽 60～240 米，水深 1.2～3 米。

中游河段，每逢汛期，水位猛涨猛落，变化急剧，经常造成洪水灾害。山地、森林逐渐减少，沿江人烟密集，两岸农田遍布，交通十分便利。龙井市开山屯镇至图们江一带，形成较宽的河谷盆地，河床大多为砂卵石，局部弯曲段冲刷剧烈，汊道分裂多，形似发辫，一个个凸起的沙洲，仿佛是这条慈祥的母亲河露出的笑脸，嘎呀河汇入后，河面开始展宽。

3. 下游水流平稳

下游河段地势开阔平坦，坡度减缓，河面宽阔，水流也如熟睡的孩子般突然安静下来，变得温柔而平稳，水量剧增，水资源异常丰富。

图们江下游，江水开始进入珲春河谷平原，地势变得开阔平坦，坡度减缓，河面宽阔，水流平稳，水量大增，河道平均坡降为 0.01%～0.02%，水面宽为 240～250 米，江中形成许多岛屿和沙洲。

（二）图们江流域水文特征及航道口岸

图们江龙井市以上段：属于山区性河流，河道穿行于青山秀岭之中，水流湍急，不适于航运。

图们江图们市段：20 世纪 30 年代，图们江、嘎呀河水域有舟船行驶。降雨期也可放些流筏和木舟，运送木材，舟渡行人。铁路开通、公路桥梁建成后，水上运输能力下降并逐渐消失。

1950 年，图们市八叶桥整修，八叶河上有木船载人渡河。直到 1985 年，石岘镇牡丹村还有木船来往于嘎呀河两岸，载人载物。

图们江下游珲春市段：图们至甩湾子段，位于图们江下游河段，长 61 千米，水面宽 100～200 米。通航期航道最小时，水深仅 0.3～0.6 米，宽 20 米。有浅滩哨口 31 处，平均坡降 1.1%，最大流速 2.5～3.3

米/秒。中水期可通行 20 吨级船只。

英安镇甩湾子至防川段：位于图们江最下游河段，河长 98 千米（甩湾子至圈河 78 千米，圈河至防川 20 千米），河床底质为粗、细砂和小卵石。水面宽 150～300 米。水流分散，沙洲、岛屿星罗棋布。平均坡降 0.55%，流速比较缓慢，河道弯曲而不稳定。枯水期航道最小时，水深 0.6～1.0 米，宽 20～40 米。弯曲半径为 300 米。20 世纪初，随着珲春森林的开发和贸易的发展，珲春境图们江航道成为交通的主要渠道，1935 年后，珲春—训戍铁路的修建和珲图公路的修建，水上运输逐渐衰弱。中华人民共和国成立后至 1962 年，每年仅有一些水上流筏，门可罗雀。

下游河口一段：此河段由于俄朝铁路大桥太低（仅 7 米）及河道淤塞等诸多原因，仅能通行 300 吨以下的小船，并且俄方仅允许季节性捕捞渔船出海，不准商业运行船只出海。

（三）图们江流域丰富的水利资源

丰富的水利资源，为功能庞大的水利工程提供了基础，为图们江两岸流域的农业和生产生活的稳定发展奠定了坚实的基础。

1. 老龙口水库

老龙口水利枢纽工程是"十一五"期间吉林省重点水利工程之一，也是振兴吉林老工业基地重点项目，于 2005 年 9 月开工，集防洪、供水、发电、灌溉和环保于一体。

该工程位于珲春河干流上，坝址位于珲春市哈达门乡老龙口村，坝高 44.5 米。库区总库容 3.674 亿立方米，属大型水库；电站装机容量为 1.92 万千瓦，年发电量 5199 万度。投入运行后，每年可向珲春市供水 3 亿多立方米，灌溉农田 15.13 万亩，结束了当地工业、农业及城市开采地下水的历史。同时，该工程也是重要防洪设施，可使防洪标准由过去的不足 20 年一遇提高到 50 年一遇。

为保持生态系统平衡，该工程还修建长达 281.6 米洄游鱼道设施，为大马哈鱼提供了洄游通道。

2. 亚东水库

亚东水库，位于海兰江支流长仁河下游，距吉林省和龙市头道镇龙门村西南 1 千米，是一座以灌溉为主，兼具防洪、养鱼、发电等综合功能的中型水库。包括大坝、溢洪道、输水洞和电站。

坝址以上河长 39.2 千米，集水面积 304 平方千米，平均年径流量 7840 万立方米。亚东水库为三级水工建筑物，100 年一遇洪水设计，设计水位 376 米，总库容 4080 万立方米，兴利库容 3429 万立方米。

该水库，于 1975 年 10 月 30 日合闸蓄水，1978 年 11 月全部竣工，同年 12 月交付使用。亚东水库设计灌溉面积 11 113 公顷；多年平均发电量 290 千瓦/小时，养鱼水面 199 公顷，可保证长仁河两岸 20 年一遇洪水基本不受灾。1979 年、1980 年、1982 年发生大旱，由于亚东水库的水源源不断地输入海兰江，使和龙、龙井两县市 8000 公顷水田得以保证正常灌溉。亚东水库植被良好，环境幽雅，堪称游览胜地。

亚东水库

3. 石国水库

石国水库，位于吉林省延边朝鲜族自治州和龙市头道镇石国村，距头道镇 12 千米，水面 148 公顷，库容 1500 万立方米，是以防洪、灌溉、养殖为主的水利工程。

坝址以上河长 21 千米，集水面积 190 平方千米，多年平均径流量 3140 万立方米。该水库按 100 年一遇洪水设计，总库容 1580 万立方米，1987 年 8 月竣工。设计灌溉面积 1813 公顷，养鱼水面 67 公顷，年产鱼 25 吨。

石国水库上游为杨木顶子山城（渤海国时期山城遗址）和福洞河，森林生态，河流清澈，吸引很多登山爱好者到这里寻觅山城遗址。现已开发钓鱼、品鱼、游船、避暑等休闲度假旅游项目。

4. 凤梧水库

凤梧水库位于图们市城西 12 千米处，始建于 1975 年 10 月，1982 年 8 月竣工。总投资 1092 万元。坝长 208.98 米，高 32 米，总库容 58.9 万立方米，库区总面积 29 804 公顷。凤梧水库周围群峦环抱，犹如粼粼闪光的银镜镶嵌于翠绿的峰峦之中。山上林木秀蔚，浓荫蔽日，坝体雄伟壮观，现已成为图们市人民休闲旅游之最佳的选择。

灌溉工程有和龙、西城、头道、龙水、龙门、东城、八家子、崇善、芦果、白龙等。

源源不断的图们江干支流为兴修水利灌溉工程提供了良好的先决条件，灌溉工程的兴建和发展，有效提高了水利用系数并改善了用水供需矛盾，从而全面促进当地的社会经济发展。

（四）图们江水域主要景点

1. 大美长白山

长白山有广义与狭义之分。

广义是指长白山脉的主峰与主脉，即包括长白山主峰在内的长白山脉。是指中国辽宁、吉林、黑龙江三省东部山地以及俄罗斯远东和朝鲜半岛诸多余脉的总称。

狭义的是指位于白山市东南部地区，东经 127°40′—128°16′，北纬 41°35′—42°25′之间的地带，是中朝两国界山，是中国满族的发祥地和满族文化圣山。

长白山脉的"长白"二字还被人们赋予了一个美好的寓意，即"长相守，到白头"，代表着人们对忠贞与美满爱情的向往与歌颂。

长白山脉区域总面积 1964 平方千米，核心区 758 平方千米，长白山系的最高峰是朝鲜境内的将军峰，海拔 2749 米。中国境内最高峰为白云峰，海拔 2691 米，是中国东北的最高峰。

长白山是鸭绿江、松花江、图们江三大水系的发源地。有松花江、牡丹江、穆棱河、倭肯河和挠力河等；长白山延续部分，即东面为图们江水系，有嘎呀河和布尔哈通河、海兰江等大支流；长白山脉的主脉部分，即西南地区的鸭绿江和辽河水系，其支流有浑江和浑河、太子河等，水系呈放射状。

长白山是中华十大名山之一，自古以来就是中国的神圣领土。长白山拥有中国最美十大森林之一的红松阔叶混交林，中国最美五大湖泊之一的长白山天池，是内含丰富、博大精深的人文旅游资源。

2. 长白瀑布

长白瀑布位于天池北侧，乘槎河尽头，乘槎河流到 1250 米处形成落差为 68 米的瀑布，因系长白山名胜佳景，故名长白瀑布。

由于落差大，长白瀑布在两条雪龙似的水柱猛烈冲击下，溅起浪花无数，崖下形成 20 多米深的水潭。湍急的水柱汇入二道白河，即松花江正源。长白山瀑布挂在群峰竞秀的半壁天堑上，景致绮丽。到过长白山的人，无不为那宏伟壮观、奔腾不息的长白瀑布所迷恋。那银流似从天而泻，落地如雷声贯耳。

从"长白山庄"入山的游人，在"望瀑坡"可看瀑布。在观瀑亭或"高燕吻瀑"处观瀑则是最佳之处，水汽弥漫、虹霓霞雾、珠垂玉附、喷金泼翠的瀑布，美不胜收。

若是隆冬时节，则另有一番风光和情趣。

长白瀑布

一眼望去，山是雪山，树是雪树，就连风也是夹着雪的，简直步入白茫茫的童话世界！可是长白瀑布，它却不畏严寒，不惧风雪，傲然从悬崖上凌空直垂，飞起万千水滴，瞬间变成水粒，这冰花纵横喷射，看上去就像银光闪烁的焰火！如果此时回头遥望，那真是一幅"飞瀑撒下千堆雪，林泉升起万缕烟"的美丽图画。

这些极致的体验，若非身临其境，是无法感受到的。

2000 年，长白瀑布被列为"世界上落差最大的火山湖瀑布"，荣获世界吉尼斯之最。

3. 长白山天池

长白山天池位于长白山主峰火山锥的顶部，这里四季风光迷人，是来长白山的必游之地。登上山顶可见层峦叠嶂、气势恢宏，群峰簇拥着一潭平静的湖水，与蓝天晴空交相辉映，湖水深邃幽蓝，格外迷人。

长白山天池是由休眠火山口积水成湖，夏融池水湛蓝、冬冻冰面皓白，被 16 座山峰环绕，仅在天豁峰和观日峰间有一狭道池水溢出，飞泻成长白瀑布。

天池海拔 2189.1 米，略呈椭圆形，南北长 4.4 千米，东西宽 3.37 千米。集水面积 21.4 平方千米，水面面积 9.82 平方千米，周长 13.1 千米，平均水深 204 米，最深处达 373 米。总蓄水量 20.4 亿立方米。天池水温为 0.7℃~11℃，年平均气温 7.3℃。

天池像一块瑰丽的碧玉，镶嵌于雄伟的长白山群峰之中，是中国最大的火山湖，也是世界上最深的高山湖泊，现为中朝两国的界湖。

柔美的天池白云缭绕，五色斑斓，波光岚影，群峰环抱，蔚为壮观。天池湖水清澈碧透，一平如镜。天池上空，流云急雾，变幻莫测，时而云雾飘逸，细雨蒙蒙，"一片汪洋皆不见"；时而云收雾敛，天朗气清，绘出了"水光潋滟晴方好，山色空蒙雨亦奇"的绝妙天池景观。

天池孤悬天际，没有入水口，只有出水口，湖水终年外流不息，令人倍感神秘。

天池还有"龙潭""海眼"之说，所谓"海眼"，是指其与大海相通达，常有神龙出没。《长白山江岗志略》记载："天池，在长白山顶群峰环抱，池高约二十里，故名为天池。古人云：池水平日不见涨落，每至七日一潮，其与海水相呼吸，又名海眼。又云：天池水清浅处，可以行人。"又"数年前有猎夫自碧螺山下，渡至补天石旁，其中有热如汤泉，冷如冰海之处，五步外即深不可测，以足试之，滑腻异常，又名温凉泊"。

在这里可以满足游客"双足踏两国，跨国一步游"的梦想；站在长白山西坡的悬雪崖上长白山著名的七峰十六景尽收眼底，美不胜收。因而，观日出成为很多旅游爱好者的"最爱"之一。

4. 聚龙温泉群

是长白山特有的一道奇特风光，面积在 1000 平方米左右，出水口

15

温泉里煮鸡(鸭)蛋

达上百个，水温超过 60℃ 的泉口有 47 个，最高可达 83℃，属于高热温泉，可以随时温热您携带的食物，若将鸡蛋放入温泉水中，只需 20 分钟即可吃上香喷喷的熟鸡蛋。

经历了漫长的岁月，温泉水中含有大量的矿物质和微量元素，具有较高的医疗价值。长期在温泉水中沐浴，可以治疗关节炎、风湿病等慢性疾病。温泉瓶尔小草根茎可入药，具有清热解毒、活血散瘀之功效。

5. 大戏台河

大戏台河，是满语"细塔赫"的谐音。细塔赫是一种冷水鱼，这条河曾盛产这种鱼，因鱼体型较大，故称"大戏台河"。

大戏台河现已成为景区。位于吉林省长白山黄松浦林场东南 6 千米。戏台河源头有 9 个地下水涌出的自流泉，故有"九星泉"之称，九泉喷涌不息，泉水清澈甘甜，富含多种人体所需的微量元素，是理想的饮用水。两岸林木葱郁，荫蔽幽静，是长白山最完好的原始森林。

6. 凉水断桥

图们市凉水镇与朝鲜稳城郡之间的大桥，俗称"断桥"。

位于 302 国道 40 千米、图们江上游 240 千米处，吉林省图们市凉水镇

凉水断桥

内，距离图们市中心 23 千米。于 1936 年施工，1937 年 5 月竣工，大桥总长 525 米，宽 6 米，桥墩 21 个。

当年，日本侵略军为了把在中国各地掠夺的物资通过朝鲜运回国内，修建了这座桥。该桥也是中朝之间开展贸易和人员往来的通道。

1945 年 8 月 13 日，东北抗日战争胜利前夕，日本侵略军不甘心自己失败的命运，派遣特务将当时只有八年桥龄的大桥炸毁。从此，成为"断桥"。

站在图们凉水稳城"断桥"上，可一睹一江之隔的朝鲜稳城郡城区及朝鲜著名的王在山革命事迹纪念塔的全貌。2007 年，该地被吉林省图们市委列为图们市爱国主义教育基地，游客在领略异国风情的同时，还可受到深刻的爱国主义教育。

目前，断桥所在地已修建集餐饮、休闲、娱乐、住宿为一体的综合楼、游憩区、观望区和烧烤区等，是游人出游的绝佳选择。

三、纵横交错融百系

图们江为入海河流，是一个独立的水系。整个水系大小支流 183 条，其中，超过 5 千米的就有 150 多条。比较大的支流在我国侧有红旗河、海兰江、布尔哈通河、嘎呀河、珲春河等。在朝鲜侧有红湍水、西头水、延面水、城川水、五龙川等。河流纵横交错，融纳百川。

（一）中国一侧支流

1. 魅力无限"红旗河"

红旗河，发源于吉林省和龙市西部颤峰山西麓。河长 63.7 千米，河床宽 15 米，流域面积 1199 平方千米，流量 10.3 立方米/秒。系图们江在和龙市境内最大的支流。流域气候属冷凉区。河流自西北向东南流，流经富兴乡、崇善镇林区，到崇善镇古城里，向西流入图们江，红旗河河口以北 1.5 千米处有瀑布，是市内旅游胜地之一。

2. 稻花飘香"海兰江"

"红太阳照边疆，青山绿水披霞光，长白山下果树成行，海兰江畔稻花香……"

这首出自延边龙井本土词曲作家韩允浩、金凤浩之手，并由朝鲜族歌唱家黄仁顺演唱的《红太阳照边疆》，反映了海兰江畔延边人民的精神风貌、风土人情及迷人的风光。优美的旋律，跳跃的音符，欢快的节奏早已家喻户晓，耳熟能详，被大家广为传唱。

海兰江，又名"海兰河"，满语意为"榆树之河"。系嘎呀河支流布尔哈通河最大的支流。全长 145 千米，属图们江三级支流。发源于吉林省和龙市枕头峰东麓，由龙井西南部流入，经龙井、东盛涌等市镇，与布尔哈通河汇合，流入图们江。

海兰江和龙市区段

提到海兰江，不能不提及它的源头——吉林省和龙市。

和龙，地处长白山区，地貌类型复杂多样，西部高山峻岭，南岗山脉横亘中部。和龙市素有"歌舞之乡""金达莱故乡"之美誉。

海兰江源头源于老里克湖，而老里克湖位于和龙市与安图县交界处甄峰山西北的老里克山顶，甄峰山海拔1470米，土质构造属高山湿地，幽僻孤寂，人迹罕至。

老里克湖雪景

"老里克"是满语中鸟禽的称谓，意思是"长脖子"，满语里把白鹭、仙鹤等长颈飞禽叫长脖子。老里克湖是这一高山湿地中的季节性湖泊，枯水期基本没有水，是一片泥泞的沼泽；丰水期积水成湖，湖面东西长650米，南北宽310米，面积约20万平方米。

每年10月，这里被皑皑白雪覆盖，西伯利亚的寒流和日本海的暖流在此交汇，两种气旋搅和升腾，形成了厚实的降雪锋面。因此，降雪频繁、雪量极大，平均厚度在1米以上，最深处足足有三五米，且雪期长达6~7个月。这里人迹罕至，各种动物的踪迹遍布雪野，时常会有动物栖息的雪洞出现，冒着缕缕的哈气。

漫长的冬季里，梨花似的瑞雪不停地纷飞，或大或小、或密或疏，雪絮落在繁茂枝干间，形成了造型各异的天然雪雕与壮美的雾凇景观，让人仿佛置身于洁白美丽的童话世界。

老里克湖雾凇

和龙市境内地表水资源较为丰富，地下水相对较少。地表水主要来源为

19

江河径流，地下水主要为裂隙水。

和龙市是河源发源地，支流密布、水系发达。境内主要有图们江、海兰江、古洞河三条河流。水资源分为南北两片，南片为图们江流域，北片为海兰江流域。在海兰江支干流流域建有龙门（亚东）、石国、松月水库。

丰富的水资源，为发展农业提供了强有力的保障。

海兰江畔的平岗绿洲位于和龙市东城镇，是延边地区最大的水稻基地。平岗水田种植优质水稻品种，引用海兰江水灌溉，施用有机肥，是无公害、无污染的绿色健

海兰江大米基地

康食品，是联合国工业发展组织、国家环保局、吉林省政府认可的"绿色食品基地"。

在平岗水田种植的海兰江大米，历史上被钦定为"御皇米"，1999 年获得国家农业部"绿色食品"证书，2000 年获得中国粮食协会"放心米"称号，2001 年获得"吉林省名牌产品"称号。

在"平岗绿洲"种植的稻米，历史上被誉为"御米"，也具有悠久的历史和较高的知名度。

由于土壤肥沃、水质好，气候适宜，加之朝鲜族种植水稻悠久的历史和丰富的经验，平岗绿洲生产的稻米，质地坚硬，晶莹剔透，营养价值高；煮熟的米饭洁白细腻、油润光泽、黏软适口、香气扑鼻。多年来，平岗绿洲稻米以绿色、有机为特征，远销北京、上海等地。

20 世纪 60 年代，荣获周恩来总理亲笔题词"水稻奖"，平岗绿洲成

为中国著名的水稻之乡。2007 年，平岗绿洲被认定为"全国绿色食品原料(水稻)标准化生产基地"。

海兰江继续蜿蜒而下，流向第二站——吉林省延边朝鲜族自治州龙井市。

龙井市是长吉图开发开放先导区的前沿、图们江区域国际合作及延龙图一体化的重要组成部分。

在龙井市龙井街与六道河路交叉路口，有一块 2 米高的花岗岩石碑，上面刻着遒劲有力的"龙井地名起源之井泉"九个大字。这是 1934 年由村民李基燮等人发起并竖立的。这就是龙井地名起源的井泉。1987 年，龙井市政府确定为市级重点文物保护单位。

吉林省龙井地名起源之井泉

海兰河畔绿草茵茵，商贸繁荣，人民喜乐幸福。

海兰河源源不断地滋润着大地、世世代代哺育着两岸人民，成为延边社会经济发展的摇篮之一。

3. 古老神秘的"布尔哈通河"

在吉林省延边人的记忆里有一条河，蜿蜒在峰峦林立中，徜徉在城镇乡村间。它就是发源于延边，又在延边完成自己全部流程、古老而又神秘的布尔哈通河。

布尔哈通河，金代称"星显水"。发源于吉林省安图县与敦化市交

布尔哈通河延吉市区段

界处的哈尔巴岭东麓，流经安图、龙井、延吉，在今图们市长安镇附近汇入嘎呀河。是图们江水系中非常重要的二级支流。布尔哈通河绵延242千米，多年实测平均流量 14.49 立方米/秒，流域面积 141 平方千米，平均坡降 0.06%，沿途流经重重的高山、茂密的森林、富饶的平原以及繁荣的城镇，哺育四县(市)一市区七镇七乡 50 多万人民。

布尔哈通河在满语中有"丛柳"之意。顾名思义，过去在布尔哈通河的两岸，应该是长满了茂密的柳树丛，想必也是一番欣欣向荣的景象。如今，布尔哈通河两岸，早已是丰饶的耕地连着繁华的城镇乡村，虽失去了曾经的自然神韵，但蒸蒸日上的现代化风采，也是令人十分陶醉和自豪的事情。

哈尔巴岭是满语"肩胛骨"之意，海拔 1054.5 米，森林茂密，山势险峻。岭上有一道天然隘口，由海拔 726～728 米的几座山峰相拥构成，形成天然隘口通道，地形十分险要。从前，通往边疆的古驿道就在此攀山越岭，如今，长图线铁路和图乌公路也在此艰难通过。

隘口两边的陡山，远远望去很像人的两个肩胛，也许前人是由此为这道大岭取名"哈尔巴"的吧？东北方言"哈拉巴"也是源于此。

布尔哈通河水从哈尔巴岭的源头淙淙而下，流经的第一县是安图，河水横穿县城而过，并在城南与东来的长兴河，西来的福兴河欣然相会，形成了水势浩大的布尔哈通河。在这三条河流千万年的运作下，安图境内的布尔哈通河河谷，造就了三片肥沃的河谷小平原——亮兵、明月、石门。这也是安图县重要的粮食产地，近代繁华的安图县城就依托这些肥沃的土地崛起、发展与强大。

安图县

安图县城山环水绕，灵气飞动，生机勃勃。由于多条河流、道路在繁华的县城中心交织相会，被人们亲切地称为"群龙聚首"的风水宝地。

安图设县百年来，人民依托长白山丰富的自然资源，安居乐业，已经建设发展成一个集农业、林业、矿产业、山林特产业、旅游服务业于一体的现代化城市。

在川流不息的布尔哈通河的祝福下，安图县的明天会更加美好。

在布尔哈通河畔，我们不得不提到一个人，他就是安图县开县奠基人、科学考察长白山第一人刘建封。

刘建封（1865—1952 年），又名刘大同，字桐阶，号芝叟道人、芝里老人。有"天池钓叟"雅号之称。

光绪三十四年（1908 年），东三省总督徐世昌派爱国官员刘建封任勘界委员，到延边实地进行踏查，勘查奉天（今沈阳）、吉林两省界线及查找长白山三江（松花江、鸭绿江、图们江）之源。

23

同年5月28日，刘建封率队出发直临天池。他历时4个月，踏遍了长白山的山山水水，查清了长白山的江岗全貌和三江之源。为天池十六峰命名，撰写了著名的《长白山江岗志略》《长白山设治兼勘分奉吉界线书》等著作，拍摄《长白山灵迹全影》，绘制长白山江岗全图。刘建封对长白诸峰的勘查命名，大者有六，"曰白云，曰冠冕，曰白头，曰三奇，曰天豁，曰芝盘"。小者有十，"曰玉柱，曰梯云，曰卧虎，曰孤隼，曰紫霞，曰华盖，曰铁壁，曰龙门，曰观日，曰锦屏"。

宣统元年（1909年12月），安图设治，刘建封为第一任知事，他欣然写下著名诗篇："白河两岸景清幽，碧水悬崖万古留。疑似龙池喷瑞雪，如同天际挂飞流。不须鞭石渡沧海，直可乘槎向斗牛。欲识林泉真乐趣，明朝结伴再来游。"

刘建封塑像

为刘建封立的巍巍塑像，不仅表达了人民对他的景仰与怀念，而且还期望他的崇高精神和不朽功勋，就像这条布尔哈通河一样，永远奔流不息，代代相传。

布尔哈通河流至帽儿山下，只见四面青山包裹的盆地上矗立着一座美丽的小城，河水穿城而过，小城妩媚妖娆，她就是吉林省延边朝鲜族自治州首府所在地、闻名遐迩的东疆明珠延吉市。

延吉市历史悠久，源远流长。早在旧石器时代，布尔哈通河流域即有原始人类生息繁衍。在这块热土上，最早形成族群的，应为新石器时代到青铜器时代的古肃慎人。随着岁月的变迁，高句丽、粟末靺鞨人的渤海国，都在延吉市周围留下了丰富的历史文化遗迹。

时光荏苒，日月如梭。

延吉市延虹桥

勤劳、勇敢的延边人在布尔哈通河的两岸，留下了世代繁衍生息、开拓奋斗的足迹，形成了布尔哈通河流域灿烂的文明和厚重的历史。布尔哈通河流域，是延边地区开发最早、最为富饶的地域之一。

古老神秘的布尔哈通河，贯穿于延吉市中部，在市区接纳烟集河，又在城东一带接纳海兰江后与图们市的曲水汇入图们江的一级支流——嘎呀河，并入图们江。

4. 碧水蜿蜒的"嘎呀河"

在吉林省东北部有一座群山环抱、风光秀丽、景色宜人的绿色山城——汪清县。境内有一条古老而又重要的河流，气势磅礴，浩浩荡荡，孕育了汪清两岸的文化。它，就是嘎呀河。嘎呀河是图们江水系中最大的支流，也是吉林省汪清县人民的母亲河。

嘎呀河，旧称"十三道嘎呀河""噶哈里河"。金代时称"潺蠢河"，

25

清代以后称"嘎呀河",发源于长白山脉老爷岭支脉的林海深处(吉林、黑龙江交界处),全长108.7千米,流域面积6242平方千米。宽25米,深1.2米,流速每秒0.6米,向南流经汪清县、百草沟、石岘镇,在今图们市北部汇入图们江。

嘎呀河

沿途接纳较大的支流有桦皮甸子河、八道河、前河、大汪清河、布尔哈通河等。干流上游流经山地峡谷,森林茂密,河槽窄深,水流湍急,中下游两岸地势开阔,河道增宽,河床由砂与卵石组成。

"嘎呀河"是满语,也许曾盛产过珍珠,被汉语译为"采珠河"。历史上的嘎呀河,如少女般文静,又似新娘般妩媚,披着银纱,舞着缎带,随群山起伏,伴花草欢歌。

汪清县名源于女真语(满语),本音"旺钦",乃"堡垒"之意,以境内河流得名。汪清县辖区面积9016平方千米,有汉、朝、满、蒙、回等多个民族聚居。

汪清县有着光荣的革命传统。

抗日战争时期,日本帝国主义疯狂掠夺汪清的自然资源。汪清的进步青年在马列主义的影响下,自发地组织起反日武装,打响了震惊东北的汪清县枫梧洞战斗,拉开了抗日斗争的序幕。1932年,以童长荣为首的中共东满特委机关从延吉转移到汪清马村与中共汪清县委合署办公,同时联合反日山林队、抗日救国军等抗日力量,与东北人民革命军协同作战，粉碎了日寇的多次围剿和进攻，巩固了抗日游击根据地。

当年抗日斗争的遗址遗迹，现已经成为爱国主义教育基地和延边朝鲜族自治州红色旅游的重要线路。

童长荣烈士陵园

汪清县自然资源丰富，尤以林业资源著称，林地面积为 18.7 万公顷，占全县总面积的 89.4%。丰富的林业资源使汪清县傲然屹立在祖国的东北边陲。汪清县是吉林省内外闻名遐迩的木耳大县、石材大县、木业之都。

汪清县的自然景观融山、水、林于一体，已规划开发的满天星风景区，具有"水旷、山幽、林秀、雪佳"的特色，是省级风景名胜区，被国家民族事务委员会主要领导题词命名为"中国朝鲜族博览城"，景区

汪清满天星风景区

内每一个景点都展示着朝鲜族的文化风情。十里平、四方台等旅游区，山明水秀，绿树如荫，风光旖旎。

象帽舞

汪清县享有全国"象帽舞"之乡的美誉，被国务院批准公布在第一批"国家级非物质文化遗产"名录之中。如今，朝鲜族的这一传统舞蹈已成为汪清县的一张"活"名片。

一路蜿蜒曲折的嘎呀河，穿过山村沃土、茫茫林海，汇入悠悠图们江。

图们江一路飞奔疾驰，来到了图们江畔第一城——图们市。

图们市是与图们江同名的城市，也是图们江上唯一与朝鲜稳城郡隔江相望的中国城市。它位于吉林省东部，长白山东麓。嘎呀河一路狂奔，在图们市北部汇入，流经月晴乡、红光乡、图们市城区，形成图们

图们市

江图们市河段。境内河长 38.75 千米，流域面积 559 平方千米。图们市有很多著名的景点，有关水域的景点有图们江界河漂流、枫梧水库风景区等。

5. 生生不息"珲春河"

珲春河，金史作"浑蠢水"，属图们江水系，是图们江下游珲春市境内的主要支流。

该河发源于吉林省汪清县复兴镇盘岭山脉北侧杜荒子屯西南，海拔1355.7 米，流向东南，经杜荒子山间谷地，过大北城、太平沟，至春化西土门子附近。此河段有来自上游的主要支流兰家趟子河汇入。

珲春河流经春化、马滴达、哈达门、杨泡、马川子等 8 个乡镇，沿途汇入大小支流 31 条，在三家子乡西崴子河门村注入图们江，河流全长 198 千米，桃源洞以上坡降 0.25%，哈达门以下河道平均坡降0.10%，流域面积 3963 平方千米，其中，在珲春市境内的流域面积为3581 平方千米，占全市土地总面积的 67%。

流域内自然生态保存完好，水质良好，流量丰富，是珲春市人民生活及经济社会发展命脉的生命之河。

"水在城中，人在画中"，美丽的东北亚明珠城市——珲春市就恰到好处地镶嵌在吉林省东部的图们江下游地区，西南以图们江为界与朝鲜咸镜北道相邻，北部以老爷岭为界与汪清县毗连，西北角与图们市相连，东北与黑龙江省东宁市相邻。

珲春市是中国唯一地处中、朝、俄三国交界的边境城市。与朝鲜临江相邻，是珲春得天独厚的魅力所在。珲春既是中国直接进入日本海的唯一通道，也是中国从水路到韩国东海岸、日本西海岸，以及北美、北欧的最近点。

"雁鸣闻三国，虎啸惊三疆；花开香三邻，笑语传三邦"是对珲春

珲春市全景

得天独厚的地域条件的真实写照。由于珲春市处于图们江区域国际合作开发的核心地带，也被称为"东北亚的金三角"。

珲春市是国家级"长吉图开发开放先导区"的窗口城市。

珲春现有3个国家一类口岸，1个二类口岸、1个国家经济开发区。珲春长岭子公路口岸和珲春中俄国际铁路口岸与俄相通；圈河口岸和沙坨子口岸与朝鲜通客通货。

珲春长岭子公路口岸

珲春市是一个新兴的边境开放城市、国家卫生城市，也是一座近海口岸旅游城市。1992 年 3 月 9 日，国务院批准珲春市进一步成为对外开放的边境城市，同时批准设立珲春边境经济合作区。

珲春市依山面海，气候宜人，植物繁茂，江河纵横，山川锦绣，自然风光秀美独特。珲春市拥有一个国家级风景名胜区——防川景区，一个国家森林公园——图们江国家森林公园、东方第一哨、土字牌、龙虎阁、敬信湿地、沙丘公园、民俗朝族村等。

距珲春市市区 65 千米处，有一个名叫"防川"的朝鲜族小村落，它位于我国唯一与朝鲜、俄罗斯三国交界处。濒江临海，依山傍水；俄、朝的两个城市由图们江上的一座铁路大桥相接。从防川沿图们江顺流而下，约 15 千米即可进入日本海。这短短的 15 千米，也是气壮山河的图们江汇入广袤大海的重要见证。

2015 年 5 月 24 日，"海丝路 1 号"珲春—扎鲁比诺—釜山海铁联运航线正式开通运营。航线货源充足，品种繁多，货量不断攀升。至今，除风暴等不可抗拒因素外，始终坚持每周 1 个航班的定期运营。截至目前，该航线共运行 140 多个航次，是一条连接中国东北地区、俄罗斯远东地区及韩国釜山的集装箱定期航线，开辟了珲春市铁海联运的先河。

该航线是吉林省主动融入国家"一带一路"倡议的重要举措，承载着建设我国向北开放窗口的历史使命，发展前景十分可观。

"海丝路 1 号"货轮停泊码头

航线除自有的对韩运输业务外，还将利用釜山港的国际中转优势，陆续推出转口美国、马来西亚、日本等国家和地区的业务。

2015年9月20日，被誉为"东北最美高铁"的长珲城际铁路正式开通运营，珲春结束了不通旅客列车的历史。吉图珲高铁全长360千米，初期运营时速200千米。

长珲城际铁路

吉林省珲春市敬信镇的三道泡、四道泡、五道泡、龙山湖、莲花湖里，每年7月中旬到9月初，红、白、粉三色荷花相映生辉，凌波翠盖，成为长白山下图们江畔的一道美丽曼妙的风景。

荷花又名"莲"，是我国传统的十大名贵花卉之一。因其"中通外直，不蔓不枝""出淤泥而不染"的高洁品性和凝重的芳姿，千百年来深受人们的喜爱。

中国花卉协会荷花分会会长王其超和张言行两位教授，曾先后两次赴珲春考察，确认珲春荷花属野生荷花，距今已有一亿三千五百万年的历史，并为其命名为"图们江红莲"。

6. 水质优良的"密江河"

密江河，图们江支流，发源于吉林省珲春市英安镇大荒沟北部磨盘山南麓，往东转而向南流，到英安镇大荒沟村又转向西南，沿途汇合大槟榔沟、北沟、东沟、拐麻子沟、胡房子沟等20多条沟溪，穿过英安、密江等2个乡镇7个村屯，在密江村口处流入图们江，河流全长56千米，河道平均坡降0.69%，流域面积771平方千米。

密江河源头生态风光

大荒沟以上河床窄深，水流湍急，三安村以下河床平均宽度38～65米，多年平均流量9.05立方米/秒，汛期洪峰流量达500立方米/秒以上。密江河上游段河床多为大块岩石、卵石，河道两岸林木丛生，植被覆盖较好。河道上，由于大块岩石阻拦水流，自然形成峰回水转的现象。故该河曾被称作"回岩河"。密江河水质清澈纯净，在水里生息着花丽鱼、细鳞鱼等冷水鱼类，在下游河口处，也能捕捉到沿图们江溯水而上的大马哈鱼和滩头鱼。

（1）大马哈鱼的故乡——密江下洼子村

珲春市密江乡下洼子村地处密江河河畔，为河口洄游性滩头鱼的产卵场，上游区域为大马哈产卵场及马苏大马哈、花羔红点鲑、细鳞等冷水性鱼类自然栖息地之一，村里设有冷水鱼养殖项目区，水源全部引用山泉水，是一级水源地。"密江河大马哈鱼国家级水产种质资源保护区"也在该村辖区内，被誉为大马哈鱼的故乡。

大马哈鱼

（2）密江河水生生物增殖放流活动

为尽快恢复图们江的渔业资源，修复渔业水域生态环境，吉林省水利厅与图们江边境渔政管理站、延边朝鲜族自治州水利局、珲春市水利局等连年举办"吉林省图们江洄游鱼蟹增殖放流活动"和"吉林省图们江密江河水生生物增殖放流活动"。放流的鱼苗、蟹苗质量好，规格整齐，经过了严格的质量检测、检疫检验。其中，放流的大马哈鱼苗是由吉林省进行人工繁育的。

7. 九曲回肠的圈河

雄伟的水流峰巍巍屹立在吉林省敬信平原的东南端。

夏日苍松翠柏，山花烂漫。

沿着崎岖的山路攀上顶峰极目远眺，圈河奇景尽收眼底。星罗棋布的泡子，由一条天然的水道连接，像一串晶莹的明珠，绽放着耀眼的光芒。

有人说，圈河似蚯蚓，还不够确切，说它是巧夺天工的"九曲连环"倒是恰如其分。

圈河，图们江支流，是吉林省敬信平原内一条奇特的河流，整个河道蜿蜒曲折，因呈"Ω"字形而得名。圈河发源于头道泡西北三角山北麓，流经二道泡、金塘、四道泡、六道泡、圈河等村屯和9个泡子，形如长藤结瓜，流程达20.5千米，绕了九九八十一道弯，来到莲花洞北侧缓慢流入图们江。

曾经流域面积140.5平方千米，1970年开挖南花洞改河道工程，使二道泡以上两股水直接流入图们江，现流域面积为127.5平方千米。

如登黑顶子山峰极口远眺，或登水流峰鸟瞰圈河全貌，确有"十里圈河飘玉带，九曲莲塘滚银球"之感。

圈河国际客货公路运输口岸

圈河上游段的河道宽度只有1~2米、流过五道泡后河道宽度平均达10~15米。河里盛产鲫鱼和其他杂鱼，还有菱角等水生植物。圈河流域土层厚，土质肥沃，素有"鱼米之乡"的美誉。

如今，九道泡子遍生莲藕菱角，九曲连环的圈河原野已成为敬信镇主要的产粮区，圈河奇景正以其独特的魅力吸引着络绎不绝的八方来客。

（二）朝鲜一侧支流

红湍水：又称红丹水，图们江正源，发源于长白山天池下三汲泡，上游有江头水及另一源，自西向东，流经大红湍、新兴劳、农事劳，注入图们江。

西头水：朝鲜境内图们江最大的支流，发源于两江道白岩郡咸山脉与摩天岭连接处的北坡，北至咸境北道延社郡与茂山郡分界处注入图们江。有若干条支流汇入。全长 179.3 千米，流域面积 2340.8 平方千米。流域内森林茂密，是朝鲜重要的林业基地之一。

延面水：发源于咸镜北道的咸镜山脉西坡，上游有九云水、天上川两支，分别流经新阳及三浦里，在南作里汇合为延面水，自南向北，流经延社、延水里、文岩里、上仓里，在兴岩里注入图们江。

城川水：城川水，发源于咸镜山脉北端，自东南向西北，流经咸镜北道的马养劳、车逾里、丰山里、降仙里，在茂山市注入图们江。

会宁川：发源于咸镜山脉北端的茂山里，自南向北，流经半山里、大德里、五凤里，在会宁市注入图们江。

五龙川：发源于咸镜北道雄基西部，上游称方山川，流经鹿野里、金松里、龙溪里、凤山里、龙新里、龙门里、龙南里，在新乾里注入图们江。

四、终归大海作波涛

水流千遭归大海，日落西山不回头。

波涛汹涌的图们江，经过千年的磨砺与洗礼，实现了"涓涓溪流汇大海"的华丽转身以及质的飞跃与巨变。她带着宽厚、雄浑、喷薄的气势，深邃、清澈、迷人的风采以及大自然赋予的无穷造化和历史责任，一路东流汇入烟波浩瀚的日本海，一跃成为国际河流。

（一）国际河流（水道）

国际河流一般指流经或分隔两个和两个以上国家的河流，可以等同于《国际水道非航行使用法公约》中的"国际水道"概念，它包括了涉及不同国家同一水道中相互关联的河流、湖泊、含水层、冰川、蓄水池和运河。

1. 世界国际河流（水道）概况

全世界的国际河流大约有 200 条。其中，有 148 条流经两个国家，31 条流经三个国家，21 条流经四个以上的国家。如按面积统计，流域面积大于 10 万平方千米的国际河流共有 52 条，其中，位于非洲的有 17 条，美洲 14 条，亚洲 16 条，欧洲 5 条。

世界上流域面积在 100 万平方千米以上的河流有 19 条，其中 15 条是国际河流。

从国际法意义上看，国际河流按其法律性质还可分为：界河、多国河流、国际化河流。

界河，即国界河流，是分隔两个国家并作为其国界的河流。分隔两个国家的界河是分属于沿岸国家的内水，沿岸国对其所领有的一侧水域行使管辖权。界河的利用，都依据习惯和协定处理。

多国河流，即通过数国领土但不对非沿岸国开放的河流。多国河流的各沿岸国，对流经其领土的一段水域享有主权，但在行使此项权利时，须顾及其他沿岸国的利益，不得滥用。沿岸国可禁止非沿岸国船舶在其水域航行，但根据平等互惠原则，沿岸国对同一河流的其他沿岸国的船舶应允许无害通过。

国际化河流,即流经多国,有出海口,其法律地位由国家间协议决定的河流。

2. 中国的国际河流

中国共有大小国际河流(湖泊)40多个,其年径流量占全国河川径流总量的40%以上,每年出境水资源量多达4000亿立方米,相当于甚至超过长江的年径流总量。我国国际河流主要有15条,数量仅次于俄罗斯和阿根廷,与智利并列世界第三位。流域国涉及19个境外国家,影响包括中国在内约30亿人口。图们江是中朝、俄朝界河。

中国国际河流主要分布于东北、西北和西南三大片区。

东北水域国境线长5000千米以上,主要国际河流是黑龙江、鸭绿江、图们江等;西北主要国际河流有额尔齐斯河-鄂毕河、伊犁河等;西南主要国际河流是伊洛瓦底江、怒江-萨尔温江、澜沧江-湄公河、雅鲁藏布江-布拉马普特拉河等。

(二)方兴未艾的图们江两岸经济

1. 图们江左岸

中国吉林省的延边朝鲜族自治州位于图们江左岸,中国唯一的朝鲜族自治州和最大的朝鲜族聚居地。

所辖面积4.27万平方千米,总人口214.6万,其中朝鲜族人口77.8万,占全州总人口的36.3%,占全国朝鲜族总人口的43%。

拥有国家级自然保护区5个、省级自然保护区8个,森林覆盖率高达80.8%。州内有野生动物367种,包括被称为"百兽之王"的野生东北虎;野生植物3890种,其中药用植物850多种。盛产被誉为"东北三宝"的人参、鹿茸和貂皮。其中,参茸产量居世界第一。作为百草之王——人参的主产区，延边现有人参（园参）留存面积 3627 公顷，年产鲜人参 0.93 万吨，占吉林省年产量的一半以上。延边大米、黄牛、食用菌、烟叶、蜜蜂、五味子、苹果梨等特色产品驰名中外。苹果梨种植面积 5492 公顷，是亚洲最大的苹果梨生产基地。延边朝鲜族自治州是我国少有的天然饮用矿泉水集中分布区之一，品质被国际权威机构认证为世界顶级矿泉水，长白山因此与欧洲阿尔卑斯山和俄罗斯高加索山并列为世界三大矿泉水产地，仅二道白河地区日出水量就达到 12 万立方米，开发潜力巨大。

延边是我国唯一面向东北亚沿边开放与图们江流域开发的叠加区。全州现有 2 个国家级开发区、3 个省级经济开发区、5 个工业集中区。2012 年，中国图们江区域（珲春）国际合作示范区获批并启动建设，规划建设成中国面向东北亚合作与开发开放的重要平台、东北亚地区重要综合交通运输枢纽和商贸物流中心。

2. 图们江右岸

系朝鲜的两江道和咸镜北道。

两江道位于北部内陆地区，北以鸭绿江和图们江与中国为界，南以赴战岭山脉与咸镜南道为界，东邻咸镜北道，西接慈江道。

两江道设于 1954 年，面积 1.4 万平方千米，占朝鲜屋脊的盖马高原和白茂高原的大部分。人口约 51 万（1976 年），为朝鲜人口密度最小的一个道。设 1 市 11 郡，两江道地势东南西三面高，中部较低，平均海拔 1000 米以上，约有 42% 的地面坡度在 15° 以下，宜于放牧。所处的地势条件便于发展水利事业，建有黄水院、内中里、沙草坪、丰西等水库。年平均气温 2℃ ~3℃，年平均降水量 650 ~700 毫米。

因受大陆性气候影响，冬季长、夏季短。山林面积占全道总面积的 90.8%，为朝鲜山林资源最丰富的地区。道内分布着针叶树 24 种、阔叶树 42 种、山菜 100 多种。林业为主要产业部门，占全国原木生产量的一半左右。榆坪、延岩、鲤明水、大坪等地为朝鲜重要的林产基地。该道地下有丰富的有色金属，甲山铜矿为全国最大的铜矿；白岩郡的菱镁矿蕴藏量达 65 亿吨，为世界最大的菱镁矿区之一。该道还利用本地原料发展纺织、造纸、食品、日用品等地方工业。耕地面积仅占该道面积的 6.2%，其中 97.5% 为旱田。农业以种植小麦、马铃薯、蔬菜和水果为主，也饲养家畜。设有师范大学、农林大学、医科大学、工业大学等多所高等院校。境内有著名的革命遗迹。在三池渊建有休养所。

咸镜北道，位于朝鲜东北部，东临日本海，北界图们江。面积 1.6 万平方千米，人口约 170 万（1976 年）。设 2 市 13 郡，咸镜北道以咸镜山脉为分水岭，地势分别向西北和东南两侧倾斜。两坡平缓，东坡陡峻，山区占该道面积的 80%。地下有丰富的铁、煤、镁、云母、镍、高岭土、霞石、石墨等矿藏。茂山铁矿蕴藏量达几十亿吨，占全国铁矿总储量的 2/3。全道水电站较多。工业以采矿、冶金、机器制造、纺织、纸浆、造纸、化工和鱼类加工为主。褐煤产量占全国总产量的 4/5，钢产量占全国总产量的 1/2。东海岸为重工业发达地区，有清津、金策、罗津等工业基地。

3. 图们江下游左岸

图们江下游左岸为俄罗斯滨海边疆区的哈桑区。

哈桑区的北部同乌苏里斯克和滨海边疆区的纳杰日金斯科耶区相邻；西面是与中国的边境线；南面沿着图们江流域与朝鲜民主主义人民共和国相邻；东面是一条天然界线——彼得湾海岸。该区的邻近海域有岛屿 22 个，其中比较大的有"大别里斯""伏鲁捷里玛""斯捷尼娜""安吉宾科""西伯利亚科瓦"，这些岛屿的周围有大量的海湾，大部分为不冻海湾。

哈桑区的面积为 4130 平方千米，人口 3.6 万人（截至 2006 年 1 月 1 日），其中城市居民 2.7 万人，农村居民 0.9 万人。哈桑区包括 6 个城区、2 个乡区和 37 个居民点，行政区的中心是斯拉夫扬卡镇。哈桑区的西面有高达 1000 米的黑山山脉，北面横穿鲍里索夫高原，离哈桑区中心较近的地区大部分是丘陵起伏的地形，区内主要的河流在盆地和山谷间流淌；哈桑区的最南端是现代化的海洋梯田和广阔平坦且多沼泽的平原，境内草原辽阔。哈桑区的农业用地面积 13.5 万公顷。

近年来，哈桑区开始发展农场经济，特别是发展肉、奶业。饲养良种马也是其发展方向之一。国外的投资者对在哈桑区农业生产领域投资的兴趣与日俱增。来自韩国和中国的企业家纷纷向种植果树、蔬菜、水稻、蘑菇和草药的企业投资。到 2006 年，在哈桑区共注册了 17 家外资企业和 14 家合资企业，其中韩国投资占外国投资总额的 88.6%，外资的 46.2% 投向农业企业。哈桑区的主要经济部门是运输业、船舶修理业和渔业。哈桑区海运发达，所有港口间相互联系紧密并直接同西伯利亚大铁路相通。其中运输领域的重要企业有斯拉夫扬卡修船厂股份有限公司和特罗伊察湾海港股份有限公司等。其中斯拉夫扬卡修船厂股份有限公司是整个哈桑区规模最大的修船厂，可以维修任何型号的船舶。哈桑区的渔业非常发达，有 30 多家企业从事渔业生产，其中包括专门从事鲑鳟鱼养殖的养鱼场，它位于梁赞诺夫卡河和巴拉巴舍夫卡河边。

图们江，作为图们江流域文明进步的见证者和亲历者，已经深深镌刻于两岸辽阔的土地上，与人们的血脉浑然天成。图们江文化也必将持续引领长吉图开发和东北亚合作的深入发展，成就属于图们江、令世人瞩目的傲人的业绩。

第二章 图们江流域采风

一路向东，大江向洋去。

闻名遐迩、举世闻名的图们江，满语名为"图们色禽"，有"万水之源"之意，发源于长白山东麓，她的长度只有 525 千米，在中国众多的河流中，可能称不上长河大川。但，她是连接中、朝、俄三国，也是中国从陆路进入日本海的唯一水上通道。正是因为她的"国际范儿"，使得图们江对中国、对吉林省的意义远远超过了她的长度。

美丽多情的她，左岸靠延边朝鲜族自治州，干流流经和龙、龙井、图们、珲春 4 个县市，右岸靠朝鲜茂山郡、会宁市稳成郡、庆源郡 3 个市（郡）。千百年来，她生生不息、百折不挠地一路涓涓流淌，汇纳川流，流至珲春防川与俄罗斯边境相接，直奔浩瀚的日本海，投入宽广的太平洋的怀抱。

图们江所流经之地，是一片美丽而神奇的土地——

这里是一首写不尽的诗篇，这里是一幅看不厌的画卷；

这里是一曲唱不衰的歌曲，这里是一场跳不完的舞蹈。

这里有大美长白山天池，这里有 21 世纪第一缕曙光首地；

这里是昔日海上丝绸之路，这里是 21 世纪的黄金海岸。

行走于图们江沿岸，一路山水环绕，景色旖旎，土地肥沃，资源丰富。这里外经外贸活跃，民族风情浓郁，名胜古迹繁多，历史文化悠久……

让我们背上行囊，相约这里的青山绿水，相约这里的好客人民，来一场说走就走的采风之旅吧！

图们江风光

一、漫卷诗书话沧桑

巍巍长白山，舞动着一条长长的锦绸，千里图们江，如蓝色丝带旋起左岸。静静的图们江，似扮靓少女，柳手莺步地走着，海味扑鼻的风，用温柔的手，透过夜的长发，抚弄着遥远的边陲……

于是，怀着对这片蓝色水域深深的情愫，人们走近你蓝色的神奇，牵着你的手，与欢快的浪花一路前行，聆听你的呼吸，触摸你的脉搏。

（一）玉莲池

在长白山天池以东 30 多千米的西北侧茂密松林深处，有一片开阔的沼泽地，海拔 1270 米。当中有一汪碧水，从这里流出的股股清泉就是图们江的源头之一。这一汪静谧的碧水，人们唤她为"天女浴躬池"，也就是被赋予了传奇色彩的玉莲池。

关于玉莲池的记载，最早见于《清太祖武皇帝实录》。该书是清初用汉文写的第一部官书，始修于清朝第二位皇帝——皇太极天聪年间，成书于 1636 年，记录的是清太祖努尔哈赤（1616—1626 年在位）的事情。

《清太祖武皇帝实录》记载："满洲原起于长白山之东北布库里山下一泊，名布儿湖里。"文中的满洲指的是满族，女真人建立后金后，改族名为满洲，辛亥革命后官方又简称为满族。玉莲池也被视为满族的发祥地。

该书讲述了这样一个传说：有三位仙女来到凡间，大姐叫恩古伦，二姐叫正古伦，三妹叫佛古伦，她们在布儿湖里沐浴。三位仙女中的佛古伦浴后吞果受孕，生一男孩，相貌异常，名叫布库里雍顺，大清皇帝就是雍顺的后代。

清光绪三十四年（1908 年），安图县第一任知县刘建封奉旨踏查长白山、勘边筹设县治时到达此地。他认为这池碧水就是《清太祖武皇帝实录》中记载的仙湖——布儿湖里。于是在其著作《长白山江岗志略》记载："因长白山东为第一名池，故名元池。"又在《长白山设治兼勘分奉吉界线书》记载："池深而圆，形如荷盖。"因此，元池又称圆池、园池、玉莲池，这些名字有的形似，有的音近，有的寄托了人们对自然的崇拜和美好的愿望。为使人人得瞻，刘建封在池边西北角立"天女浴躬处"石碑一座。

据当地人代代相传，当年池畔确有一碑，但并不高大。在兵荒马乱的年代，驻军曾用之打靶，碑身弹痕累累，后来则不知去向。北洋政府修订于民国初年的《清史稿·地理志》也有记载："安图县西二百里布儿湖里，有天女浴池碑，土人呼园池。"从而佐证了当年在此地确实立有石碑。1995 年，延边朝鲜族自治州政府和长白山保护区管理局在园池畔又立新碑，上书"天女浴躬池"。自此，天女浴躬池的名称开始传播起来，并成为长白山旅游区的一个景观。

古人不见今时月，今月曾经照古人。岁月的车轮滚滚向前，旧日的过往已经灰飞烟灭，穿过历史的沧桑，长白山这片古老而神奇的土地正日益焕发出勃勃生机。通过设立长白山国家级自然保护区，这里的自然资源与生态环境得到了有效保护和科学利用。2011 年 5 月，白河林业局在天女浴躬池畔设立了园池湿地保护区，长白山玉莲池日益成为一道亮丽的景观，展现在世人面前。

在天女浴躬池旁的林道边，有一个中英文标注的指引牌，使用的是"园池"，并写有"直径约 250 米，相传是天女浴

天女浴躬池新碑

躺池。"

用今天的科学解释，天女浴躺池是火山喷发后形成的一个小火山湖。池中的泉水来自于地下，外部无水流注入，湖水始终保持丰盈状态。园池是我国境内弱流水河的源头，从园池北端流出去的弱流河向东南流约 3 千米后，在红土山东麓和红土山水汇合后形成了图们江。

（二）老爷岭

2001 年 1 月 1 日 6 时 41 分 54 秒，新世纪第一缕曙光在图们江下游地区的森林山上冉冉升起，云蒸霞蔚，祥光普照。森林山的主峰就是隽秀挺拔的老爷岭。

老爷岭，海拔 1498 米，这里有层峦叠嶂的原始森林，这里是东北虎、黑熊等珍稀野生动物栖息的乐园，这里还留下了满族祖先生活奋斗的足迹，流传着一个个神奇的故事。

库雅喇人的祖先早在四五千年前就生活在这大山里，以打猎和捕鱼为生，吃山菜野果，用简单的通古斯语语言进行交流。

发源于老爷岭的珲春河，河水清澈，一路蜿蜒流过珲春平原，注入图们江，汇入日本海。相传，在老爷岭主峰南侧有一片开阔之地，生活着一个较大的部落群，珲春河水抚育着这里的土地和人民。

库雅喇部族的首领，骁勇善战，骑马征战面北，弓弩称雄沙场，他和他的后代用石簇、铜枪铁戟与虎豹豺狼拼搏，统一了海东各部，过上了没有战争的和平生活。后来这位首领战死，他的尸体就埋在了森林山下，后人给首领立了两块石碑，一块石碑上刻有首领站在马车上，英姿飒爽、拉弓射箭的形象，另一块石碑上刻着三座古老的房屋。经过了几千年的风雨沧桑，首领墓已找不到了，相传他已化作了森林山主峰的石山峰，因为人们称首领为老爷，这座主峰就叫老爷岭。

老爷岭是库雅喇族人的神山，就像长白山天池一样神圣。生活在这片土地上的库雅喇族人每年冬季都要到神山上朝拜山神，祈祷新的一年顺利、吉祥。库雅喇族的后人，有很多人曾上山去找首领墓和石碑，以示对先人的敬仰，但都没有找到，这也给老爷岭增添了更加神秘的色彩。

登上森林山，耳边回荡着一代又一代流传下来的故事，向下俯视，森林植被像层层的绿色云朵，树分五彩，山增千秀，使人仿佛进入了一个梦幻之境，全身心都被洗涤得宁静而透彻！

好一派原始的宁静、原始的和谐、原始的活力。

（三）淘金梦

在图们江流域广袤的土地上，不仅土地肥沃，而且也蕴藏着资源宝库。在图们江下游地区，位于珲春河畔的老龙口盛产黄金，品位高、成色好，从古至今，一代代采金人在这里寻找着、实现着他们的淘金梦。

相传渤海国时期，第三代国王大钦茂，看好了珲春这片肥沃的土地，背靠森林山，面朝一望无际的日本海，不仅盛产黄金，而且森林等资源丰富、鱼蟹肥美，他决定把国都迁到这里。在建设都城时，所需的木材、砖瓦、石料等大量建筑材料，主要通过珲春河顺流而下，运输到八连城等地，这就是珲春最早的水上运输。在水上运输过程中，经常会造成人员伤亡。人们就传说没有给龙王爷上供，龙王生气了就会吃人，后来人们在放木排前，都要先向龙王爷上供，人们习惯称这

森林山日出

里为老龙牙。顺着龙牙向北山看，山脉开似张着的龙口，于是人们就把这个地方叫作老龙口。

据说 1977 年老龙口村一个农民挖沟时挖出一口古人用的铁锅，证明了老龙口是一个原始部落，古代就有很多人生活在这里。

自古以来，到老龙口来淘金的人络绎不绝。据说在清朝时，山东有一汉人名叫高维岳，下崴子回来，路过老龙口时，发现有很多人在这里淘金，于是就组织了一些流民在这里开矿采金。后来采金的人越来越多，这一带非常繁华热闹，白天车水马龙，夜晚灯火通明。传说此地是尺地寸金，即一尺地可采沙金一两，高维岳为防止山匪抢劫，还派人从海参崴购买枪支弹药，组建了私人武装力量，后来被清政府剿灭，不再允许私人开采黄金。

光绪二十二年（1896 年），清政府在老龙口设立了三道沟矿务局，成为清皇宫专用采金矿，每年为大清国库提供万两黄金。

在伪满时期，日本人在这里建立采金会社，从这里挖走了一千多公斤黄金，并掠夺了大量的红松，从珲春河放排运到图们江口后，运往日本。

中华人民共和国成立后，国家在这里成立了珲春金矿。2006 年，国家投资建设了集防洪、供水、发电、灌溉和环保于一体的老龙口水利枢纽工程。

登上老龙口水利工程的防洪大坝，风景秀丽，碧绿清流，恰似一条水中游龙，与原来山脊游龙遥

珲春老龙口水库风光

相呼应，构成了水中龙和山中龙交织在一起的奇特景观。让人不由得发出"古渡涛声湖底眠，层峦积雪云奇观，林麓微霜红秋叶，柳岸春晴在龙湾"的慨叹。

（四）跑崴子

"海参崴，大海滨，阿玛前去权海参。

海参黑，海参大，我的阿玛不害怕……"

这是传唱在图们江畔的一首古老歌谣，描写的画面就是昔日往来繁忙，却险象环生的跑崴子。

"跑崴子"对关内人来说比较陌生，但对关东人来讲并不陌生。从清朝末期开始，与 2000 万山东人"闯关东"的迁徙壮举的同时，还伴随着一个奇特的现象，那就是"跑崴子"。

据史料记载："跑崴子"中的"崴子"一词是东北方言，源于满语"港湾"的意思，是形象的地理名词，意在三面环山，一面平坦开阔地或江河湖海弯曲的水湾、海湾，地形地势类似"簸箕"形状。位于图们江左岸的珲春就有"西崴子村"的地名。而"跑崴子"一词里主要是特指今天的俄罗斯滨海边疆地区的首府、俄罗斯远东地区最大的城市——符拉迪沃斯托克市。中国的名字叫"海参崴"，因为在 1860 年以前这里是中国的领土。

"海参崴"的意思就是"海参的港湾"。海参崴是北半球著名的天然良港，四季不冻，海产品极为丰富，盛产的海参个大肉肥，鲜香无比。

"跑崴子"又称"下崴子"。当年"跑崴子"主要有两条路径，一条是陆路，一条是水路。

陆路从吉林珲春的草帽顶子到海参崴，直线距离不足 50 千米，冬季赶着马爬犁从草帽顶子出发经过封冻的乌苏里湾，直达海参崴，半天即可到达。夏季赶着马车走大路绕过乌苏里湾,起大早、贪大黑才能到达海参崴。

水路从珲春开船,沿红旗河、图们江顺流而下至日本海直奔海参崴,全程300多千米,顺风顺水至少三天两夜,多则四至五天,每年五月下旬至十月下旬是海运的黄金季节。

唐渤海国时期,珲春与海参崴两地的自由贸易十分繁荣,每到秋冬时节,大批来自关内外的商人及珲春本地的土著人从珲春的春化分水岭出发经"蒙古街",从陆路来到海参崴,带去人参、鹿茸、貂皮、茶叶等土特产,以货换货的交易方式,换回食盐、海参、海獭、海带、紫菜等海产品,这一时期的民间贸易就被称作"跑崴子"。此后,珲春分水岭从陆路到海参崴的这段路被称为"东北的茶马古道"。

"跑崴子"一直延续到1938年日苏"张鼓峰"战役爆发,日本封堵了图们江,又封闭了"蒙古街",就此"跑崴子"结束了。

二、依江临水兴边城

临水而居,择水而憩,自古就是人类亲近自然的本性,也是人类亘古不变的梦想。中国文化的自然属性就是"崇水"的。老子云:上善若水。水善利万物而不争,处众人之所恶,故几于道。

水是生命的摇篮,一个区域、一座城市,甚至一种文明,也往往因河流而诞生,因河流而繁荣,因河流而伟大。因而,临水而居已成为太多人的向往,这种向往里,寄托的不仅是自身生活得如鱼得水,更是考虑到子孙后代的福泽绵长。

图们江之水,以其特有的灵韵,感召着人类前行。掠过历史的云烟,我们感受到的是这里独特的风情与人文。

行走于图们江沿岸，赏碧波而观鱼戏，待日落以看月升，边境风光美不胜收，而口岸风光更有一番别样风情。

过去，延边民间流传着"东北亚丝绸之路"的故事。说的是延边的原住民满族和移住民族朝鲜族，以及冲破清朝"皇家龙脉圣地，布衣百姓禁入"的封锁，来此淘金、伐木、求生存的中原荒民，沿图们江源头至入海口这段边境线，长期对朝

一水之隔的朝鲜民居

鲜贸易和对俄罗斯"放木排、走马帮、跑崴子"而闯出来的黄金商路。

图们江不仅创造了物质财富，也创造了源远流长的图们江文明。如今，在图们江沿岸排列着 10 个边境口岸。这些口岸像一颗颗珍珠，又像一扇扇洞开的门户，连着多国山林、牵着多邦情愫，流动着别样景致……

盛夏时节，沿着"东北亚丝绸之路"，踏上"千里图们江"采风之旅，所经之处不论是城镇还是农村，都如同行走在一个天然的大林场。湛蓝的天空下，山是绿色的，树是绿色的，水是绿色的，清风轻轻拂过脸颊，让人感受到难得的清爽和惬意。

雪山、林海支撑起长白山一座庞大的身躯。长白山峰顶的积雪长年不化，年复一年，构成了一个庞大的固体水库，图们江的源头就从这里流出。

被誉为"长白山下第一镇"的延边朝鲜族自治州安图县二道白河镇，

坐落在长白山苍茫林海之中，是中朝边境上的一个小镇。这里被绵延苍茫的高山群包围，长白山造就了这个小镇古老、苍莽、粗犷以及原始的野性与神秘。

双目峰公务通道就在有"长白山下第一镇"之称的二道白河镇，是中朝两国唯一没有江河隔离的陆路通道，也是图们江最上游的一个口岸。这里古木参天，成群的獐狍野鹿、野猪、黑熊等野生动物经常光顾，一种原始、神秘的自然生态美给这个口岸增添了独特的魅力。对面是朝鲜双头峰边境工作站，距朝鲜三池渊郡34千米，与我国的双目峰通道一样，那里也被长白山原始森林包囊。

告别双目峰，穿过古松齐天、翠柏挺秀的广坪，越过风雪弥漫、银装素裹的罗山岭，来到素有中朝边境线上第一镇的和龙市崇善镇，仿佛到了"世外桃源"，这里的古城里口岸与朝鲜设立的三长里口岸由"图们江第一桥"相连，口岸工作站别致的小洋房和几十户农家的红瓦砖房散落在郁郁葱葱的山坳里，不时飘着几缕淡淡的炊烟，与对岸的朝鲜居民相映成趣。过去，这里的中、朝两国边民远离喧闹的都市，过着自给自足、与世无争的生活，他们以简易木桥或小木船作为相互沟通的工具，在这世外桃源里频繁地在图们江上交往，建立起了世世代代的友好情谊。

"忽如一夜春风来，千树万树梨花开。"20世纪90年代，改革的春风吹到这偏远的山沟里。朝鲜三长口岸所属的两江道地处长白山林区，是朝鲜最主要的木材产区，朝鲜将古城里作为过货口岸，与我国进行木材交易。1994年，中朝两国经过协商，决定在1933年日伪时期古城里税关所的基础上，建立古城里口岸，并投资修建永久性过境公路大桥，连接朝鲜对岸的三长口岸，承担两国木材贸易过货和双方边民互访、公务人员交流的任务。从此，这个古老、僻静的小镇开始见到一辆辆的客货汽车，这里的世界开始喧闹起来。

继续前行近百千米后，就到达了和龙市南坪镇的南坪口岸。

南坪口岸与朝鲜境内亚洲最大的茂山铁矿毗邻，口岸的主要功能是从朝鲜往中国运输铁矿粉。每天，口岸都是一片繁忙的景象。

龙井市三合镇地处图们江流域温暖区，三合口岸以图们江为界与朝鲜咸境北道会宁市隔江相望。漫步于望江阁公园，清风拂面，满目葱郁。登上望江阁眺望，山脚下，奔腾的图们江蜿蜒缠绕。

龙井市三合口岸的望江阁

这里森林资源和矿产资源丰富，尤其盛产松茸，是延边主要松茸产地之一，远销韩国、日本。

图们口岸始建于1924年，是有着近百年历史的边境陆路口岸，与朝鲜南阳市一桥之隔，是唯一有公路桥和铁路桥与朝鲜相连的口岸。

走近口岸，只见图们江上一艘艘打扮得像节日龙舟一样的游船缓缓游弋，其间还有快艇来回穿梭，将激起股股浪花的江水推向中朝两岸。在岸边，人们在"中朝边境""图们口岸"等碑牌下照相留念，或用望远镜眺望朝方，还有的人走到中国和朝鲜交界的图们江大桥上拍摄"国门"，有的走到中朝边境线拍下站在边境的一瞬间……人们近距离感受着两国风光，体验着不同的民族风情。

图们江在流经图们市时改变了流向，向东北滚滚流淌的江水拐了一个大弯后，朝东南流奔而去。也就是从这里开始，当图们江水冲过中上游的玄武岩和花岗岩的阻挡后，放慢了脚步，在图们市与发源于长白山腹地的嘎呀河汇合，流向了延边开放开发的前沿阵地——珲春市，开始了她下游的行程。

图们江下游，江面开阔，水流平缓。珲春的沙坨子口岸和圈河口岸是延边对朝贸易的两大重要口岸。

沙坨子口岸

沙坨子口岸始建于1936年日伪时期，目前为国家二类口岸，对应着朝鲜的赛别尔口岸。沙坨子口岸是传统的民间贸易口岸，改革开放后，中朝两国人民通过沙坨子公路大桥进行民间贸易。随着两国两地边境贸易的兴旺发达，图们江两岸的草房不见了，取而代之的是整齐划一、红砖碧瓦、窗明几净的瓦房，甚至还点缀了许多颇带异域风采的小洋楼，呈现出一片太平盛世的景象。

圈河口岸位于图们江入海口处，飞架于图们江之上的中朝圈河口岸大桥始建于1936年，至今已有80多年的历史。抗美援朝时期，志愿军就是从这里跨越的图们江。后来，这座大铁桥被美国空军炸断。中华人民共和国成立后，由于中朝边民探亲往来的需要，中朝两国又接通了这座友谊之桥。如今，圈河口岸是国务院批准的国际一类口岸，与朝鲜罗先市自由经济贸易区的元汀里口岸隔江相望。口岸年过货能力60万吨，过客能力60万人次。

"鸡鸣闻三国，犬吠惊三疆。"这是对珲春独特地理位置的描述，因为有图们江之水，这里的风景里就有了潺湲的温柔和通透的灵性。

历史上珲春就有通海对外交流史，唐代渤海国曾有著名的横穿日本

海到达日本的"日本道"，成为了将中国大唐文明东传到日本北部的"海
上丝绸之路"。得益于这个地理优势，1992 年，珲春市被中国批准为对
外开放城市，此后珲春市逐渐成长为中国唯一的集边境经济合作区、出
口加工区和互市贸易区"三合一"的地区。2012 年 4 月，珲春市又被中
国国务院批准为国际合作示范区。

除了沙坨子和圈河口岸以外，珲春还有两个对俄口岸，分别是珲春
公路口岸和珲春铁路口岸。

珲春口岸是吉林省目前唯一的对俄国际公路口岸，位于珲春市东南
部，与对岸的俄克拉斯基诺口岸相距 28 千米，距扎鲁比诺港 63 千米，
距符拉迪沃斯托克(海参崴)170 千米。1988 年 5 月，国务院批准开放珲
春口岸为边境贸易口岸。1993 年 4 月，国务院批准该口岸为国际客货
运输一类口岸。目前，已开通了至扎鲁比诺、海参崴等地的旅游线路，
开通了珲春—俄罗斯扎鲁比诺港—韩国束草、日本新潟等地的陆海联运
航线。

珲春铁路口岸距俄罗斯卡梅绍娃亚铁路口岸 26.7 千米。1998 年 12
月国务院批准该口岸为国家一类口岸。1999 年 5 月，珲春—卡梅绍娃
亚铁路试运行。2003 年 11 月，珲春—卡梅绍娃亚—马哈林诺铁路口岸
正式运营。

近年来，珲春凭借独
特的口岸优势，主动融入
"一带一路"倡议，不断
加大投入力度，完善口岸
基础设施建设，改善口岸
通关环境，提高服务质
量，增强了各口岸的通关

珲春铁路口岸的列车

过货能力，促进了口岸经济快速发展，正逐渐成为东北亚地区公路、铁路、海运的重要枢纽。

临水而居，依江而兴。从和龙到龙井，从图们到珲春，随着地势的降低，汇入图们江的水流也越来越多。沿途所见中朝边境线上两国边民仍保持着原生态的风土民情。有时，我们竟和一江之隔的朝鲜边民面对面；抑或，我们站在江左岸，朝鲜的村庄、农田甚至小火车，以及他们的劳作和洗衣、耕地，孩子们的玩耍，甚至建筑上悬挂的金日成、金正日的相片和镶嵌在山体上的标语口号——映入眼帘，这是只有行走于图们江沿岸才有的特殊景观。

口岸通，百业兴，边民富。口岸是门户，是窗口，是桥梁，是纽带……各种肤色、各种语言、各种习俗、各种物资、各种信息在这里汇聚、交流、融通……一场场和谐共振的开放开发大戏每天都在这里上演，一个个美丽动人的故事时时都在这里发生，多国、多民族共同描绘着融合共荣的盛世景象。

三、多姿多彩朝鲜族

朝鲜族是一个能歌善舞、热情好客的民族。

在图们江流域世代生活的中国朝鲜族，在这有山皆绿、有水皆清的环境中，孕育着与众不同的文化气息，因其与朝鲜半岛有着深厚的渊源关系，同时又不断吸收了汉、满等文化，进而形成了独树一帜的中国朝鲜族文化，很多传统文化和风俗习惯留传至今，到了延边朝鲜族自治州，就会体会到朝鲜族浓郁、独特的民族风情。

（一）朝鲜族服饰歌舞

服装是一个民族文化的象征。生活在延边自治州的朝鲜族，其丰富多彩的民族服装，是朝鲜族人民思想意识和精神风貌的体现。其文化与朝鲜半岛的文化有着深厚的渊源。朝鲜族服装呈现出素净、淡雅、轻盈的特点，不仅给我们带来了美的享受，更充实了服饰艺术的宝库。

三国末期，朝鲜族贵族男子穿宽大的裤子、短上衣，腰间系腰带；贵族中的女子则穿长裙和齐臀的上衣。其后，又受到蒙古族的影响，女子的上衣缩短，裙子上提到腰。15世纪时，女子的裙子再度上提，在腋下系定，上衣缩短，与现在妇女所穿的朝鲜族服装相近。

中国朝鲜族在初期，多居于偏僻的山村，服饰的原料以自种自织的麻布和土布为主。20世纪初，机织布和丝绢、绸缎等面料开始传入，服饰的颜色也随之多样化了。尤其是中国改革开放以来，与朝鲜和韩国的经济、文化的交流不断加强，更加促进了朝鲜族服装的发展。

朝鲜族男装衣短，裤长肥大，加穿坎肩，也有外着道袍或朝鲜长袍者。道袍是过去士大夫、儒生的常服，后成为男子出门时的礼服。长袍当大衣穿，有单、夹、棉之分。

朝鲜族女装短衣长裙。短衣有长长的白布带在右肩下方打蝴蝶结。长裙多有长皱褶。裙有缠裙、筒裙、长裙、短裙、围裙之分。短衣，朝鲜语叫"则高利"，是一种斜领、无扣，以带打结，只遮盖到胸部的衣服；长裙，朝鲜语叫"契玛"，腰间有细褶，宽松飘逸。这种衣服大多用丝绸缝制，色彩十分鲜艳。年轻女子一般爱穿筒裙、

朝鲜族服饰

短裙,老年妇女常穿缠裙、长裙。冬天,中老年妇女在上衣外加穿棉(皮)坎肩。

2008 年,朝鲜族服饰被列入第二批国家级非物质文化遗产名录。

朝鲜民族有着悠久的民族传统文化。许多美丽、动人的神话一代又一代地流传下来。朝鲜族神话有《檀君神话》《高朱蒙神话》《朴赫居世神话》《金首露王神话》《昔脱解王神话》《金阏智神话》《创世记》《帝释歌》等。

民间文学还有民谣、传说、民谭(故事)、民间剧等多种形式。朝鲜族民间传说有历史传说、人物传说、地方风物传说和动植物传说等。风物传说和动植物传说的代表作品有《金达莱》《百日红》《三胎星》等。民谭多是生活故事和幻想故事,主要的作品有《年轻的大力士》《红松与人参》《母子情深》等。这些故事在人物关系上,美与丑、善与恶的对比十分鲜明。

从 19 世纪末到 20 世纪初,小说、诗歌等开始发展,诗歌和小说有《闻安重根报国雠事》《感中国义兵事五首》《晨星》、短篇小说《梦天》等。"九一八"事变后,随着抗日武装斗争的展开,朝鲜族文学得到蓬勃发展,流传于抗日根据地的革命歌谣和戏剧,揭开了现代朝鲜族新文学的序幕,其中如《反日歌》《民族解放歌》《统一战线歌》、话剧《血海之唱》等,为朝鲜族文学增加了抗日救亡斗争的新内容。这一时期短篇小说和诗歌的代表作有《暗夜》《名落孙山》《北斗星》《五月的红心》等。另外,民间文学的搜集和整理工作也取得了很大成绩。

朝鲜族在古代被称为东夷人。朝鲜族独树一帜的文化特色,与历史传承有着直接的关系。

朝鲜族的居住环境大多是坐落在靠山的平地上,正因为这种居住习性,而形成了朝鲜族人们擅长歌舞与运动的民族传统,无论年节喜庆,还是家庭聚会，男女老幼伴随着沉稳的鼓点与伽倻琴，翩翩起舞都习以为常。

到朝鲜族民俗村或家中去做客，这种带有浓郁民族特色的歌曲和舞蹈都会时时地陪伴着人们。朝鲜族的歌舞具有一种特殊的艺术魅力，经常映入眼帘的就是人们翩翩起舞的舞姿，飘进耳中的是动人的歌声和乐曲。特别是女性的舞姿，轻柔雅致，一举手一投足，都有一种飘飘若仙的感觉，给人无限的美感。

朝鲜族歌舞的感染力极强，只要有一个人起舞，大家便会不知不觉地跟着舞起来。歌儿越是唱得齐，手越是拍得响，也越是振奋人心。朝鲜族民间歌舞的内容大多是表现爱情，如《阿里郎》就属于这一类型。朝鲜族歌舞

朝鲜族伽倻琴表演

的基调是表达情感形式，是爱情，是一种民族情，所以最能感染本民族，也能打动其他民族，因为这是发自他们心底的声音。

歌舞在朝鲜族人的生活之中，如阳光一样时刻不可离开。当苹果梨熟了，当水稻丰收了，当大地到处飘荡着瓜果的芬芳时，当飞雪飘飘，大地银装素裹的时候，他们通过歌曲和舞蹈来表现自己内心对生活的憧憬和对大自然的热爱，让一切参与者都融合在他们内心的幸福和快乐当中。

中国朝鲜族的传统音乐艺术在其发展过程中，受自身发展规律制约的同时也受其他民族的影响，特别是受中国古代音乐艺术的影响尤深。

洞箫就是朝鲜族最具代表性的乐器，堪称民族艺术的奇葩，距今已有
1500 余年的历史。

朝鲜族洞箫表演

据高句丽史《乐志》记载，洞箫属于中国唐代乐器，在唐朝世宗时期，从西亚经中国传入朝鲜半岛，是中国朝鲜族独有的、最具代表性的一种传统乐器。据史料记载，在 4 世纪中叶高句丽壁画中，已经有了吹奏"箫"这种乐器的场面。从 14 世纪开始，箫被改良成洞箫，并逐渐成为朝鲜民族的传统乐器。之后，洞箫一直流传于朝鲜民间，主要是在朝鲜半岛的咸镜道和庆尚道地区广泛流传，深受民众喜爱。

"洞箫"在移入初期至中华人民共和国成立前这一时期，中国朝鲜族居住区，有一些民间艺人进行过"洞箫"演奏活动，却因演奏人数不多，分布面不广，因此影响力也不大，没能形成器乐艺术发展的良好氛围。直到 20 世纪 30 年代，因珲春市密江乡密江村韩信权老人的到来，才使洞箫这门民间乐器以它独特的音乐魅力再次在中国延边朝鲜族中间兴盛发展起来。

伴随着岁月的流逝和洞箫声的传播，密江村的洞箫引起了有关部门的重视，把密江村的洞箫视为发展朝鲜族民族文化的雏形，经过十几年的努力，已将洞箫普及到家家户户。2008 年，朝鲜族洞箫音乐被列入国家级非物质文化遗产名录，密江乡被命名为"洞箫之乡"。

洞箫，这颗民族文化的奇葩，伴随着朝鲜族文化的发展和中国文化

事业的繁荣，将更加绚丽多彩。

（二）从节日看朝鲜族的敬老传统

朝鲜族自古就是一个注重礼仪的民族，无论是任何场合，都会秉承尊老爱幼的传统美德，被称为"东方礼仪民族"，最能体现这种传统美德的是在对老人60岁生日的祝寿上。

当老人60岁花甲之时，儿女们就要举行隆重的花甲仪式，为老人大摆宴席，表达对父母的养育之恩；子孙亲朋好友欢聚一堂，依次敬酒跪拜，载歌载舞，共同祝愿老人健康长寿。这一风俗已经成为一道极具民族特点的人文景观。

父母诞辰60周年这一天，子女们要为老人举办"花甲宴"（也叫花甲礼）。祝寿活动场面十分热闹，前来祝寿的人身穿节日盛装，过"花甲"的老人身穿新衣，坐在宴席正中，两旁由邻里老人相陪。

花甲宴

61

　　祝寿开始后，从长子夫妇起，到孙子止，依次斟酒向老人跪拜祝福，感谢老人的辛苦操劳及养育之恩，祝福老人健康长寿，晚年幸福。这天，晚辈要给老人准备丰盛的宴席，有特别配制的"麻格里"米酒，还有米糕、冷面、狗肉和大酱汤等传统食品。宴席后，身穿五颜六色服装的小姑娘和天真活泼的男孩子欢快地唱起祝寿歌，接着身穿长裙的姑娘敲起长鼓翩翩起舞，男子也加入跳舞的行列，边歌边舞，共享欢乐。

　　每个环节，都能领略和感受到晚辈对老人的尊敬和爱护，体现朝鲜族尊老爱幼的风俗，人们都陶醉在幸福美好的气氛中。

　　在朝鲜族的日常生活中，处处都能体现对长辈的尊重。如平日饮食，老年人不同晚辈同席，在酒席上，要按年龄辈分依次就座、斟酒。只有长辈举杯后，其余人才可以依次举杯。在遇有长幼单独进餐时，晚辈若被允许同长辈同席，也不能当着长辈面饮酒，若要饮酒，须转过身去饮用。若老人在吃饭时未归，全家要等老人归来方能进餐。平常遇有家中烹制美味佳肴，亦须在老人或长辈品尝过之后，家人才可享用。

　　在众多礼仪活动中，冠礼、婚礼、丧礼、祭礼是朝鲜族最重视的人生礼仪。朝鲜族讲究父慈子孝，长子赡养父母，人们非常鄙视不孝不敬的人和行为。朝鲜族晚辈对长辈说话必须用敬语，平辈之间初次相见也用敬语。晚辈不得在长辈面前吸烟，不准向长辈借火，更不能同长辈对火。老人或长者外出，全家要鞠躬礼送。与长者同路时，年轻人须走在后面，若有急事非超前不可，须向老者说明原委。

　　中华民族是一个尊老爱幼的民族，每年的重阳节有敬老节之说。而我国许多少数民族，也非常重视并大力弘扬尊老敬老这一习俗，许多民族有其特定的敬老的节日。朝鲜族的老人节历史悠久，在朝鲜族的聚居区，几乎都要过老人节，图们江流域的延边朝鲜族自治州是在每年的八月十五日举行。

老人节期间，人们身着民族服装纷纷向老人们祝福。老人身穿新衣，各家儿女都众星捧月地依偎在老人身旁，与老人共享天伦之乐。他们和老人唱歌，与老人跳舞，让老人观看青年表演的踩跳板、摔跤、打球、荡秋千等活动项目。

在朝鲜族聚居区，还有专门为结婚60周年的夫妇而举行的纪念日庆典活动，叫作"回甲节"和"归婚节"。届时，儿女、亲友、邻里都要向老人祝福，共庆美好的生活，享受幸福的时光。

四、品味独特满族情

"白山发祥远，黑水溯源长。"自古以来，满族及其先民世代生息繁衍于白山黑水之间，与长白山、图们江结下不解之缘，在勃兴沉浮的历史长河中，与其他各民族一道，在搏击中共存，在奋争中融合，共同谱写了东方乔岳的壮丽诗篇，共同融入生生不息的中华民族。

四千多年前，满族的祖先肃慎族在图们江流域生息。唐贞元年(785年)，渤海国文王大钦茂迁都至东京龙原府(今珲春市八连城)。这里的政治、经济、文化都有很大发展，海上交通也相当发达，自727年至919年渤海国遣使赴日本34次，日本派人到渤海国13次。当时从珲春经盐州、摩口崴抵达日本的航道，称为"海上丝绸之路"。公元926年契丹国吞灭渤海国强令渤海国人迁到契丹(今辽阳)，使珲春八连城一带人迁城空。渤海人迁徙后，原黑水靺鞨后改称女真人逐渐移入珲春聚居。

清太祖爱新觉罗·努尔哈赤——这位清朝的奠基者、后金的开国皇帝，12岁时流落到图们江地区江源"佟佳老营"，成为佟氏的赘婿。后来，在"佟佳老营"的全力资助下，努尔哈赤征服女真各部，统一东北，制定满文，创建八旗，改建满洲，拉开了创建后金国、兴起满清王朝基业的序幕。

中华民族文化是多源性的，不同民族有不同的风俗文化。满族在经过漫长的历史发展和演变，融合不同民族特点，依靠独特的地理环境气候条件，形成了自己独特的满族文化。

萨满文化是满族文化最鲜明的特征。萨满，又称"叉玛"或"萨玛"。这是一种以"万物有灵"为思想基础的原始宗教文化，又是崇拜自然、崇拜图腾、崇拜祖先的一种祭祀活动。满族祭天实际就是追思先祖，祭地就是缅怀养育我们的这片土地，祭祖就是不忘先祖创业之艰难，鼓励后人追求上进。

（一）满族风情剪纸

剪纸是满族文化不可缺少的重要组成部分，最能直接反映满族人民的发展历史和生活变迁。满族剪纸源于萨满教，萨满教是一种原始宗教，认为万物皆有灵性，产生了自然崇拜、图腾崇拜与祖先崇拜，在萨满主持的多种祭祀活动中，有嬷嬷神剪纸、佛托剪纸、白挂签剪纸等各种表现萨满崇尚与信仰的剪纸。

最早的满族剪纸是在16世纪开始，女真人用树皮、鱼皮、皮革等剪刻而成粗犷的图案。后来，满族妇女用剪纸来美化生活，剪一些花鸟、人物、昆虫等，满族婚礼、葬礼中都离不开剪纸。智慧的

满族风情剪纸

满族先人利用剪纸挂旗、窗花，表达出对美好生活的向往和追求，流传至今。

随着社会的进步，剪纸的内容也得到发展和丰富，成为满族人民记录劳动、追求爱情、向往美好生活的最好表达方式。现在，每逢年节，家家户户都用彩纸剪出美丽的挂旗、窗花，挂在门框上方，贴在玻璃窗上，表示吉祥如意、风调雨顺。

在图们江下游地区的珲春市杨泡满族乡，被誉为"剪纸之乡"，上到八十多岁的老妪，小到七八岁的孩童，大多都能剪一手好活。满族剪纸呈现出春意盎然的景象。2007 年，满族剪纸被列入吉林省非物质文化遗产名录。

（二）满族音乐歌舞

当一个民族经过不断地发展与稳定，不再仅仅是为生存而生活的时候，人们便开始需要娱乐的相伴，在这其中音乐就是最为重要的一项活动，它的创造来自于生活的方方面面。

满族音乐是起源于中国东北地区的少数民族音乐。从史料记载中观之，满族的先世——靺鞨、女真所创作的"渤海乐""女真乐"和清皇太极改称"满洲"后的满族音乐，已成为东北古代音乐的主体，在历史上曾对日本音乐和我国中原音乐有过较大影响。

满族舞蹈也以其强烈的节奏感、丰富的内容深受人们喜爱，比较有特点的有《抓鼓舞》《单鼓舞》《腰鼓舞》《棒槌舞》等。

满族秧歌最早的影子，可以从唐代渤海国的民间舞蹈"踏锤"说起。

可惜的是，雄踞北方、叱咤一时的渤海国，却没有留下任何直接的文史资料。幸运的是，从后人间接的记载中，我们得以考证满人先祖载歌载舞的蛛丝马迹。

满族音乐歌舞

据《奉天通志》（卷九十七，礼俗）描述："渤海俗，官民每岁时聚会作乐，先命善歌舞者数辈前行，仕女相随，更相唱和，回旋宛转，号曰'踏矫'。踏矫之名今不闻，揆其情节，或今日之秧歌滥觞欤？"

这就是说，唐时渤海国的满族先人，岁时有官民同乐、男女相继歌舞的"踏矫"之风。虽然"踏矫"后来失传，但它那官民同乐、边跳边唱行进的样式，当是满族秧歌的起源。

明末，努尔哈赤一统女真各部后，喜庆之日常举行大宴，席间且歌且舞。明万历年间，朝鲜使臣申忠一在所著的《建州纪程图记》中写道："宴会时，大厅内外，吹洞箫，弹琵琶，爬柳箕，拍手唱歌，以助酒兴。酒行数巡后，努尔哈赤离座，自弹琵琶，耸动其身，舞罢，优人八名，各呈其才。"

这种歌舞在清人编著的历史典籍中被称为"莽势"。"莽势者，乃满洲筵宴大礼，至隆重欢庆之盛典，向来皆诸王大臣行之。"

文献记载表明，满族传统礼仪舞蹈——莽势（后称"莽式"），自努尔哈赤时期及清朝建立后，一向由诸王大臣在庆典筵宴中表演，甚至皇帝亲舞莽势敬酒，可见皇室对莽势这种传统舞蹈的珍视。

满族的民歌有山歌、劳动号子、小调、小唱、风俗歌、儿歌等类别，其中包括《巴音波罗》《靠山调》《跑南海》《纸蝴蝶》《摇篮曲》等。其中，《靠山调》被后人改编成二人转曲牌，如《靠山调马前泼水》等。

满族宗教音乐主要指满族萨满祭祀活动中的音乐。分宫廷萨满和民间萨满两类。过去在祭天、祭祖、还愿、庆丰收等各种仪式活动时，举行烧香跳神歌舞。由萨满（男巫）、乌答有（女巫）执抓鼓、扎板，边击鼓奏乐，边唱边舞。宗教音乐是满足音乐的重要组成部分，其特点的是威严，节奏铿锵。

满族宫廷音乐汲取民间音乐的素材，形成了系统的音乐体系，满族宫廷音乐大体可分为典制性音乐和娱乐性音乐两类。

祭礼乐、朝会乐及卤簿乐等属典制性音乐，以前主要用以显示典礼的隆重和皇帝的尊严；宴乐及行幸乐、吹打等属娱乐性音乐，以前主要供皇帝、后妃们娱乐。而现在满族宫廷音乐已经成为中华民族古典音乐一个不可或缺的重要部分。

满族民间文学浩瀚璀璨，居住在图们江流域的满族，大部分以渔猎生活，满族民间文学多以歌谣、传说、诗歌等形式，大多以反映满族人民早期的渔猎生活和抵御外来侵略的历史画面，具有鲜明的满族特色，是我国民间文库中宝贵的民族文化遗产。

（三）满族人钟爱旗袍、马褂

旗袍，分为单、夹、皮、棉四种。这种"衣皆连裳"（古代上为衣，下为裳）与汉族的上衣下裳的两截衣裳有明显区别。它是满族男人喜着的服饰，也叫大衫、长袍。满族男子穿的旗袍，其样式和结构都比较简单，原为满族骑射时穿用的圆领（无领，后习惯加一假领）、大襟、窄袖、四面开禊、左衽、带扣绊、束带，适于骑马射猎。

满族妇女穿的旗袍，样式美观大方，讲究装饰，领口、袖头、衣襟都绣有不同颜色的花边，有的多至十几道，穿起来匀称苗条，婀娜多姿。有一种女式旗袍叫"大挽袖"，把花纹绣在袖里，"挽"出来更显得美观。满族妇女所穿旗袍，从样式到做工都十分讲究。在旗袍领口、衣襟、袖边等处镶嵌几道花条或彩牙儿，有的还要镶上18道衣边才算是美。旗袍的样式后来发生了一些变化，开裾从四面改成了两面；下摆也由宽大改为收敛；袖口也由窄变肥，又由肥变瘦，使其穿起来更加合体。现在穿旗袍的已不限于满族妇女了，它已成为各民族妇女普遍喜爱的服装之一。

满族传统服饰

马褂，是满族男子骑马时常穿的一种褂子。为了骑马方便，在长袍的外边套一种身长至脐、四面开裾的短褂，以御风寒。现在许多满族人所穿的对襟小棉袄，就是从马褂演变过来的。

旗袍与马褂，在清代极为盛行。当时不仅满族人穿，中原和南方一些地区的其他民族，或由于被迫，或出于自愿，也渐渐地穿上了一些类似旗袍、马褂的衣服。清初，穿马褂仅限于八旗士兵，至康雍年间满族男子穿马褂的习俗已盛行，青年喜着马褂以示武勇。以后，由于清帝提倡骑射，经常以马褂赏赐臣下，竟成为一种"礼服"。皇帝赏给"黄马褂"也成为极高的荣誉。

后来由于满族受了汉族和其他民族的同化，旗袍和马褂渐渐融进了其他一些民族服饰的优点。

（四）满族人崇拜鸦鹊

满族有着悠久灿烂的文化，其中对鸟的喜爱和崇拜是满族文化的特征之一。对乌鸦和喜鹊的喜爱更是突出，并且有很多美丽动人的传说。

相传，鸦鹊是上天派来的使者，是满族的保护神，鸦鹊能够保佑平安，让人们免受灾难。萨满祭祀中讲，乌鸦是看林子的格格，即林海女神，有了她，猎人进山就能平安。所以，往昔猎人祭山林时先要给乌鸦扬酒撒肉。乌鸦是黑色报警鸟，有了她就会昼夜平安。民间有乌鸦搭救努尔哈赤逃生的传说。相传，努尔哈赤被明兵追赶，眼看就要追上了，一群乌鸦盖在他的身上。明兵远远看见一群乌鸦，就断定这地方没人，朝前追去了。于是，乌鸦救了努尔哈赤的命。

在《昭陵的由来》中，也是一群乌鸦将皇太极团团围住解救了处在极度危险中的皇太极。皇太极从此将乌鸦看作神物，不但不让人伤害，还专门在盛京的东北角圈地伺养。清文献《满洲实录》卷一则记载了一篇爱新觉罗氏家族崇鹊的神话：布库里雍顺数世后，"其子孙暴虐，部署遂叛，于六月间将鄂多理攻破，尽杀其阖族子孙，内有一幼儿名樊察，脱身走至旷野，后兵追之，有一神鹊栖儿头上，追兵谓人首无鹊栖之理，疑为枯木遂回，于是樊察得出，遂隐其身以终焉。满洲后世子孙，俱以鹊为神，故不加害"。

在满族神话传说中，鸦鹊形象都是善良美好的，从中可以看出满族人民对鸦鹊的喜爱和崇敬，甚至化鸦鹊为神。鸦鹊独特的生物习性是满族先民可望而不可即的，它们对满族的助益，使其敬仰、感激不已，进而崇爱它们，保护它们，敬伺它们。

纵观满族的发展过程，满族文化已渗透在我们生活的方方面面。人们爱吃的火锅、爱睡的火炕、爱穿的旗袍、喜爱的剪纸等，这些满族文化的精华已穿越历史的沧桑，不经意间融进中华民族之中，成为中华文化的重要组成部分。

五、心驰神往觅佳居

生活在图们江流域的朝鲜族、满族都是勤劳智慧的民族，不仅有着色彩亮丽、形式特异的民族服饰，而且有着极具特点的饮食、祭祀、丧葬等民族风俗，特别是民居建筑更表现出鲜明的民族特色和风俗文化。

（一）朝鲜族的别样民居

自古以来，朝鲜族人民喜欢选择背风朝阳、依山傍水，环境幽雅的地方建房。朝鲜族民居保持了我国唐代以前民居的风格，日本民居的形式与此相近。

唐代住宅朴素自然，在质朴平淡中蕴含着丰富隽永的诗情。真正的唐代民居现在已经看不到了，但延边的朝鲜族民居，却保持了浓厚的唐代风格。在这里，我们可以领略到唐代以前我国人民盘膝而坐的生活方式。朝鲜族民居的各室用拉门相隔，前后门和拉门较多，出入很方便。

朝鲜族房屋呈大屋顶形状，屋脊外观是中间平、两头翘立，中间平如行舟，两头翘立如飞鹤。组成大屋顶所有的线和面，均为舒缓的曲线和曲面，屋脊等主要轮廓线均涂为白线，缓慢、稳重、优美的曲线和曲面以及椽子以外的大白轮廓线条，正是朝鲜族大屋顶区别于汉族、日本大屋顶的差异点。

"四面坡，白灰墙，房柱出来晒太阳"，进门先是几平方米的地面，其余是满屋的大炕。地热很普遍，坐着很舒服。在屋内装饰中，朝鲜族喜爱"十长生"的图腾景象。"十长生"指海、山、水、石、云、松、不老草、龟、鹤、鹿等长生之物。

如今，在延边朝鲜族自治州的田野乡间，仍然可以看到许多黑瓦白墙的朝鲜族传统民居。你看那晨曦中，袅袅炊烟笼罩下的小村落，一个个院落，一栋栋瓦房，黑瓦和白墙相映，再加上其中劳作着的朝鲜族男女，俨然一幅韵味十足的民族风情画。

朝鲜族民居建筑和居住文化是与生活环境、日常劳作和生活习惯密不可分的，也是在民族文明的长期发展过程中所形成的独特的民族。

在1700多年前的《三国志》里，就记载了早期生活在东北的朝鲜族居住方式，书中写道："居处作草居土室，形如冢，其户在上，举家共在中，无长幼男女别。"约1000多年前，朝鲜族已经形成了自己特有的建筑形式，并且根据屋顶形状、所用建筑材料、屋内结构划分出不同的类型。

就说这屋顶吧，从形式上就有悬山式、庑殿式、歇山式、平顶式；从建筑材料来看呢，有用泥和草盖的草房，有用木头建的木楞子房，又有砖木结构的瓦房，等等。可是不论什么形式的房子都以朝鲜族最喜欢的白色——

朝鲜族住宅

白灰刷墙，而且瓦房的瓦片都特别大。

朝鲜族民居的前面一般都有偏廊。廊板的来源可远溯到我国古代建筑，在建造宫殿时，常常采用短桩台基，用成组的小短柱作为台基与基础，这样既可以通风，又可以防潮。在廊内还可以乘凉、休息，放置杂物。廊内为双扇拉门，窗棂极密，而且朝鲜族民居的门窗不分，门当作窗子用，窗子也可作为门通行。门窗多为直棂，横棂较少，在内部糊白纸。

　　第一次见到这种结构的房屋时，很难分辨出哪个是窗，哪个是门。其实，朝鲜族民居的门、窗不但有区别，而且有许多特别方便的功能。

　　朝鲜族民居的屋内结构主要有单排和双排两种。单排式结构的房间排列如同"月"字，房间之间只有横向间隔而无纵向间壁。双排结构的又叫双筒子，房间排列如同"用"字，房间之间既有横向间壁又有纵向间壁。而无论单排、双排的结构，都会分割出许多房间。原因是朝鲜族在历史上深受"男女有别"等观念的影响，孩子们长大了，男女都要各有单独的房间。

　　无论什么类型的朝鲜族传统民居，只要走进房屋，第一个感觉就是有很大的一个炕。炕是朝鲜族人在室内的主要活动空间，你看，有的炕上亲友们在围桌对饮，有的炕上妇女们在做活计，还有的炕上孩子们在玩耍。

朝鲜族民居内室

　　炕大，散热面积就大，屋里到了冬天就会显得特别暖和。在延边地区朝鲜族房屋内的灶坑更是别具一格，它下陷在地下，底部低于地面，上部还有盖板，而盖板和锅台、炕面形成了一个平面。据说，这种灶坑是既好烧又卫生。

　　朝鲜族民居不设厢房，为独栋单体房，绝大多数没有院落和围墙，人与人之间的关系亲善和睦，视为一家。传统建筑中的门窗，不论门还是窗户，都带有纵横交错的细木格子，并糊上窗纸。对窗格子的形状十分讲究，花格种类多，长短结合，方圆照应，疏密相间，力求整齐、大方、鲜艳，为东北亚地区所罕见。

（二）满族的特色民居

满族人的祖先是游牧民族，但是满族人家的生活习惯四百年来却有别于我们习惯性理解的游牧民族，"走生"的痕迹很淡，定居的习气很重，经过满洲到清朝这三百年的熏陶，满族人家几乎全部都固定而居，而且非常注重家具等饰物的建设和积累。

满族传统的房屋居室特点颇多，但最主要的三大特征是：口袋房、万字炕、烟囱建在地面上。

满族人家传统的住宅形式是院房组合式。庭院又称"院子"，四周以墙筑成"院套"，院套南面正中是院门。院周围用木栅栏，或用砖、土砌成围墙。大门多设门楼或门房。宅屋多为草顶土墙，房顶茅厚尺许，居室多为敞间，颇似口袋，故俗称"口袋房"。进入院门，迎面是正房，一般一户3间，中室开门，并设有厨灶，门皆外闭，以防野兽闯入。

满族的窗户分上、下两扇，多为南、西向，用高丽纸外糊，借以御雪雨。房门多为两层，内为两扇门板，有木制插销，外为单扇花格门，外糊以纸。

据说糊之前，把盐水和酥油搅拌成的比较稀的糊状物喷在高丽纸上，这样就可以防止被雨浸湿。"窗户纸糊在外"，这也是"东北三大怪"之一。

万字炕：满族传统居室中之火炕。满族传统居室为口袋房，一般为3间，中间开门，俗称外屋，两侧为里屋卧室。卧室内西、南、北三面皆有炕相连，如"匚"形。炕用砖、坯制成，炕内有烟道与外屋炉灶及室外烟囱相连。南炕为一家之长者居住，晚辈多居北炕。满族以西为上，故西炕多摆置祭器，因西墙上供有佛爷匣子，故俗称"佛爷炕"。

烟囱：满语称"呼兰"，设置在东、西山墙外，烟囱距房子60多厘米远，用青砖或土坯砌成，有圆形、方形两种。高过屋檐数尺，通过孔道与炕相通。除用空心木外，烟囱多用土坯或砖砌成。

影壁：满族传统住宅的一部分。满族人认为，"四世同堂"或"三世同堂"是件大喜事，同堂的辈行越多越光荣。因此，随着人口的增加，除正房外，又建有东西厢房和南向而中间留有门洞的门房，这种建筑及布局就是我们今天所称的"四合院"。其特点是：院内靠门洞的地方建一矮墙，称为"影壁"。

"影壁"亦称影壁墙。其式多为一字形。高约1.7米，宽2米，厚30厘米有余。一般为石、砖结构，以石为基，用大青砖砌壁身，壁顶多呈马鞍形瓦顶。正面壁心平面，画以吉祥纹饰，亦有雕刻如意彩绘者。反面壁心多设有佛龛，为供奉土地爷之用。影壁均置以庭院大门里3米左右处。

影壁后竖一根约八尺高、碗口粗的神杆，称为"索伦杆子"。杆顶端挂有一锡制或木制的斗子。两厢南端修有牛棚、马棚、车棚和储存谷物的粮仓。正房后中间空地是菜圃，四周栽植果树或花卉。房屋四周围以横墙，自成院落，大户用砖石，小户用木栅。这样院连院、

满族传统民居

户连户，很自然地形成了堡子、营子和屯子。

炕琴柜：满族人家具一个最突出的特点是"炕上文化"，满族人生活在白山黑水之间，冬季时间长，冬季又主要在室内活动，家具也主要是给妇女居家准备的，所以满族家具有一个突出的特点就是大部分都在炕上，很少在地上。

正是这种特点，满族人家最重要的一件家具就是炕柜，满族人叫炕琴柜。炕琴柜分上下两部分。上部存放衣物，中间有两扇门或两边为门。下部为四个抽屉，盛放针、线、剪、锥等物件。抽屉下面有一挡板。炕琴柜上面是放被褥和枕头的，早起将被褥叠好，花面向外，被腰和褥子的镶边构成几条竖线。被褥两边是摆放枕头的地方，枕头顶向外，红红绿绿，五光十色，十分好看。

炕琴柜

生活条件好一点的人家，炕琴柜也讲究一些，叫描金柜，因柜上用金线描绘有吉祥图案。炕琴柜长 160 厘米左右，宽约 50 厘米，高约 80 厘米。一般人家的炕琴柜为木板素面，无雕无刻，用的就是木材的天然纹理。水曲柳、花榆木材天然的图案本身就特别漂亮，柜面上再配上黄铜裸钉的折叶、了吊、抽匣上的铜穗儿拉手，非常漂亮。讲究人家炕琴柜的铜件有蝶形、鱼形、桃形等变化，上面有冲凿的线条刻画的图案。

近年来，随着社会和城市的发展，朝鲜族、满族的居住方式已发生了变化，砖瓦结构的住宅和楼房日益增多，民族风格的室内设计日渐减少，一切向现代化发展。

六、风雅古韵淳民风

满族、朝鲜族都是一个十分注重礼仪的民族，在长期的历史发展中，形成了独具特色的风俗礼仪。

（一）满族的传统风俗

1. 难忘童年的摇篮

月光下，悠荡起来的摇车，犹如春风摇曳垂柳，似小舟在碧波中轻轻荡漾。一曲悠扬的旋律从窗里传出来："悠悠啊，巴布力，小哈哈，睡觉吧！……"这是时常出现在梦中的优美画面，妈妈一边唱着摇篮曲，一边悠着摇车，这也是满族人的一种传统习俗。

摇篮即摇车。是满族先民的一大发明。外形像一只小木船，也像一个木筐箩，用牛皮或麻绳悬挂在空中。它的四周画着太子图、花鸟鱼虫。上面写着"长命百岁""九子十成""龙翔凤舞""吉祥富贵"等吉利语言。摇篮内部铺着康麸褥子和粮食枕头，将婴儿放进去，再轻轻地一推，摇篮在空中来回悠荡起来。这就是防川以及关东各民族广泛使用的育儿工具——摇篮。

生活在白山黑水之间的游猎民族，男女皆骑射，终日跋涉于崇山峻岭之中，妇女分娩后，无法携带婴儿采集与涉猎，孩子放到地上又怕被野兽吃掉，只好将婴儿裹在襁褓里，或放入皮囊高高地吊在树上，打猎归来再哺乳。即"缝皮为囊，纳儿于中，悬挂森林，归而哺之"。待孩子长到四五岁，父母外出狩猎时，便将孩子捆在一个木板上，挂在房檐的木头上，这就是摇篮的雏形。后来的摇车则成为关东民俗文化的代表作。

满族人习惯在婴儿满月那天挂摇车。婴儿满月这天，母亲要咬一口馒头，称之为"满口"。亲娘舅要给婴儿取一个乳名，大多取"狗剩""拴柱"一类名字来祈福。还要给婴儿挂上长命锁，锁上写着"长命富贵""进士及第"等祝福语。这一天，最重要的是姥姥家送摇车。由一个儿女双全的妇女将摇车挂在马车上，由舅舅亲自把摇车送来。舅舅或姨姨随身带着压岁钱，到家门口时，口中念叨"一车金，一车银，一车胖小子到家门"，舅舅把摇车挂起来，将婴儿放进摇车。

摇篮曲是唱给婴儿听的，唱者多为女人。她们与婴儿有着血缘关系，即母与子、姐与弟，非此即彼。唱摇篮曲有一个先决条件，要有一只摇车，摇车里睡着一个婴儿。女人唱摇篮曲，大多是一边悠摇车一边纳鞋底子，做针线活儿，

满族摇车

嘴里哼着小曲，一则为摇车里的婴儿催眠，二来诉说自己的心事。下面这支摇篮曲就是珲春市敬信镇防川村一个女人望着摇车里的婴儿随便唱出来的，所幸被人们记录下来："花摇车，轻轻摇，红布条，悠悠飘。左边挂弓箭，右边挎腰刀。宝宝撒了婆婆娇。悠啊悠，悠宝宝，摇啊摇，长大了，赶上龙虎年，上京去赶考，一举中个骁骑校。"

摇篮曲中唱的骁骑校，是清朝五品武官的称谓，而红布条、弓箭和腰刀都是摇车横绳上拴的小东西，以告诉他人摇车里睡的是一个男孩儿；摇车里若是一个女孩，横绳上则拴嘎拉哈和红绣球，还会挂一些零零碎碎的小物件，如鸡翅骨、布孩子、布老虎、蝴蝶结，这些都是民俗文化的结晶。

2. 富有民族特色的祭祖

满族祭祖活动是每个家庭的重要内容。祭祀仪式非常重要。祭祀之前，首先要"立位"，即设置牌位。牌位放置在"祖宗匣"内。祖宗匣是长约1米，宽、高各为20厘米左右的木制长匣，内装满文或满汉两种文字书写的祖先名讳及谱碟、供纸、其他祭器等。

在祭祖之前，所用的香、猪、年糕等物品事先都需准备齐全。满族祭祖的香，是"鞑子香"，它是用"满山红"的花研制的。每年农历七月十五上山采摘，晒干后轧成面收起来。祭祀时在香碟里放上净灰，然后放上一条"鞑子香"点燃，俗称"描香"。祭祖时用的猪，多用纯黑色的，并由自家养大。此外还要用黄米和麦麸子淘净熬熟之后封坛酿制米酒。祭祖的当天凌晨，妇女们就起床蒸年糕和黏饼，在每块年糕或黏饼上放3粒生小豆，然后每9块装入1碟，摆在祖灵祭桌前。所需各种用品一应齐备，满族祭祖活动在每年秋后进行。

祭祖日期一般安排在农历十月初一，秋收打场之后，家族聚集在一起，与祖先共享丰收的喜悦。祭祀仪式多由族长主持。祭祀时绑猪的绳子和杀猪刀须在西炕上搓、磨。杀猪者左手持刀，将猪杀死后剥皮，在猪肉的四角分割3块肉煮熟，置于祖先牌位前，请下装有家谱等物的"祖宗匣子"。在西炕上摆3张炕桌，焚香设祭。按长幼辈分叩头，请巫师萨满跳神。第一天黎明鸡叫时即开始祭祖。家庭成员按辈分大小依次排开，向祖先神灵跪拜敬酒。然后同吃年糕，再开始向祖先献牲。献牲不可以说杀猪，只能说"使唤猪"或"拿猪"。用酒壶或柳罐到井里取净水，不可落地，倒入酒盅里，然后灌入用白布捆绑的黑色公猪的左耳朵里。如果公猪嚎叫，耳朵扑棱起来，即意味着祖灵已经"领牲"，全族再行跪叩礼。此后，用猪钎憋气将猪杀死，不吹气燎毛解成八块，将内脏洗净后一并下锅，煮到七成熟时出锅按头西尾东摆成整猪样，放在槽盘内端上供桌，俗称"摆件子"。合族再次跪拜叩头，由族长（早年是由萨满巫师）唱"渥东布莫乌春"祭祖歌。有的氏族在祖灵领牲之后还要到屋外烟囱下面行跪拜礼，入室后将每块肉切下 3 片、血肠切下 3 段，用净碟装上，将整只供猪替换下来。然后参加祭祀的族人便可以在南北炕上蘸盐水吃肉，不用筷子，不许喝酒。食后将皮、毛、骨头、剩肉等埋在院内。

当天晚上，还要专门祭祀女性祖神"佛托妈妈"。民间传说"佛托妈妈"因从明代刘兵部刀下救出努尔哈赤而被裸身鞭笞致死，所以祭祀她时须在夜晚，遮上窗户、熄灭灯光之后献牲。所用的黑猪是母的，用酒盅向母猪的右耳朵洒水，当祖灵"领牲"后，猪钎憋气将猪杀死煮至七成熟，"摆件子"之后，熄灭灯光，族人跪伏于地，静听致祭人恭请祖灵享用供品。叩头后，点灯、撤供，众人一起分享祭肉。

满族人祭祖一般安排在白天进行，又称"白日祭"。主祭人先将供桌及祖位架摆放好，然后将祖先请出，再把一头祭祀用的纯黑猪，抬到屋内南炕沿下。主祭人诵读祭文，参加祭祀的人都要按辈分依次跪听。读完祭文后，叩首起身，然后众人把猪抬到供桌前杀祭。杀祭时要将猪毛燎净，并将大小蹄角和猪胆放在供桌的右边，再将猪抬到供桌上，猪头向外，脚要向右。在白日祭祖后，将祭祖时所杀的猪分解成 12 件，连同内脏一起到锅里煮，锅里不放任何调料。锅里所煮的肉，在上供之前都不许吃。供品摆设整齐后，先请主祭人在前跪读祭文，参加祭祀的人仍要按辈分依次跪听，然后主祭人率众人行叩首礼。

昼夜祭神，又称"夜晚祭神"。首先将祖宗匣子中按先后次序请出七位祖先，放在祖架上，再请出两位摆设在祖匣盖上，每位设净水一盅、黄米一碟，将香碗、祭台放在桌上，然后燃起香和白蜡之后，主祭人束腰铃、扎裙子，带领众人击鼓祈祷。然后在神位前杀猪祭祀。其次，在杀猪祭祀后，主祭人还要率众人进行背灯祭。此时要将门窗遮蔽，不准人出入院内，如有外人来也不许进屋。主祭人将灯吹灭，手持铜铃，舞动腰铃，口中念念有词，祭毕，重新点灯，叩首，将祖神像放入祖宗匣子里，双手举起放到西墙祖宗板上，再将门窗打开，准许人出入。背灯祭所用的肉，要过3天以后家人才能吃，但不能送给外人。

3. 沿袭已久的丧葬礼仪

"生有所养，死有所葬。"满族同其他民族一样，把丧葬看作是极其重要和庄严的事情。满族丧葬中，有所谓"烧饭"之礼俗。辽金时女真人就有将"其祭祀饮食之物尽焚之"的烧饭之俗。满族沿袭此俗，富贵人家还有将生前家庭的狗、马焚烧。后金时期，努尔哈赤、皇太极等统治者一再告诫要节省食物器用，除烧饭外，也不再焚烧狗马，只将生前所用狗、马率至坟前火堆旁，用鞭棍催打狗、马从火堆上奔跳过去就可以了。

入葬后，丧家门外不设殃榜（一般汉族在门外设殃榜。所谓殃榜，是由阴阳算命先生开列的含殓日、生辰日、回煞日、避忌日），三日领魂不返家，寄送土地庙。服丧期间，丧家男女以白布袍带为丧服。葬前，带垂至前胸；葬后，男挽于腰间，女戴"包头"。百日内，起居不释白，男截发，冠不缀缨；女剪发，头不戴簪花。

至百日，备香楮祭品到坟前敬奠，脱去孝服，称之"释服"。三年内，男不穿红衣，女不戴簪花，保留着满族的古制。

旗人丧服和汉人丧服丧礼在北京有种种的分别，丧服也因之有了不同。满蒙丧服最轻(内务府三旗尤轻)，汉军较重，汉人最重。以前是一望便知是某族人，近年来旗人羼合汉礼，渐渐不易区别。

丧葬的过程中包含着生者对离去亲人的哀思，对其进入另一个世界的祝福。

4. 白山黑水间的狩猎活动

满族先世都精于骑射，他们生息繁衍的白山黑水地带，山高林密，泽深水阔，草丛萋萋，野兽成群。满族先人在历史上进行了大规模的射猎活动。

满族先人狩猎和驯养鹰有较长的历史，鹰也称雕，满族人习惯称老鹰或老雕。鹰中之王要数海东青，又称白尾海雕。早在商周时期，防川的"肃慎"人，即满族先世就向中原王朝朝贡。渤海时期

满族狩猎

珲春与五国为邻。五国之东接大海，出名鹰，自海东来者谓之海东青。小而俊健，能擒天鹅，爪白者尤以为异咽。海东青虽然身体较小，但生性十分凶猛，可以捕捉天鹅和小兽，有的甚至能捕狍子和鹿。在辽代，女真人把海东青作为向辽国进贡的礼品。辽国也经常派员到女真居住的地区索要海东青，并因此激起女真人的强烈反抗。金代女真贵族也视海东青为珍贵之物，凡是流放到东北边远地区的犯人，谁能捕获海东青不仅可以赎罪，还能获得重金。清朝统一中国之后，严禁民间私自捕海东

青。清廷在东海库雅拉(今珲春防川一带)设打牲丁180人,每年10月后即打鹰,以捕获海东青为主。

满族人驯化海东青有丰富的经验。先在海东青的脚上拴脚绊子,放在室内驯养,昼夜有人驯化,不让鹰睡眠,使其熬掉野性,俗称熬鹰。如果捕到十分凶猛的大鹰(俗称老雕)还要给它带上用皮革制成的僧帽子,把鹰的眼睛蒙上再进行驯化,以防在驯化过程中鹰爪抓瞎人的眼睛。经过一个阶段的室内驯化之后,再移到室外进行驯化,在室外驯化一个月左右,即可放鹰,准备出猎。

貂是满族人狩猎的对象之一,貂皮是东北三宝之一。远在3000多年前,满族先人就捕貂做皮衣。汉代以后,貂皮价格倍增,貂也成为满族先人向中原地区进贡的贡品之一。渤海国曾以貂皮向唐朝纳贡,并作为礼品赠给日本使臣。清朝吉林将军一次向朝廷贡貂皮达2000多张。

(二)朝鲜族的传统风俗

1. 十分讲究的婚娶礼仪

朝鲜族的婚娶习俗中历来就有同姓同本不婚,姑表、姨表亲戚不婚,即凡有血缘关系,无论是远亲还是近亲,只要沾上边的,一律不得通婚。旧时朝鲜族在订婚时要合八字,称为宫合四柱。四柱即出生的年、月、日、时。看双方的属相是否相合,双方的阴阳五行是否相生相克。相克者,不能结婚。

朝鲜族婚俗从说媒到结婚要经过6个礼节,即"纳采""问名""纳吉""纳币""请期"和"迎亲"。姑娘和小伙的接触传话,需要一个"媒人"。首先,男方家要让媒人到女方家"看善",与汉族的"相亲"相似,如满意,小伙正式向姑娘求婚,女方若也同意,男方家就往女方家送

"四柱"。四柱就是在一张纸上写着姓名和星辰宿象（出生的年、月、日、时）；女方再拿姑娘的四柱与之对"穹合"，所谓"穹合"就是指男女的属相是否相顺而不相克。如二人生肖相合，女方就经媒人通知男方家，说两个人的"穹合"相对，男方可"择日"确定举行婚礼的日期并送彩礼到女方家，一般要有"青缎""红缎"等。

"纳采"礼是新郎家向新娘家提亲时送的礼物。旧式的朝鲜族婚娶方式有半亲迎与亲迎两种，亲迎环节就是新郎前往新娘家迎娶新娘的意思。"问名"礼是占卜新娘将来的运气好坏而打听其母姓名的礼仪。"纳吉"礼是新郎家向新娘家通知吉日。"纳币"礼是新郎家给新娘家送的青缎、红缎等彩礼。"请期"礼是新郎家把选定的婚期以书面形式送到新娘家征求意见，新娘家则根据姑娘的具体情况回复。"迎亲"礼，即新郎迎接新娘，也最为隆重。

朝鲜族婚礼的仪式很复杂，婚礼一般分两段进行：先在新娘家举行，后在新郎家举行。在新娘家举行谓之"新郎婚礼"，在新郎家举行谓之"新娘婚礼"。结婚仪式在新娘家举行——新郎一行人手

朝鲜族婚礼

捧用红包巾包着的木雕大雁来到新娘家后，新娘家用木盆把木雁接过去，然后把新郎让进客房——"舍廊房"，新郎在此戴上纱帽，系上冠带，新娘头上戴"簇头里"，手戴"汉衫"走进樵礼厅举行结婚仪式。结束后，新郎便开始"赏大桌"，即品尝佳肴，由新娘家的客人和自家的亲戚们陪同。行过樵礼仪式后，双方便正式结为夫妻。

新郎婚礼一般要按奠雁礼、交拜礼、合卺礼、席宴礼等顺序进行。最具有朝鲜族民族特色的环节,当数"奠雁礼""交拜礼"和"合卺礼"这三大婚宴礼节:木雁象征夫妻如雁双飞,永不分离。所以仪式一开始,新郎就向新娘送上了一双木雁。

进行"交拜礼"时,新郎隔着交拜桌与新娘对面而立,先洗手,寓意从此生活心身干净。交拜桌上陈设着青松、翠竹、栗子、红枣等果品,还要放上一对活鸡。大红枣是生活红红火火之意;栗子是多生儿女之意;母鸡和公鸡是和睦相处、恩恩爱爱之意。

随后就要举行"合卺礼"。卺是苹果大小的葫芦剖成的小瓢。合卺酒饮两次,一次是"行砂杯酒",再次是"行瓢杯酒"。用瓢喝酒象征着两人从此一心一意,珠联璧合。此礼行过之后,新郎便可以接受"大桌"了——新娘一方制作的精美婚宴食品。

新郎在新娘家住三日后,便独自回家,随后新娘等待选定的吉日再被迎接到新郎家,新郎家也照样搭起醮礼厅,为新娘摆喜筵,第二天新娘同丈夫家的人相认,施礼,被请去招待,至此,婚礼才告结束。

2. 呈现地域特点的丧葬礼仪

朝鲜族老人死后,亲人三天内不准洗脸、理发,也不准吃干饭,而且必须穿孝。亲友来吊唁,首先在遗体前三叩首,再同死者亲属相互二叩首。举行埋葬一定要在单日。入殓时要给死者穿新衣,原来的衣服则烧掉。三天后埋葬。埋葬前要请风水先生选墓地,墓地多选在山坡的阳面,头朝山顶脚朝下。埋葬后,坟前置供品,叩首。以后要连续祭祀三天,饭前上供:第一天上供祭祀叫"初云",第二天叫"拜云",第三天带供品到坟地叫"三云"。以后每逢死者的生日、死日、清明、端午、中秋节等都要祭祀。

朝鲜族丧礼包括出现丧事至丧祭仪式结束的一切礼仪,如临终、招魂、收尸、发丧、袭脸、成服、吊丧、葬礼、三虞祭、卒哭祭以及小祥、大祥等。祭礼包括忌祭、时祭、俗节祭等。

过去一般停灵三天、五天甚至七天，现在一般停灵两三天。丧俗中，有一种叫"饭含"的程序。饭含，指在入棺之前往死者口中放入米粒。一般使用柳木做的勺，分左中右三次，从第一勺起依次叫"百石""千石""万石"。然后放进三枚铜币，依次叫"百两""千两""万两"。"饭含"完毕后，就用白布条或麻布把尸体绑上几道，装入棺材内。过去把棺材放入丧舆里，由村里的青壮年抬着出殡。防川村的丧舆、抬杠等丧葬用品均放于"杠房"之中。

3. 体现民族风情的祭祖

祭祀祖先，扫墓，是我们的传统活动。延边的朝鲜族，十分重视清明节这天上山扫墓。朝鲜族清明节上坟时，没有烧纸的习惯，过去有烧稻草的习惯，因为稻草是黄色的，可以代表金条，也就是给故人送金条的意思，但这个习俗现在基本上消失了。每年清明节这一天，朝鲜族一般都会带上具有本民族特色的供品，如打糕、明太鱼、泡菜、自家酿制的米酒或山葡萄酒等，先是把坟墓上的草割掉，将坟墓培土整修后，将供品整齐地摆放到坟前，意思是请已故的人享受美餐。然后向故人敬酒，跪拜，以示哀悼。

朝鲜族是个乐观、能歌善舞的民族，清明祭奠活动也充分体现了这一特点。

祭祀仪式之后，同去的家人将祭祀的食品搬到空地上，全家人围坐在一起把酒言欢、叙旧。吃饭时，往往是边吃、边唱、边跳，用以表示与故人欢乐团聚。朝鲜族的清明节，既有怀念故人的伤感和悲泪，也有踏青游玩的舒畅和欢乐。

七、一方水土一方味

所谓"一方水土养一方人"。我国是一个疆域广、民族多的国家，不同的地域、不同的民族都有不同的饮食，更有不同的饮食文化。

一方水土，一方食味。世代生息在图们江流域的少数民族人民，特别是朝鲜族、满族的饮食不仅形式多样，而且美味可口。

（一）朝鲜族饮食

"道拉基，道拉基，道哦拉基，迎春花开道拉基"，凡是接触过朝鲜族的人，无不对这载歌载舞《桔梗谣》的画面记忆深刻。朝鲜族是个能歌善舞的民族，不论男女老少，都能即兴歌唱，翩翩起舞。这首著名的民歌《桔梗谣》，更是家喻户晓，人人会唱，也使得朝鲜族的风味小吃越发沾染上了浓郁的饮食文化色彩。

朝鲜族过去生活在滨海多山的地带，因而饮食中"山珍""海味"占很大比重。他们喜食牛肉、鸡肉、海鲜及狗肉，不喜吃油腻的食物。即使在年节和各种庆宴上，也多用海味、各种糕点和糖果，很少用油腻的食品。

朝鲜族的饮食可分为家常便饭和特制饮食。中国朝鲜族的传统饮食以大米饭为主食，以汤、酱、咸菜、泡菜（辣白菜）等为主要副食。在日常饮食中，以辣、甜、酸为特点的泡菜和各种小菜、汤是必备的。而朝鲜族的辣白菜、冷面、狗肉汤堪称民族饮食风味中的三绝。

米饭：朝鲜族喜欢食米饭，擅做米饭，用水、用火都十分讲究，做米饭用的铁锅，底深、收口、盖严，受热均匀，能焖住气儿，做出的米饭颗粒松软，饭味醇正。

一锅一次可以做出质地不同的双层米饭，或多层米饭。各种用大米面做成的片糕、散状糕、发糕、打糕、冷面等也是朝鲜族的日常主食。

冷面：冷面是朝鲜族传统食品之一。朝鲜族人不仅在炎热的夏天爱吃冷面，即使在寒冬腊月里也喜欢坐在炕头吃冷面。特别是每年农历正月初四中午，朝鲜族有全家一起吃冷面的习俗。据民间传说这一天吃面条，可以"长命百岁"，故冷面也称作"长寿面"。冷面的主要原料是荞麦面、小麦面和淀粉，也可用玉米面、高粱面、榆树皮面和土豆淀粉制作。做法是在荞麦面中加淀粉、水，和匀成面条，煮熟后用凉水冷却，加香油、辣椒、泡菜、酱牛肉和牛肉汤制成，吃起来清凉爽口，味道鲜美。

泡菜：泡菜是朝鲜族最爱吃的传统食品之一，也是朝鲜族老百姓餐桌上不可或缺的食物。是极具民族特色的风味食品。泡菜的品种繁多，选料广泛，既有天然的山野菜，又有常见的农家蔬菜，所用的原料随季节的不同而变化。

冷面

朝鲜族泡菜同四川泡菜和俄罗斯泡菜在味道上有明显不同。朝鲜族泡菜也发酵，但调料很多，口感微甜、微咸、中辣、生脆。一般主料为大白菜、包心菜、大萝卜、桔梗和黄瓜，调料有精盐、苹果梨、糯米、虾酱、白糖、味素、大蒜、生姜等十多种调料。先将主料用粗盐腌制两三天，除去一些水分，把大白菜和包心菜切成两半，把萝卜、黄瓜切成条，桔梗撕成丝，再将各种调料粉碎调成糊状，均匀地涂在主料上。然后，把主料放到温度在 1℃ ~ 5℃ 之间地窖的大缸里，半个月以后，就可以直接食用了。延边的气温比较低，一般泡菜可以从 10 月初贮藏到来年的 5 月份，非常方便、实惠，是当地老百姓越冬的必备菜肴。

狗肉：与满族的习俗正好相反，朝鲜族是一个爱吃狗肉的民族。他们认为吃狗肉可以清热解毒。用狗肉来烹制菜肴，是朝鲜族烹饪中的一大特色，除婚丧及节日不吃狗肉外，其他季节都可吃狗肉。用其肉、皮及五脏做汤，肉加调料凉食，其味鲜美可口。

打糕：朝鲜族最爱吃的传统食品之一。打糕的历史比较长，早在 18 世纪朝鲜族的有关文献中就有记载，当时称打糕为"引绝饼"，并已成为传统食品之一。如今，每逢佳节或红白喜事，每家都用打糕来招待亲朋好友。顾名思义，打糕是打出来的。打糕的原料主要是糯米。不产糯米的地方，则用小黄米或糜子；豆面原料，除用小红豆外，还可以用黄豆、绿豆、松子、栗子、红枣、芝麻等。制作时，先将黏米淘净蒸熟，放在打糕槽内或石板上，用打糕槌子把米粒打碎黏合在一块而成。吃的时候，用刀蘸水切割成小块，蘸着豆面吃。

米酒：朝鲜族爱喝的一种饮料。米酒是他们招待客人的佳品，如有客人来访，主人总要端上来一碗自家酿制的米酒。这种酒比黄酒的色稍白一点，而且还略带甜味，后劲十足。和长辈一起喝酒时，要把头移到旁边去喝，切不可面对着长辈举杯饮酒，否则就是对长辈的不尊重。

此外，朝鲜族日常菜肴常见的还有"八珍菜"和"酱木儿"（大酱汤）等。"八珍菜"是用绿豆芽、黄豆芽、水豆腐、干豆腐、粉条、桔梗、蕨菜、蘑菇八种原料，经炖、拌、炒、煎制成的菜肴。大酱菜汤的主要原料是小白菜、秋白菜、大兴菜、海菜（带）等以酱代盐，加水焯熟即可食用。

（二）满族饮食

满族先民们长期生活在白山黑水之间，饮食习俗是随着满族历史年代、社会生产、经济条件的变化而形成和发展的。除了"多畜猪，食其肉"外，捕鱼、狩猎、采集是他们的主要生产方式，鱼类、兽肉及野生植物、菌类则是他们的食物来源。猪肉在满族的食物构成中，是和鱼、鹿肉等不相上下的肉食。

吃祭神肉是满族的一项具有原始宗教色彩的食俗。在民间，新年祭索罗杆（神杆）时，都要做血肠（即后来的白肉血肠）；昏夜祭七星时的祭品，后来则演化成七星羊肉。在满族的祭祀中，多以猪为牺牲，称猪肉为"福肉""神肉"，祭祀后众人分食。

满族喜爱黏食、喜食蜂蜜、爱喝糊米茶等习俗，也是他们在长期从事狩猎、采集、饲养、农种、养蜂等经济生产的影响下，并通过祭祀活动的祭品被习惯地认定下来。当然，形成这种食俗，还有地理、气候、生活环境的制约因素。

满汉全席是我国最著名的、规模最大的古典筵席。又称满汉燕翅烧烤全席。满、汉族合宴名称。它是我国烹饪技艺发展的一个高峰。清入关后，随着国家的强大、昌盛，满族统治者在饮食上大大讲究起来。清朝中叶，由于满、汉官员经常互相宴请而形成。在康、雍、乾盛世，已有"满席""汉席"之分。席上珍肴有熊掌、飞龙鸟、猴头、蛤土螺、人参、鹿尾、驼峰等，其中猪肉比重较大。做法多是烧、烤、煮、蒸。火锅类、涮锅类、砂锅类菜肴占突出地位。以干鲜果品、蜜饯为主要配料的菜肴必不可少。主食以满族饽饽为主。

满族由于生活环境的不同以及与汉族频繁交流，饮食习惯一方面与汉族有相似之处，如吃大米、小米、面食等。另一方面仍有自己的特点，如喜吃甜食、过节时吃"艾吉格饽"（即饺子）等。还保留了饽饽、酸汤子、萨其玛、火锅等有民族特色的食品。

饽饽是满语，是由黏米做成的，有豆面饽饽、苏叶饽饽、年糕饽饽等。根据不同的季节制作不同的饽饽，一般春天做豆面饽饽，夏日做苏叶饽饽，秋冬做年糕饽饽。豆面饽饽是用大黄米、小黄米磨成细面，再加进豆面蒸制而成的。这种饽饽颜色金黄，有黏性，味香可口。苏叶饽饽是用黏高粱面和小豆的豆泥混合拌匀，外用苏叶包起来蒸熟的。这种饽饽有一种苏叶的特殊香味，别具风味。年糕饽饽是用大黄米和小黄米浸泡之后磨成面，在黄米面中间包上一些豆泥蒸熟后制成的。这种饽饽用油煎着吃，或蘸着糖吃，既香又甜。

酸汤子是满族的一种普通食品。它是用玉米面经过发酵后做成的。它的制作方法一般是和好面后，先将水烧开，然后在手上扎一个包米叶，把面团放在手心，两手一合，向外一挤，从小手指缝挤出一条条筷子粗细的扁形面条。煮熟后放上各种调料和白菜等食用。

萨其玛

萨其玛是满族的传统风味糕点。"萨其玛"是满语，汉语叫金丝糕、蛋条糕。它用精粉、鸡蛋、糖、芝麻、瓜子仁、青红丝等做成。它的做法是将鸡蛋去壳后加适量的水，搅打起泡后倒入面粉中，揉成面团，然后擀成薄片、切成细条，用油炸成黄白色捞出，再将糖和水放进锅内烧开，制成糖稀，再将炸好的细面条用糖稀拌匀，倒进铺以芝麻、瓜子仁、青红丝的一只木框内压平，用刀切成方块制成。这种食品色、香、味、形俱佳。

满族人还喜欢吃火锅。火锅这种吃法在满族先民中已有上千年的历史。在古时，女真人在狩猎时，常用篝火烧陶壶来煮食物吃，塞外天寒，往往边烧边吃，这是火锅的雏形。后来随着金属器皿

满族火锅

的广泛使用，使火锅正式诞生。随着时代的进步，这种吃法进一步发展，内容也大大丰富起来。在满族历史上出现过天上锅(飞禽锅)、地上锅(走兽锅)、水中锅(鲜鱼锅)、渍菜白肉火锅等。火锅在全国流行以后，各地居民把本地佳肴食俗融进了火锅，出现了许多新品种，风味各异，使火锅食品呈现出百花纷呈的局面。

满族人一日三餐，习惯早晚吃干饭或稀饭，中午吃用黄米或高粱做成的饼、糕、馒头、饽饽、水团子之类，做干饭也多用小米、高粱、玉米。满族人习惯养猪，每年春节杀了年猪，会把一部分肉腌在坛子里，以备一年的食用。其余的用来改善生活，款待来客。最习惯的吃法是白肉血肠、猪肉炖酸菜粉条。逢节庆日都吃饺子，阴历除夕年饭必吃手扒肉。

满族的副食中肉类以猪肉为主，菜肴主要有白肉血肠、酸菜和火锅，颇具特色。满族杀猪最讲究的是吃血肠。每逢杀猪请客时，都说是吃血肠，不说吃猪肉。猪肉的做法讲究白片，即白片肉。所谓白片肉并非指肥肉切片，而是将猪肉方块煮熟后趁热切成薄片，不做任何加工，不加调料。白片肉中五花肉为上乘。猪肘子的吃法也是白片，即所谓的

片肘花。除喜食猪肉外，还喜食牛、羊肉及狍、野鸡、鹿、河鱼、哈什蚂等。蔬菜除日常食用的家种白菜、辣椒、葱、蒜、土豆外，还按不同的时节，采集蕨菜、刺嫩芽、大叶芹、枪头菜、柳蒿、四叶菜等山野菜及木耳、各种蘑菇等，或炸或熬或炖，吃法不一，也是满族的传统食俗。

冬季菜肴主要是酸菜和小豆腐。东北冬季寒冷，时间较长，为备足越冬蔬菜，除贮藏白菜萝卜外，家家都渍酸菜。腌制方法是：将理好的白菜，用热水浸烫后置入缸中发酵后而食。酸菜可做汤、填火锅、做馅等食用。小豆腐是将大豆磨碎，加入适量干菜煮熟，然后团成团放室外冷冻，用时拿一团放入锅内加热，拌酱而食。制作小豆腐的由来，据传是满族先祖居住的地区，食盐和卤水很昂贵，做小豆腐不用加卤水，久而久之，这种吃法便成为满人的习惯并沿用至今。另外，满族酿制的大酱也是颇有历史传统的。

满族人好饮酒。据《大金国志·女真传》载：女真人"饮宴宾客，尽携亲友而来。及相近之家，不召皆至。客人坐食，主人立而侍之。至食罢，众宾方请主人就座。酒行无算，醉倒及逃归则已"。又说："饮酒无算，只用一木杓子，自上而下，循环酌之。"可见满族人日常饮酒的习俗已显示出鲜明的个性。满族所饮之酒，主要有烧酒和黄酒两种。所谓黄酒，为小黄米（黏米）煮粥，在冬季发酵酿成，家家均能自制。后又发展到酿制果酒。秋季水果成熟时，各户都习惯自制果酒，常见的有山葡萄酒、元枣（猕猴桃）酒和山楂酒。另外，当时满族人饮茶多喜喝松罗茶，而今新宾满族则多喜喝花茶。

满族除喜食家植果品外，尚喜食野果。诸如山葡萄、山里红、元枣子、山核桃、桑葚、英额（稠李子）、松子、榛子等。果品除鲜食和干食外，尚喜用蜂蜜腌制而食，称作蜜饯。

满族的饮食习俗，清末民初时的乡谣概述得很有情趣："南北大炕，高桌摆上。黄米干饭，大油熬汤。膀蹄肘子，切碎端上。四个盘子，先吃血肠。"又云："黏面饼子小米粥，酸菜粉条炖猪肉。平常时节小豆腐，咸菜瓜子拌苏油。"

满族饮食之禁忌，最主要的是不杀、不食狗及乌鸦之肉。这是因为满族的先人在长期的渔猎生活中，狗对他们的经济生活起到过重要的帮手作用。后来人们就不忍心杀食其肉，逐渐形成了忌食狗肉的习俗。另外，忌食狗、乌鸦的习俗也不排除满族受宗教礼祭的影响，与民间流传《罕王的传说》中黄犬救主的神话故事有关。相传努尔哈赤起兵初期，因追兵步步紧逼，在芦苇荡里被明兵点着的大火包围，幸亏一只狗用自己的毛浸水，救了过度劳累睡着了的努尔哈赤。因此，满族有敬犬、不吃狗肉之习俗。

第三章　图们江历史回望

一、江涛滚滚流日月

在大江大河之中，图们江不是最长的一条，但它一波接一波惊涛涌动的回音，响亮叩击着人们的耳鼓，叫人一路沿着它的潋滟水色，追寻到汇入日本海处风云激荡的江口。

如果你要寻求一条捷径，从我国境内直驱朝鲜东海岸、日本西海岸，以及北美、北欧，这里是我国最近的水陆通道——沿图们江而下15千米，就可以进入日本海。

生活在这一流域的我国各民族先人，依山面海，用勤劳和智慧，曾经创造出开边通海的大开放盛景。回望这些悠久灿烂的历史文明瑰宝，足令人回肠荡气，心生敬仰。

"辽金古迹到处有，图们江左君临否？"往事虽然早已化作江中的浪花，但那些鸿篇巨制的传奇故事，仍然动人心魄，在我国图们江流域广为流传。

（一）图们江称谓的由来

壮美的图们江给流域地区的人民带来了福泽与骄傲。那么，您知道图们江称谓的由来吗？

每一道江河都有自己的历史，那些隐藏在岁月深处的故事和传说，如同一首古老的歌谣，辽远而又神秘。

据《中国古今地名辞典》记载：图们江出自满语"图们色禽"。"图们"意为"万""众"，"色禽"意为"源""河源"，"图们色禽"即"万水之源"之意，后来略去"色禽"，简称"图们"。

图们江风光

大美图们江

在清朝以前，图们江有很多名字：辽代，图们江被称为驼门；金朝和元朝时期，称为爱也窟河，其下游段称统门河；明代称为啊也苦河，其下游段称徒门河。清代称河源段为大浪河，康熙年间才统称"图们色禽"（Tumen ula），即支流者众，万河归一。直到清高宗乾隆帝钦定的《金史语解》中，才被称为图们。

图们江出海口俯视图

如今，图们江这一称谓，就源于满语的音译。

图们江也是中国与朝鲜民主主义人民共和国的界河。

朝鲜语把图们江叫作豆满江(두만강)，亦为图们江的直译音。朝鲜李朝《新增东国舆地胜览》卷五咸镜道庆源都护府豆满江称："女真语谓为豆满，以众水至此合流，故名。"

千百年来，这条江水不仅凝结了中朝两国人民的友谊，也抚育了两岸大地，造就了东北亚地区一方不朽的历史文明。

(二)我国图们江流域早期的人类活动痕迹

一万年前，冰河时代的最后一次冰期消退，气温回升，植物和动物重新在寒冷的地球北部荒原繁衍。我国图们江流域的原始祖先背靠高山，面向大河，在这片森林茂密、草原丰美、老虎和猛犸象等凶猛动物出没的区域，留下了深深的生活足迹。

大约1万年前，随着最后一个冰期结束，气候回暖，几乎所有的动物群落都发生了很大的变化，有的动物灭绝了，有的华丽转身，变得跟老祖宗大不一样了。

图们江全貌

2002年5月，吉林大学边疆考古研究中心陈全家副教授，对我国图们江流域进行了旧石器考古专题调查，发现了6个旧石器地点，并发掘石制品196件，这是在我国图们江流域首次发现的旧石器文化遗存。

凉水镇新兴洞石镞

这一时期，在图们江近海区域吉林省安图县境内的一处溶洞里，被考古学界定名为"安图人"的原始部族，已经告别了茹毛饮血的蒙昧时代，掌握了使用石制品剥食动物的能力。考古学家在安图洞穴遗址中，发现了属于旧石器时代晚期智人阶段"安图人"的牙齿化石，在出土的

榆树人遗址

虎、猛犸象、东北野牛等19种哺乳动物的化石上，留有明显的条状砍砸痕迹。在延吉、珲春、汪清、和龙等地，也发现了旧石器晚期遗存。

20世纪70年代初，考古学家在吉林珲春的新石器晚期南团山遗址中，分别发现了露营式和地穴式房址，有篝火烧土的痕迹并发掘出"人"字形花纹陶器，以此推测出为一脉相承的部族在渔猎时代和后期稼穑时期居民的生活居址；在窟窿山遗址中，发掘出土了贝类物。这一时期，当地居民已经开始了定居生活和以海贝为货币的交换活动。

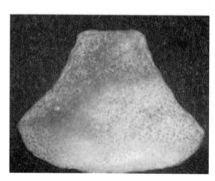
旧石器时代安图人使用的细石铲

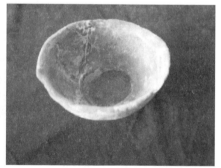
冰水乡新兴洞陶碗

考古学家后期还在境内古墓群出土整理出一大批包括磨制精美的石制狩猎工具和生产工具，以及简单的陶制生活器皿和骨质装饰品等陪葬用品。

经过漫长岁月的洗礼，我国图们江流域的先民们一代代生息繁衍，在同险象环生的大自然作斗争中不断演化进步，从原始社会向着文明社会迈进。

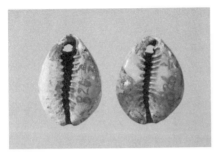

货贝反面

货贝正面

图们江畔民居

（三）因水得名的城市

一川古色，半部历史。

我国图们江流域辉煌的过往，更增添了这里的神秘色彩和苍凉的历史深度。

我国原本是日本海的沿岸国，图们江曾是我国的内河。图们江流域是东北地区多民族聚居地，早在元、明、清三个王朝，就相继在吉林省及图们江流域设置了重要行政机构。吉林图们江沿岸民众充分利用图们江进入日本海的航行便利，进行海上贸易活动，出海捕鱼，演绎出东北边疆开发建设的颇具海洋特色的生动画卷。

吉林市松花江岸

图们江流域历史上长期是满族、蒙古族、朝鲜族等少数民族活动和聚居之地，其先世对这一区域的经济开发历史悠久，影响较大。吉林就是满语"吉林乌拉"的简称，为沿江之意。早在4000年前，土著民族肃慎就与中原地区通聘，夏商时期这里是九夷之地，与中原地区多有往来。汉代时期，东北地区各少数民族就与中原地区进行着商贸交流。唐代，这里属渤督海都府、渤海国；辽属东京路；金属上京路；元属辽阳行省；明属奴儿干都司；到了清代，设吉林将军，1907年建吉林省，省名沿用至今。

位于图们江下游地区的吉林省珲春市，是中国唯一与俄罗斯、朝鲜三国交界以及隔日本海与韩国、日本相望之地，也是全国首个沿边国际合作示范区。珲春这座城市的名字，就来自满语"浑蠢"的音译，为"河尽头"之意。

河尽头，江平原野阔，壮美的图们江在这里滚滚汇入辽阔的日本海。一幅山风海涛的天然图画，铺展在生机勃勃的东北亚大地上。

（四）我国图们江流域是满族的发祥世居地

图们江流域是中国东北地区五大流域文明的发祥地之一，这里气候温和、空气湿润、资源丰富。满族及其先人有历史记载时起，千百年来就在这片肥沃的土地上繁衍生息，创造了我国图们江流域所特有的历史文化和繁盛的都市文明。

北沃沮人、满族的远祖先人肃慎人，在2000多年以前，就生活在长白山以北、黑龙江下游、东到日本海的广大地区。长白山以及黑龙江、松花江和图们江被称为"白山黑水"，是

满族风情图

靺鞨民族人物雕塑

满族人的故乡和发祥之地。

虞舜时代，肃慎族曾遣使中原。商周时代，肃慎使臣向周王朝贡矢石，表明周王朝辖区已达东北边疆。

汉至晋时期肃慎族改称挹娄，南北朝时期称为勿吉（读音"莫吉"），隋至唐时期称黑水靺鞨，基本形成民族形态的时期大约是在唐朝。公元8世纪，靺鞨族建立了自己的政权，"去靺鞨号，专称渤海"。10世纪，靺鞨族改称女真，也称女直。

捕鱼是满族及其先人重要的生产形式之一。捕鱼方法主要有叉鱼、打旋网、下挂子、放须笼、罩鱼等。

满族的祖先数次建立的国家曾一度称雄于人类历史的舞台上，所创造的丰功伟绩令世人瞩目。

满族捕鱼方法

公元 7 世纪末，满族的先世在亚洲大陆的东北部建立了第一个国家渤海国，建国 200 多年，生产力很是发达，曾被邻国敬畏地称作"海东盛国"，拥有自己的官属、军队、司法、赋税和独立的外交，享有一个独立主权国家所应具有的一切权利，是当时世界上的强国之一。

1115 年，女真人的领袖完颜阿骨达打统一了女真各部，击败了辽国，建立了大金国；1126 年灭北宋，占领了淮河以北的地区。原北宋的朝廷首脑南迁到临安（即今天的杭州），大金国的首都则迁到了燕京（即今北京市）。势力开始进入中原。

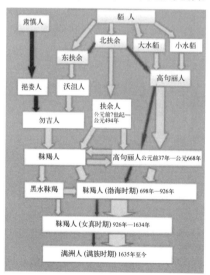

满族世系图表

女真在明朝初期分为建州女真、海西女真、东海女真三大部，后又按地域分为建州、长白、东海、扈伦四大部分。

建州女真脱胎于元代建立于松

花江流域黑龙江省依兰县一代的女真三万户，大约在元明交替之际开始南迁，其中一支叫作胡里改部的女真人在首领纳哈出的率领下迁至辉发河上游的凤州（今吉林与黑龙江交界处，旧称开元城），至其孙李满住时又继续南迁至浑河流域。

女真人的骑射文化

另外，同样出自三万户之中的另外一支吾都里部则在首领猛哥帖木儿的带领下辗转抵达图们江下游，后又继续迁移到今朝鲜国北境。根据《朝鲜太宗实录》记载，他们曾经接受过李朝的建立者李成桂的管理，并以佣兵的身份参与过李成桂夺取高丽政权的战争。大约在永乐元年至九年之间（1403—1411 年），这个仅有 180 户女真部落，再度迁移到浑江一带，投奔已经居住在那里的胡里改部。还有一种说法是，纳哈出接

猛哥帖木儿

受了明朝的建州卫官之后，自告奋勇派人往招猛哥帖木儿。

猛哥帖木儿是在永乐四年（1406 年）接受了明朝的建州卫都指挥使一职的，在永乐九年（1411 年）迁往凤州。大约也是在这一年，建州卫被明朝拆为两部，猛哥帖木儿被改任为建州左卫都指挥使。

这就是日后建州女真的雏形，猛哥帖木儿就是清太祖努尔哈赤的直系祖先。

努尔哈赤画像

大金国被蒙古人打败后灭亡，满族的社会经过了一段时期的内乱之后，明朝后期，在女真族出现了满族历史上又一伟大的人物——爱新觉罗·努尔哈赤。在他的统治下，女真族迅速崛起。

努尔哈赤从1583年起兵，经过了几十年的努力，终于在公元1616年的时候，又建立起了一个满族人自己的国家——大金国，又称为满洲国。为了与满族先前所建立的大金国相区别，故称"后金"，这就是清朝的前身。

清朝发祥地赫图阿拉故城，位于辽宁省新宾满族自治县永陵镇，"赫图阿拉"汉意为"横岗"，是一座拥有400余年历史的古城，始建于明万历三十一年(1603年)，是后金开国的第一都城，也是中国历史上最后一座山城式都城，更是迄今保存最完善的女真族山城，是后金政治、经济、军事、文化、外交的中心，被视为清王朝发祥之地，满族兴起的摇篮。

赫图阿拉故城不仅是清太祖努尔哈赤的出生地，明万历四十四年(1616年)正月初一努尔哈赤于此黄衣称朕，建立了大金政权，史称后金。后金天聪八年（1634年），被皇太极尊称为天眷兴京。

1626年努尔哈赤去世，同年其第八子皇太极即位。1636年皇太极改国号为"大清"，在这前一

赫图阿拉故城部分遗址

年(1635年)农历十月十三日，后金大汗皇太极正式告谕天下，定"满洲"为女真诸部的统一称谓，简称满族，这就是满族现代称谓的开始。

1644年，满洲入主中原，建立了清朝。满族成为统治中国的最后一个强大的民族。

满族及其先人明代女真人，在至今五六个世纪的历史长河中，历经了数次较大规模的举族迁徙，民族发展变化大，人口繁衍快。但为了不"数典忘祖"，都把自己的"根"植于图们江下游地区的长白山。许许多多的满族神话传说、故事，都与长白山有着密不可分的渊源，从而形成了满族特有的长白山文化。

皇太极画像

风景奇观驰名中外的长白山，就源自满语果勒敏珊延阿林，因长白山白雪、白石、白花等而得命，汉语意即为长白山。

满族人民在有清一代视长白山为故乡、"龙兴重地"，并封其为"神山"，与长白山有着极为神秘的关系。

《山海经》说："大荒之中，有山名不咸，有肃慎氏之国。"《晋书》说："肃慎氏，一名挹娄，在不咸山北。"《魏书》说："勿吉国，南有徒太山。"《北史》说："靺鞨国南有徒太山者，俗甚敬畏之，人不得山上溲污，行经山者，以物盛去。上有熊罴豹狼，皆不害人，人亦不敢杀。"《金史》说："女真地，有

满族风情

美丽的长白山天池

长白山。"

　　满族曾经有自己的语言、文字，满文创制于 16 世纪末。17 世纪 40 年代，满族大量入关后，普遍开始习用汉语。满族是一个十分注重礼节的民族，曾信仰萨满教，崇拜祖先，有祭天、祭祖的习俗。后来，受佛教、道教和儒家思想影响，崇拜对象变得多元化。

长白山的原始小溪——肇巴河

　　满族入关之前民间文学十分丰富，以神话、传说、歌谣的形式代代相传。入关之后，吸收汉文化的精华，出现了很多著名的文学家、诗人、书画家，如清代词人纳兰性德、《红楼梦》的作者曹雪芹、文学家老舍、端木蕻良等。

（五）图们江流域朝鲜移民定居史

地处我国图们江流域下游的延边，是中国唯一的朝鲜族自治州，州府延吉这个名字是满语，意为野山羊或石羊生息之地。

这是一片人杰地灵的盆地，四周青山碧野，民风淳朴。当年，清光绪皇帝设延吉厅时，亲笔御赐延吉，寓意"吉林伸展延续""大喜大吉"。

延吉盆地

朝鲜族是中国少数民族中文化水平较高、经济发展较快、人民物质生活较好的一个民族，有悠久的敬老爱幼美德，以擅长在寒冷的北方种植水稻著称，延边朝鲜族自治州被誉为"北方水稻之乡"；长白山林区的特产人参、貂皮、鹿茸，被誉为"东北三宝"。

延吉市

我国与朝鲜山水相连，隔江相望。由于这种特殊的地理环境，两国人民自古就不断相互流移过境谋生。

中国朝鲜族是迁入民族。朝鲜人大批迁入中国图们江流域下游地区，始于19世纪中叶到20世纪上半叶。

朝鲜族古村落的木烟囱

1869年朝鲜北部遭受旱涝大灾荒后，大批朝鲜人迁至延边等地。当时，朝鲜政府也支持"越江垦种"，并把越江垦种地带称为"间岛"。尤其是1910年日本帝国主义强迫朝鲜签订《日韩合并条约》后，每年都有数以万计的朝鲜移民，被迫迁入中国东北，成为世界史上罕见的民族大迁移潮流。

清朝自康熙初年开始，延边地区被定为禁山围场，严禁平民百姓进入。到了19世纪中叶，沙俄帝国主义不断侵犯中国东北边界，并把侵略魔爪伸到图们江沿岸。清廷为了巩固边防，开始对图们江流域一带设立招垦总局，采取了实边政策。

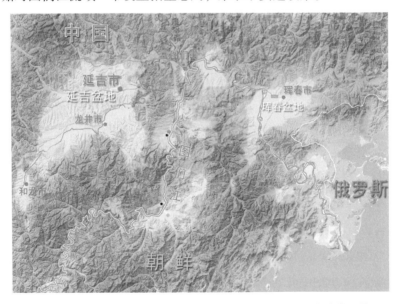

间岛地缘结构图

光绪初年（1875 年左右），图们江流域以北地区出现了垦地居住的朝鲜垦民。起初他们只是以"春结农幕，秋辄掇归"的方式进行偷垦，后来因封禁不严，便携带家眷居住下来。

典型的朝鲜族家居

1882 年，吉林将军铭安和边务督办吴大澂，向朝廷上奏并得到批准，对这些朝鲜垦民进行户口登记，并决定纳入中国版籍，分归图们江下游地区，一些朝鲜垦民"恋此乐土"，成为近代最早在图们江流域以北地区垦种永久居住的朝鲜族。

光绪十年(1884 年)后，清廷不断加强对图们江流域以北地区的管辖，相继设了通商局、分卡，后将通商局卡改为越垦局，并把图们江以北长约七百里，宽约四五十里之地划为朝鲜族垦民的专垦区。由于有了这一专垦区，万千朝鲜族垦民获得了安身立业之地，进而很快地形成了巩固的朝鲜族垦民聚居区。

稻谷飘香

从光绪十六年（1890 年）到光绪二十年（1894 年），清政府对朝鲜族垦民实行"编甲升科"，到 1910 年，朝鲜族垦民已达 16 万多人。

经过一个多世纪的不断迁移，我国图们江流域下游地区的朝鲜族人民逐渐占据了多数。他们深深爱恋着亲手开垦的土地，同生活在这里的汉族、满族及其他兄弟民族一道，用双手和血汗，开发、建设和保卫着这片热土，谱写了一曲中华民族发展史的壮丽篇章，成为中华民族大家庭的重要一员。

中朝图们江大桥

二、物换星移几度秋

山的那边是海。

翻过东面初夏的山梁，站在图们江入海口处的五家山哨所上，看见海浪就在人们的目光可及之处，巨轮穿梭来往，海鸥啼声嘹亮，蔚蓝的日本海波光潋影，一望无边。

2000多年间，朝兴朝亡，云山不改，一代代华夏子孙一直在日本海捕鱼、晒盐、运输，去海岛上采药、狩猎，勤劳智慧的先辈们对日本海的探索和开发，从来就没有停止过。那一行行赶海的欢快脚印，走到19世纪30年代末，突然悲哀地凌乱，消失不见。

（一）谜一样的古国——"海东盛国"渤海国

岁月悠悠，在我国图们江流域的历史长河中，有"海东盛国"之称的唐代渤海国是一颗耀眼的明珠。

渤海国是 1300 年前在我国图们江地区东北一带由靺鞨创建的地方民族政权，开国君主大祚荣。粟末靺鞨是我国唐宋时期东北地区的一个少数民族，大祚荣的父亲乞乞仲象是粟末靺鞨头领。

渤海国城址模型

渤海国始建于公元 698 年，到公元 926 年被契丹灭亡，先后存世 229 年。如同唐朝是中华民族辉煌的历史阶段一样，渤海国也是黑土地上最辉煌的地方政权，以勤劳和智慧，创造了政治、经济、文化和外交等方面空前繁

渤海国盛世

荣的历史，在图们江区域的开拓和发展中留下了光辉的一页。

渤海国初建称震国，意为东方的国家。公元 713 年，首领大祚荣接受唐朝的册封，获渤海郡王的封号，并领忽汗州都督，遂改震国为渤海国，成为臣属于唐朝的藩属政权，又是唐朝管辖下的一个羁縻州府（指唐代于周边少数族内附部落中设置的一种特殊行政区划）即忽汗州都督府。

渤海自大祚荣始，传位 15 代王，设有 5 京（龙泉府、显德府、龙原府、南海府、鸭渌府的合称）15 府、62 州、130 多县。全盛时期的疆域，以吉林省为中心，北至黑龙江下游东岸、鞑靼海峡沿岸，与库页岛相连，东到日本海，西至内蒙古交界的白城、大安附近，南至朝鲜咸兴，包括图们江流域的广大地区，"方五千里"。

唐开元二年(714 年)五月，崔忻在完成册封使命后，按原路返回长安，途经都里镇时，为纪念这次册封盛事，于马石山下凿井两口、刻石一块，永为证验。这是按照唐朝的惯例，朝廷命官持节册封，均要留实物证验，或立碑纪事或建阁（亭）叙要。当时凿的两口井，一在黄金山北麓，至今遗迹尚存，刻石原来就在这口井旁；一在黄金山南麓，后来被沙俄军队占领旅大时在黄金山上修筑军事工事所破坏，已无迹可查。

唐遣使册封渤海王

鸿胪井刻石

刻石高一市尺六寸，宽一市尺一寸九分。石上镌刻正书三行，计二十九个字：勅持节宣劳靺鞨使鸿胪卿崔忻井两口永为记验开元二年五月十八日。"鸿胪井刻石"后被日本掳走。

渤海国立国之都先在东牟山，后选敖东城（今敦化市），和以后两个设都之地中京显德府（今龙井市）、东京龙原府（今珲春市），都在吉林省境内。

占据整个图们江流域的渤海国，是当时东北地区幅员辽阔的藩属政权，被中原誉为"海东盛国"。

由于渤海国"崇尚华风""革故维新""万里寻修""繁荣贸易"，国势日盛，雄踞北方，与盛唐同期创造了北国辉煌。

渤海国同唐朝在政治上、经济上保持着密切的联系，多次派贵族子弟入长安学习，使用汉文，按唐朝的制度管理国家，农业、手工业发达。705 年，唐中宗派御史张行岌前去招抚，大祚荣当即归附。713 年，唐玄宗再次遣使渤海国，册大祚荣为都督，加封左骁卫大将军、渤海郡王。

考古研究告诉我们，当年的渤海国的繁荣发达充满神奇的色彩。神奇是因为渤海国没有留下一点直接的文史资料，所有已知的关于渤海国的记述都是间接，或者是由遗址中发掘而来的。20 世纪 80 年代以来，黑龙江、吉林等省已发掘的渤海墓葬，据不完全统计有 450 座左右，清理发掘的建筑址和居住址 13 处以上。20 世纪 80 年代初，在吉林省延边朝鲜族自治州和龙县境内发现了贞孝公主墓和一方墓志及保存较好的壁画。这是 20 世纪 80 年代以来渤海考古的最重

渤海国贞孝公主墓壁画

大的发现之一。

渤海国也因此被称为"迷踪王国"。

贞孝公主墓壁画局部

（二）八连城遗址

唐代渤海国都城东京龙原府曾经创造出"海东盛国"的辉煌，仿古长安城设计、八城相连，故名八连城。

八连城宫殿全景

114

接云厦屋变桑田，兴
亡难问渔樵叟。谁能想
到，野原荒草之下，竟藏
着疾雷闪电，藏着一段灿
烂的岁月呢？

渤海国第三代王大钦
茂为便于同海外交往，于
公元 785 年将都城从上京

后人镌刻的石碑

龙泉府即黑龙江宁安迁至图们江入海口处的珲春，与唐以及其他周边国
家、民族集团间展开了丰富多彩的政治经济往来，在古代东北亚国际舞
台上扮演了重要角色。从此，一代君王的骄傲和开疆拓海的雄韬伟略，
以及率先发展于周边民族和国家的豪迈英姿，如一朵野性的菊，灿然绽
放在盛唐花团锦簇的沃壤上。据专家考证，在珲春境内，共发现渤海国
遗址 13 处，其中城垣数量之多，规模之大，分布之广，充分显示了当
时龙源府的繁荣。

龙原府地近渤海国腹地，滨江临海，很快发展成为东北亚地区的贸
易枢纽，把遥远的长安和日本连成一条经济通道。渤海国与日本互派使

文王大钦茂

臣，渤海人的十几艘大船，
循着开拓的东方海上丝绸
之路，浩浩荡荡出使日本。
这幕大开放的文明盛景，
该是多么令后人追逐神往
的画面呵。

健儿身手今何在？暮
雨春耕废垒旁。

在城址边一座后人雕刻的石碑前，一道蔚蓝透明的丈宽渠水，滚滚流入田间。史学专家说，那就是以前八连城的护城河。公元926年，渤海国为契丹所灭，这座壮丽的古城从此消失在战火硝烟中。

（三）东北亚"丝绸之路"

我国古代丝绸之路中，有一条古老的东北亚"丝绸之路"。

首先，我们有必要了解东北亚地区的概念，它包括：中国华北、内蒙古部分地区和东北三省；蒙古人民共和国东部；俄罗斯东西伯利亚和远东部分地区、滨海省、库页岛；日本、朝鲜半岛的北部和东北部。

那么，什么叫作"丝绸之路"呢？大家知道，中国的丝绸最富魅力，是中国古代物质文明的重要符号。从它诞生的那天起，就随着人类的足迹迅速扩散到世界各个角落。于是，一条条丝绸之路从中国向海外四面八方辐射。在东北亚这一地域内，历史上有过许多条以贡赏贸易为主的商业交通路线，因以丝绸为大宗，故称作东北亚"丝绸之路"。

渤海国铸币——篆书隆基元宝、隆基元宝（铜，直径33.8毫米）

唐代渤海国是东北亚"丝绸之路"首度繁盛时期，以东北地区作为海陆中转枢纽的"丝绸之路"全线，陆路从唐都长安出发，经东都洛阳、河北、辽东半岛，到达东北地区渤海国的沿海港口，再驾船渡过日本海到达日本。这条线路的海上航线，史称"日本道"，是唐代除从东南沿海港口到达东南亚、南亚、西亚国家的航线外，东北地区日本沿海的另一条"海上丝绸之路"，属于海陆兼程的东北亚"丝绸之路"的一部分。

东北亚"丝绸之路"的第一段，从渤海国到唐都长安有水路和陆路两条线。

水路线路：到达吉林省白山市临江镇（西京鸭绿府神州）之前有三条陆路支线。一是从东京龙原府（吉林省珲春市八连城古城）沿图们江，翻过南岗山脉沿不尔哈通河经过延吉—龙井—合龙—合龙西古城（中京显德府）—

上京龙泉府宫城遗址南门

敦化大蒲柴河—抚松—白山市临江镇；二是由上京龙泉府（黑龙江省宁安县东京城镇）出发，经敦化大蒲柴河—抚松—白山市临江镇；三是由上京龙泉府出发，沿吉林省汪清县嘎呀河流域，经延吉—龙井—合龙西古城—抚松—白山市临江镇。从三条支线到达吉林省白山市临江镇后，乘船沿鸭绿江顺流而下，经恒州（吉林省集安）、大蒲石河，再乘船沿海岸行过乌骨江（今瑗河）、石人汪（今旅顺）杏花浦、桃花浦、青泥浦（今辽宁省大连市）抵达里镇（今旅顺），进而横渡乌湖海（今渤海海峡），穿过乌湖岛（今隍城岛）、末岛（今庙岛）、龟歆岛（今砣矶岛）、大榭岛（今长山岛），到登州（今山东省蓬莱）登岸，再取陆路到唐都长安。

陆路线路：如以渤海国上京城为起点，经吉林敦化—桦甸—辉南—

海龙—辽宁抚顺—沈阳—黑山—北镇—义县—朝阳(营州)—古北口—河北密云(白檀)—北京(幽州)—河北易县(易州)—石家庄(恒州)—邢台(邢州)—河南安阳(相州)—洛阳,最后到达唐都长安。

东北亚"丝绸之路"的第二段,由陆路和海路连接而成,即从渤海国首都到达沿岸港口,登船过日本海到达日本。这一线路全长 1130 千米,陆路约 230 千米,海路约 900 千米。

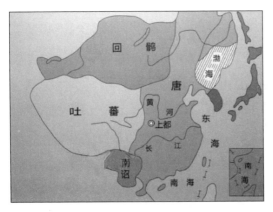

唐代渤海国疆域图

陆路:从上京龙泉府(黑龙江省宁安县东京城)出发,由马莲河南下,越过哈尔巴岭,进入南北向的嘎呀河谷,沿途经过河谷两侧若干渤海城址,沿图们市石岘镇东南 1000 米的东兴村渤海遗址等,沿图们江东行,经图们市凉水镇亭岩山城、密江古城到东京龙原府,向东南经珲春石头河子城,翻越长岭子山口进入日本海的波谢特湾海滨地区,再向前 50 余千米至盐城(今俄克拉斯吉诺)港口出海。

海路:共有三条线。第一条是"筑紫线",即经过对马海峡到达筑紫(今日本北九州),再转抵波江口(今大阪)到日本平安京(今京都)。第二条是"南海线",始发于南海府的吐字浦,余下线路与第一条线重合。第三条是"北线",从东南渡日本海,直抵日本本州中部北海岸的能登(今石川)、加贺(今新潟)、越前(今福井)。出羽(今山形、秋田)和左渡等地,第三条线为最主要的线路。

渤海人积极在唐朝与日本等邻国和地区的国际关系中扮演着非常重

曾经的盛世王朝——渤海国

要的角色，并起着中介或桥梁的作用，充分利用自己的聪明才智和地缘优势，为增进与日本等邻国间的睦邻友好及缓和当时东北亚地区的紧张形势做出了重要贡献。

（四）"沧波织路，敦使聘邻"——东北亚"海上丝绸之路"

渤海是一个临海的国家，其东京龙原府东南即日本海。日本道从上京出发，经龙原府，然后在其东南的港口盐州，越日本海而达日本。这是一条渤海时期重要的海陆交通线，在加强渤海与日本之间的联系，传播盛唐文化等方面都起到了巨大的历史作用。

唐代渤海国"开大境宇"，海岸线漫长，与日本隔海相望。渤海国第二代王武王大武艺，为开辟通往日本海的"海上丝绸之路"做出历史贡献。

公元727年，大武艺率先派宁远将军高仁义、高斋德带领24人携带国书和礼物驾船东渡日本，虽然在日本海航行中遭遇大风暴，航船误入北方虾夷境，高仁义等被害，但高斋德等余下8人还是到达了日本京

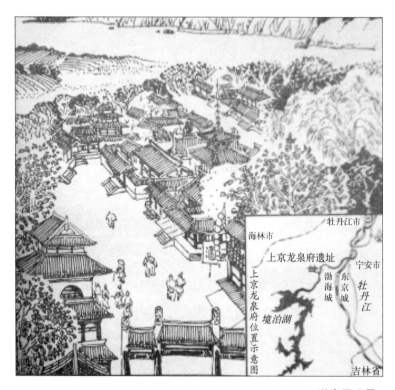

上京龙泉府遗址

上京龙泉府位置示意图

牡丹江市

海林市

宁安市

东京城

渤海城

牡丹江

境泊湖

吉林省

渤海国盛景

都，受到款待，日皇给予了热切的回应，回赠了彩帛、绫、丝、棉等

武王大武艺

物，并对渤海国进行了回访。自此，长达 200 余年的渤、日通聘历史正式拉开序幕。

渤海国以务实的外交手段稳定两国关系，促进了双方在政治、经济和文化等多层面的交流与合作。渤海国和日本对彼此使团的到访都非常重视，渤海使团访问日本，船一到岸，地方官员便报告朝廷，日皇即派人慰问，陪伴入京，设宴款待，赠送礼物，观看骑马射箭和乐舞表演，有时还授予日本官位。

当时，唐和日本间的海上交通经常出事，前后竟有上千人死于海难，因被两国的人们视为畏途。富于冒险精神和航海经验的渤海人所开辟的"日本道"海上航道，由于其逐渐掌握了日本海上季风与海流的规律，懂得顺应季节和海流，创造了冬往夏归的成功经验，因而大大减少了海难事故的发生，其中又以航期较短的"北路"最为安全，成为当时最为繁忙的海上道路。

从8世纪中叶起，日本使团前往唐朝往往取道渤海的"日本道"，沿途都受到了渤方的保护和补给及各种方便。再加上渤海人开通的"朝贡道""营州道""契丹道""新罗道"以及通往黑水靺鞨的干线，足以证明渤海人在开辟和发展东北亚地区的水陆交通方面做出了突出的贡献。

特别是9世纪中叶双方官方来往中断后，渤海人仍一如既往地穿梭于唐和日本之间，频频传递信息、捎带物品、转送人员，事实上成为当时中日两国间接触和交流的主渠道。

渤海与当时东北亚各国开展了双边或多边的贸易活动，其中与日本的海上贸易尤为引人注目。渤海国使臣带去日本的物品主要是渤海国特产，日本带给渤海国的物品主要是

唐代渤海国上京龙泉府遗址

丝织品。这是带有宫廷性质的礼尚往来。此外，还有官方贸易，交易地点设在鸿胪馆，双方人员一起验货、定价、交易；双方交易时间有时需要两天，足见当时交易的规模和盛况。之后，日本允许市民、商人和渤

海使团直接进行民间贸易，鼓励和支持市井商人把日本货物卖给渤海人，交易数量和规模也相当可观。

航海和造船技术的进步，有力推动了渤海国和日本之间"海上丝绸之路"的形成，渤海和日本"沧波虽隔，不断往来"。据记载，当时渤海国访问日本的34批使团，最少的人数22人，最多的359人，以105人组成的使团出访8次。公元771年，渤海使团由壹万福带队，325人乘17艘船组成的编队访问日本，规模宏大。据推算，渤海国航海用船，前期船长可达20米，船宽可达7米多，总吨位100吨，可承载30~60人不等。后期因技术进步，船长可大20~30米，宽10米，总吨位200吨，每船乘105人左右。这在中日关系史和中国航海史上都是伟大的创举。

（五）梦回渤海

史料记载，农业是渤海最主要的经济来源，当时已较普遍地使用了铁器，所使用的大型铁铧已同辽金之际的铁铧无大区别，铁镰、铁铲、铁锸、铁锹等其他农具，也与当时中原的同类物相似。

牛耕也有了进一步推广，表明其农业确已进入了犁耕阶段。渤海人还掌握了水利灌溉技术，并最晚从8世纪后期起，在今北纬44°以北的牡丹江中游一带引种了水稻，无疑是当地农业史上的一大创举。

唐代渤海国铁铧犁

唐代渤海国三足铁锅

唐代渤海国铁盔

唐代渤海国老窑执壶

由于先进历法的采用，能够准确地掌握农时，并在实践中不断摸索、试验，从而在培育优良品种方面取得了骄人的成绩，出现了"卢城之䄂""丸都之李""乐游之梨"等——在现代社会，这就是农作物品牌呀！

手工业主要部门有纺织、矿冶、陶瓷、造船、建筑等。其中纺织又分为麻织和丝织两类，麻织业以中京地区为主要产地，"显州之布"名闻海内；丝织业则以上京一带为中心，以"龙州之䄂"最为著名；而南京一带的"沃州之绵"也具特色。

矿冶方面则主要是铁和铜矿的开采，中京一带"位城之铁"是其主要产地，而铁利府的广州也集中了大量的铁匠；铜冶集中在郓州及率宾府一带，所产熟铜质地相当纯净，曾远销山东半岛地区。渤海所铸的金、银佛像，还曾作为贡物献于唐廷。所生产陶瓷表面光亮，轮制陶已基本上取代了手制陶，并出现了著名的三彩陶器以及瓷器的生产。而高大的城池和宏伟壮

唐代渤海国铜俑

渤海国的大船、牛车和手推车

渤海国商贸活动

丽的宫殿反映了建筑及建材业的成就，所需的砖、瓦等完全为本地所制作。造船业具有了一定的规模，著名的盐州港是其制造中心。

渔猎和畜牧业在渤海经济中仍占较大的比重，主要集中在东部、北部的边远地区，水产丰富，渔民们可以从事远海作业和捕获鲸类。狩猎的本领也超过了前人，可以猎获大型猛兽，使虎、豹、熊、罴等毛皮成为重要的贡品和外贸物资，而"扶余之鹿""太白山之兔"以及"海东青"鹰更是名闻天下。家畜饲养方面则培育出"率宾之马""鄚颉之豕"等优良品种。

渤海的商业相当活跃，从一开始即已习惯于"就市交易"。随着生产的发展，城镇经济逐渐兴旺起来，上京成为全国的商贸中心。至渤海后期，大小城池已经超过百座，同周邻之间特别是同中原地区和日本之间的贸易蓬勃发展，并出现了一批著名的商人。其名马远销山东半岛，"岁岁不绝"；熟铜尤其受到当地官民们的欢迎。746年，渤海及铁利共有1100多人到达岛国，其中多数应与贸易活动有关。出现了通往周邻的五大交通干线，即"龙原，东南濒海，日本道也；南海，新罗道也；鸭绿，朝贡道也；

长岭，营州道也；夫余，契丹道也"，以及通往黑水靺鞨的大路。在主要交通干线上都设有驿站以进行管理和维修。

时光飞逝，沧海桑田。这些丰盈的景象，虽然只能在梦里相见了，但新一轮传奇故事，正在我国图们江流域浓墨上演。

渤海国民族民俗风情图

（六）渤海的灿烂文化

"渤海归人将集去，梨园弟子请词来。"这是著名诗人刘禹锡笔下描述当时渤海国文化盛况的诗句。渤海国在其存在的 200 多年间，创造出丰富多彩、饶有特色、引人注目的灿烂文化。

渤海从建国伊始即"有文字及书记"，汉字成为官方和民间通用的文字，中原地区的经史典籍更成为了官学和扃堂（私学，类似民间私塾）的主要教材和读物。历世诸王还不断派遣贵族子弟到京师长安太学，习识古今制度，一旦"事业稍成"即学业结束，就可以"准例递乘归本国"。有些学生还可以参加京师的科举考试，其中如乌炤度、乌光赞父子等人甚至还获得了"宾贡"科进士第的殊荣。而这些学生回来后大

兴隆寺石灯幢

125

都成为各个方面的骨干或栋梁，乃至"位在公卿"和出任国相。

为适应治国施政及办学兴教的需要，渤海一再派人入唐求写经史典籍，如738年夏"遣使求写《唐礼》及《三国志》《晋书》《三十六国春秋》"等。同时，进入中原的渤海使臣、官员、学生、僧侣及其他各色人等，也大都扮演了文化交流使者的角色。

唐代渤海国莲花瓦当

他们在唐期间，与中原的文士、学者、诗人、艺人、高僧广泛接触、结交，积极吸吮盛唐文化的乳汁，搜求与抄写经史子集，并利用"返蕃"之便将这一切带回了渤海。这一切活动使内地的经史典籍大量地流入渤海地区，难怪渤海人相当熟悉中原的文物典籍并以"颇知书契"而载诸史册，一些上层人家甚至将唐人的诗文书以金字并裱在屏风上进行观摩和鉴赏。

在盛唐文学、诗歌的熏陶下，渤海的文学也达到了较高水平，并以诗歌的成就最为突出，涌现出一批批才华横溢的诗人和名士，如杨泰帅、高景秀、周文伯、杨承规、王孝廉、高元固、释仁贞、释贞素、裴颋、裴璆等人的作品更是颇具唐诗风韵，或享誉于国外的东瀛列岛，或流芳于中原的神州大地。

渤海国靺鞨民族风情

其中如王孝廉的《出云州书情寄两敕使》诗曰："南风海路连归思，北雁长天引旅情。颇有锵锵双凤舞，莫愁多日往边亭。"堪称"造语工丽，宛然唐人风韵"，即使是同当时中原的同辈们相比也并不逊色。

随着渤海使臣及各色人物的外出，绚丽多姿的"海东文化"被带到了周邻各国和地区。裴颋、裴璆父子在内的不少渤海使臣，都因能诗善赋而在日本赢得了朝野人士的敬重，甚至举行"诗会"进

渤海国歌舞

行诗赛；"渤海乐"成为日本宫廷乐曲歌舞演出的重要节目。渤海使臣王文矩等人出访时，还与日本的马球运动爱好者们举行了友谊比赛，是见于文献记载的中日两国选手间最早的体育赛事，堪称两国友好史上的一段佳话。

渤海国墓葬中出土的
壁画复制品

书法、绘画、雕刻等也受到了中原的影响，如贞孝公主墓和三陵 2 号大墓中的壁画，与唐墓中的壁画风格极为类似，而其石狮子的造型风格和雕刻手法，则与唐昭陵、乾陵前面的同类物十分相似。

在城市与宫廷建筑上，上京龙泉府城几乎完全仿照长安城的规划布局而设计，尤其是由内城南门直通外城南门的那条宽阔平直的"中央"大街，竟与长安城的朱雀大街非常类似，无论从营造法式的溯本求源，还是艺

术风格的取舍运用上，均承袭了中原的建筑技艺。

至于渤海的佛教及佛教文化，则完全是中原佛教的分支和延伸。上京遗址等地出土的各种质料的大量佛像，与著名的大同云岗北魏龛佛和洛阳龙门唐代石窟壁上的千佛，在体态、神情、服饰甚至雕造技法等方面都非常相似。而 1974 年在上京遗址出土的一组"舍利函"，在造型结构与图案装饰等方面均与 1964 年出土于甘肃境内的隋唐舍函如出于一炉。

唐代渤海国上京龙泉府遗址

唐代渤海国金舍利函

渤海三彩兽头

宫殿建筑构件

128

温庭筠的诗句"疆里虽重海，车书本一家"绝非虚夸之语，在继承与发扬本地区传统文化的基础上，积极吸收周邻特别是盛唐封建文明的有益成分，促使渤海文化繁荣发展，并融入华夏文化的序列。

（七）望洋兴叹多憾事

这是一段令人心酸的历史。好在还有一丝转机得以慰藉。

从 17 世纪开始，走向衰落的清王朝，不断丧失东北地区的大片领土，直到东北成为望洋兴叹的"近海内陆"。

1861 年 6 月，清政府派仓场户部侍郎成琦和景淳，同沙俄滨海省长官卡扎凯维奇勘分东界，竖立界碑，签订《中俄北京条约》补充条款《勘分东界约记》和《东界道路记文》。

历史上珲春曾依托通海之便，发展国际商铺地，一度成为吉林省第二大城市。

元、明、清三个王朝，相继在吉林省和图们江流域地区设置重要的地方行政机构，进行有效管理。从 17 世纪开始，走

吴大澂雕像

向没落的清王朝，不断丧失东北地区的大片领土，直到东北成为望洋兴叹的"近海内陆"。

1861 年 10 月 12 日，俄国地方当局向珲春副都统递交了《俄国关于中国船只出入图们江口的照会》，其中说："饬令本属各官，如有中国船只出入者，并不可阻拦。"至此后，我国边民又重新开始行使图们江出

海权，进行出海捕鱼或商贸航行，往来于海参崴、元山、釜山、长崎、新潟以及上海等地。

吴大澂手迹"龙虎"

1886年，清政府派会办北洋事务大臣、都察院左副御使吴大澂会同吉林边务帮办、珲春副都统依克唐阿，秉持"一寸土地尽寸心""应争者必争，应办者必办"的信念，与沙俄代表巴拉诺伏再次勘定乌苏里至图们江的东段边界，经过3个月的艰苦谈判，取得了重要成果，签订了《中俄珲春东界约》，收回了俄国侵占的名为黑顶子的地方，这可是今天珲春市敬信镇的全境啊！并把"土字牌"向日本海方向南移了16里（8千米），重新确立了边界界碑、记号，扩大了一些中国领土，决定通过这次勘界能够为吉林省"保留"一个出海口，"引得转机，虽不能作为中俄公共海口，而珲春本地商船、渔船，可以自由出入，不必向俄官领照，较为方便。"

新设的土字界牌比旧界牌距离江口只近了一些，但毕竟争回了一部分领土。

1886年6月21日，吴大澂和巴拉诺夫等人到现场监立土字界牌。据《中俄查勘两国交界道路

中俄边境线

记》记载："牌下入土深一俄尺，约中国二尺三寸。四周地基用坚石筑成，外掘深沟，填以碎石，均灌灰浆，以期经久。"

7月4日，吴大澂和巴拉诺夫分别在《中俄珲春东界约》上签字。随后，双方代表又考察了土尔河以南的中俄边界，在珲春与俄界的阿济密交界处立萨字牌（现珲春市区东80千米的马滴达乡东光村），在与俄界的蒙古街交界处

洋馆坪路堤

立啦字牌等界牌（啦字牌现位于珲春市区东北112千米的春化镇分水岭东）。

由于各界牌之间距离较远，道路分歧，地形复杂，界线不清，又在土字牌和萨字牌之间立下了第一至第十五记号小石牌，在萨字牌和啦字牌之间设立了第十六记号牌。

防川被誉为"东方第一村"，与内地之间有两处"地峡"，最窄的洋馆坪段于1957年被图们江水冲断，使防川犹如一块孤悬"海外"的"飞地"，当地百姓曾长期借俄罗斯境出入。1983年8月重新修通了公路，防川才又有了自己的通道。

土字牌为花岗岩质，面向西南，高1.44米，宽0.5米，厚0.22米。正面竖向镌刻着楷书"土字牌"，左侧刻着"光绪十二年四月立"，背面有俄文字母"T"字。我国政府为保护这一具有重要历史意义的疆域标志不被江水冲毁，于1960年修筑了高6米到8米不等，长1860米的江岸护堤。

中俄参碑土字牌

土字牌东是俄罗斯的边城包德哥尔那亚镇，朝鲜的豆满江市西隔图们江历历在望；向南 600 米处，是横跨图们江的俄朝铁路大桥。

经过 120 多年的风雨侵蚀，土字牌仍然保持完整，字迹清晰可辨，深深地镌刻着中华民族一个多世纪的荣辱兴衰历史。

（八）清末民初大商埠

19 世纪末，由于东北亚陆路交通落后，图们江通海航运发展起来。《中俄珲春东界约》签订后，吉林图们江沿江的各族人民充分利用图们江流入日本海的航行便利"跑崴子"，就是到海参崴和摩阔崴(今俄罗斯称波塞特港)进行贸易，出海捕鱼、晒盐、经商，开辟了由珲春到日本海沿岸各国的航线，广泛开展了对俄(苏)、对日、对朝贸易，进行繁忙的海上商贸活动。

清末民初，这里再度成为东北亚的一个繁华贸易重镇。1906 年清政府定珲春为开埠地区，1907 年辟为商埠。为便于通海航行，当年清廷在珲春疏通图们江河道，以利于江海通航——"戊申吉林浚

珲春古城西门

图们江航道通于海"。

20 世纪初，珲春为便于对外开放，在红旗河畔城关附近建有相当规模的航运码头，创建了图长（崎）航运等海运公司，开辟了内河—近海国际航线。

管理开埠通商的职能部门也应运而生，1909 年设立了海关总管，统管东部边境海关事宜。据宣统年间珲春官方档案记载，当时的航运规模："查入埠之大宗货物则有花其布、黑瞎布、洋布、洋毡、锥夹、手巾、胰子、洋火、火油、碱、洋蜡、洋糖、洋灯等物，均由俄界海参崴运来，分销于延吉、敦化等处。每年约价 188 余万吊。收捐钱 2 万余吊。查出埠大宗货物，则有豆饼、豆油，另当麦、小米、山鸡、山鹿、山狍等项，均系本埠出产，运往俄界严杵河、海参崴一带，每年约价 39 万吊。收税 1.3 万吊。"

1910 年 5 月珲春正式通航后，数家海运公司利用县城码头等便利条件沿江通海，成为国际贸易的重要集散地。通过内河—近海国际航线，火轮常由图们江出海，往来于日本海沿岸的元山、釜山、新潟、长崎等港，并远达上海。

清代海关旧址

1926 年珲春已经拥有船只 60 艘，平均载重 15 吨以上。出入珲春码头的各种船只，1929 年为 1469 艘，24 799 总吨，平均 17 吨/艘；1930 年为 847 艘，14 422 总吨，平均 17 吨/艘；1931 年为 1394 艘，25 123 总吨，平均 18 吨/艘。

清代珲春衙门

这些货船主要装载木材和地方特产，在珲春河码头装货，经图们江进入日本海，抵达朝鲜土里岭、西水罗里换装轮船来往于日本沿岸各港和中国上海从事海上运输。据《满洲年鉴》(1933 年版)记载："珲春地处苏境沿海州附近，清末民初与苏境海参崴通航，今年又同朝鲜至清津港航运频繁。"可见当时边境贸易的繁荣局面。

自 1907 年开埠通商后，珲春作为吉林省图们江沿岸距日本海最近的航运重镇，经过数年发展，人口聚集，店爿林立，商贾云集。除国内上海、山东以及东北内陆的商人在这里设商号外，俄国、日本、朝鲜以及英国的侨民也在这里建有商号、医院和教堂等。珲春一度成为规模仅次于吉林的商业城市。

（九）"张鼓峰事件"爆发导致图们江通海航行中断

张鼓峰，原住民称之为"刀山"。有这样一个令人心痛的小故事，至今在珲春流传，讲的是"张鼓峰事件"爆发的时候，一位住在山下的朝鲜族族阿兹迈仓皇逃离时，错把米袋子当成了孩子背在后背……

水流峰是日军从 1934 年就开始构筑的"东方马其诺防线"的东端起点，它矗立在图们江边，是图们江东岸的制高点，在峰顶就能看到

张鼓峰

日本海。画面中远处雾气弥漫的陆地是俄罗斯波塞图半岛。1938 年 7 月中旬至 8 月中旬日本和苏联两国军队在中国吉林珲春境内图们江下游沿岸防川张鼓峰、沙草峰这两个高地爆发了一场军事冲突，史称"张鼓峰事件"。这是抗

日军水流峰要塞的射击孔

日战争时期，在中国东北发生的世界瞩目的重大事件，日本封锁了图们江口，珲春由于不能通海而逐渐衰落。

1931 年日本发动"九一八"事变，侵占整个东北。1938 年日军在同中国军队进行武汉会战的同时，在中、苏、朝交界地带的图们江下游沿岸地区采取军事冒险和试探行动，与苏军展开军事对峙，引发"张鼓峰事件"。

战前，日军外交部照会苏联，声明居住在张鼓峰一代的朝鲜族居民，每年清明和中秋登上张鼓峰祭祀，因此，张鼓峰属"满洲"领土，要求"归还"哈桑湖一带，苏联拒绝了日本的要求。

7 月 15 日，日军松岛伍长和伊藤军曹等三人伪装成朝鲜族农民，带着望远镜和照相机，进入苏联控制区拍摄绘制边境军事设施，苏军发现后开枪击毙了松岛。此事端成了"张鼓峰事件"的导火索。之后，日军大本营陆军省向驻朝鲜日军司令中村孝太郎大将发布集结部队的命令。驻扎朝鲜罗南的第 19 师团长尾高龟藏受命部署了 4 个步兵中队、2 个山地兵大队和 1 个野战重炮大队。日军驻苏大使重光葵向苏联提出照会，要求恢复张鼓峰边境原状，否则由此产生的一切后果由苏方负责，

遭苏方强硬拒绝。苏联在边境沿线公路紧急增派大批军用汽车，运送战备物资；波谢特港口开进了30多艘运输舰，大量军用物资聚集前线。

7月13日晚12时，日本在朝鲜的洪仪里向张鼓峰开炮，一声炮响击碎了张鼓峰的宁静。一个日军大队于凌晨4点40分攻占了张鼓峰高地；另一队于凌晨6点攻占了沙草峰。随后，日军又向哈桑湖地区进攻。苏军为夺回阵地，向这两个高地进行了猛烈炮击。8月2日，苏军出动数十架飞机，轰炸张鼓峰、沙草峰、庆兴、古邑等地，并从防御转为进攻。

此后数天，围绕张鼓峰和沙草峰两个高地，日苏两军反复争夺，苏军最后掌握战场主动权。双方经过战场较量，都无意扩大战争，遂于8月10日夜在莫斯科签订《张鼓峰停战协议》。协议规定：双方军队于8月11日12时停止一切军事活动，维持11日上午12时的控制线，国界线由苏联代表两人和日"满"代表两人组成混合委员会调查处理。8月13日，日苏双方在张鼓峰东南侧交换俘虏和尸体，历时一个月的"张鼓峰事件"宣布结束。

"张鼓峰事件"战后，苏联在占据张鼓峰和沙草峰后，在洋馆坪一带将其控制地区推到图们江边，仅留一条通往防川的小通道。日伪当局强令防川、沙草峰、洋馆坪和会忠源等地140多户居民全部迁出，将这一带划为禁区，同时又在防川的图们江上立桩堵江，封锁图们江航道。从此，中国图们江沿岸人民利用图们江航道进入日本海的海上活动被迫中断。

张鼓峰事件堡垒遗址

苏军在张鼓峰山顶插上军旗

日苏双方交换阵亡者尸体

日苏爆发的"张鼓峰事件"，成为图们江通海航行中断的直接原因。

（十）图们江出海受阻的历史缘由

1886 年，在中俄边界谈判"保留"了图们江出海权后，我国东北沿江各族人民一直利用这个江海航道出海捕鱼、商贸航行。1894—1985 年爆发的中日甲午战争和 1904 年爆发的日俄战争都没有影响从图们江出入日本海的江海航行。

1910 年，日本和朝鲜签订完全吞并朝鲜的《日韩合并条约》，从此图们江入海口日俄共用。1931 年，苏联废除了《中俄通商章程》，关闭了中苏边界，但中国边民仍然利用图们江航道出海航行，直到 1938 年日苏张鼓峰战役后，日军封锁了图们江口，图们江沿岸地区的民众被迫停止通过图们江进入日本海的海上渔业和商贸活动。此后半个多世纪，我国一直没有恢复图们江出入日本海的海上商贸航运通道。

1945 年日本战败投降到 1949 年中华人民共和国成立这段时间，东北处于国共内战，新政权建立、巩固阶段，国共两党和中国政府无暇顾

《日韩合并条约》

及通过外交交涉，恢复图们江通海航行事宜；行驶出海权不是当时相关邻国政府和有关党派的关注重点。在民间和社会层面，吉林省图们江沿岸地区由于战乱时期社会动荡，也没有恢复固有的图们江通海航行、发展对外贸易的强大推力和迫切要求，加之图们江航道经过日军封锁，多年停航，江道堵塞，长时间没有疏浚，正常通航存在一定的困难。

日本占领时期的朝鲜乡村

慰问志愿军的朝鲜人民

1949 年中华人民共和国成立后，因相同的意识形态，同属社会主义阵营的中国、苏联、朝鲜三国自然成为友好国家，特别是 1950 年 5 月朝鲜战争的爆发，三国很快形成相互支援、共同抗美的局面，随之进入"同志加兄弟"的友好"蜜月期"。这是一个解决恢复图们江通海航行问题的理想机遇期，但在抗美援朝期间，图们江下游吉林珲春防川至日本海出海口一线处于朝鲜战场的侧后方，距离前线远，不论军事调动还是后勤支援，涉及不到俄朝交界的图们江下游航线的开通。从发展经济的民间和地方推动的角度看，当时东北亚处于美国为首的美国、日本、韩国和以苏联为首的苏、中、朝两大阵营。六方国家对抗的战争状态，没有发展对外贸易交流合作的和平环境，恢复图们江出海航行缺乏民间和地方经济发展要求的推动。

抗美援朝欢庆胜利

这一时期，中苏、中朝国家关系处于友好状态，是解决恢复图们江通海航行问题外交环境比较宽松的阶段。但新中国百废待兴，苏联作为中国盟友，既是可靠的安全保障，又能在中国经济社会建设发展中给予大力支持。因此，中国只能把获得苏联援助作为对外政策的主要目标。

50 年代苏联专家在中国

进入 20 世纪六七十年代，中苏两党两国关系开始变化，边境冲突不断，从盟友向敌对方向转化，外交环境不利于解决恢复图们江通海航行问题。

三、冲滩破冰再起航

一曲骊歌海尽头。

我国图们江流域的各族人民，祖辈经略日本海，直到张鼓峰战役后，才痛失了通航日本海应享的所有权利，使我国图们江流域地区成为心酸的望海之地。

阿玛酸涩的眼泪，流成大海的滋味。

山的那边，是阿玛的海；是祖先赐予我们信念、意志和力量的海！

明天，准是一个艳阳高照的好日子，为了这一天，我们都早早做好了远航的准备，沿着东方海上丝路的古航线，出发！

（一）世代经略日本海

海参崴，大海滨　　　　　又出菠萝又出油

阿玛前去叉海参　　　　　还有夜叉放水牛

海参黑，海参大　　　　　十人去了九人留

我的阿玛不害怕　　　　　总有一人不怕他

大海浪，像座墙　　　　　乘着大风回到家

阿玛骑着下南洋　　　　　你猜这人能是谁

南洋有个菠萝州　　　　　这人就是我阿玛

日本海

140

阿玛是满语,译成汉语,就是父亲。这是生活在日本海西北海岸的先民们借孩童之口,唱给勇敢的探海者的颂歌。骑海浪南下,乘大风回家,这就是日本海洋流和大风的写照,说明勇敢的先民们已经掌握了海洋的一些自然规律。

我国图们江流域人民经略日本海,可以追溯到 2000 多年以前。流传至今的远古歌谣《东海渔歌》,充分反映了日本海沿岸我国先民们的海洋意识。

史书明确记载我国图们江流域经略日本海的民族,是生活在公元前后的沃沮人。沃沮人一直生活在日本海西北海岸地区,依山傍海而居。他们既从事农业生产,又上山狩猎,下海捕鱼。

位于吉林省延边朝鲜族自治州汪清县的百草沟遗址,是战国至魏晋时期沃沮人的遗存,是东北东部山区青铜—铁器时代中最有代表性的遗存。其文化内涵丰富,较全面地反映了沃沮人的社会生活,以及同周邻文化乃至同中原文化的联系,对研究中国东陲开发历史具有极高的历史和科学价值。

百草沟遗址　　　　延吉发掘出的一处保存完整的青铜时代房址

据《后汉书·东夷传》记载:公元 1 世纪,沃沮人被兴起不久的高句丽征服后,高句丽人不仅仅向沃沮人征收租税,而且加派"貂布鱼盐,海中之物"。这说明此时沃沮人的海上活动已经是很平常的事了。

5 世纪初高句丽贵族墓葬舞俑墓壁画
《狩猎图》

二十代王长寿王陵

公元 727 年，渤海第二代王大武艺打破了与日本"天涯路阻，海汉悠悠"的隔绝状态，"通使聘邻""永敦邻好"，渤海与日本频繁相互往来遣使。日本海水深浪大，飓风频繁，航行条件十分险恶。渤海的使臣们不畏"风涛失便"而随时可能"舟椅折断"的危险，沧波织路，历尽艰险，终于摸索出了日本海季风和寒、暖流的规律，开辟了冬去夏归的"日本道"航线，架起了渤海与日本友好交往的桥梁，在我国航海史上留下了辉煌的一页。

在渤海灭亡的近千年间，图们江流域的我国人民一直在日本海捕鱼、晒盐、运输，甚至到海岛上采药、狩猎。初成书于明末清初，传于顺康时代。雍乾后全书成体的写本文集《东海沉冤录》比较详细地记载了东海女真几十代人经营日本海的历史；另一本抄本古籍《两世罕王传》记载了日本海西北海岸的居民出海采药的历史。书中载："东海众岛中生产众药，相传比内陆药性浓烈奏效，岛中多栖蛇怪，土民冒死而觅之，除自用于族戚外，更市于南明。"

满洲人以前的生活主要是狩猎和采参，所以满洲人建立了很多原始的庙宇，山神庙和采参庙。满洲人认为山神就是老罕王努尔哈赤，生日是农历三月十六日。

采参图　　　　　　　　　　　　　朝皇帝多次遥拜，封禁长白 200 余年

到了清代，由于清廷实行"封禁"政策，致使日本海沿岸地区人烟渐少，经营日本海的活动也相对萧条了。

（二）我国为行使图们江出海权所做出的努力

回望历史，我国图们江流域地区的先民们开创的以航海为基础的海洋文明和海洋文化，如今成为激励着我们进一步利用海洋和推动文明发展的巨大力量。

20 世纪 80 年代初，我国专家、学者提议恢复图们江出海权。

1986 年 11 月下旬，吉林省对苏联开展地方贸易可行性研究课题组赴珲春市和图们市对图们江进行了实地考察，并形成了《关于利用图们江开辟我省对外贸易口岸的考察报告》，正式提出利用图们江河道出海。随后，吉林省对外开放联合调查组在《谈谈如何把东北亚作为吉林省对外开放重点的设想》中，也提出"争取早日恢复图们江出海权，打通出海口，把防川建成为我国东北边陲的一个多国自由贸易港口"。上述报告和设想，标志着吉林省全面启动了图们江出海权的恢复工作。

同年 12 月 26 日，吉林省派出联合工作组，经过到珲春实地考察后，向省政府递交了《关于开辟吉林省东部边境对外贸易开放口岸的意

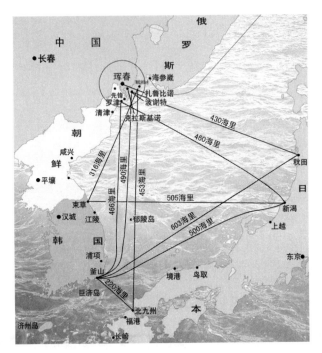

珲春区位图航线

见》的报告，提出了积极争取恢复经图们江出海权，协商苏、朝双方，允许图们江疏通航道。

1989 年戈尔巴乔夫访华

1987 年 5 月 14 日，吉林省人民政府和国家海洋局先后分别向国务院提出关于恢复我图们江出海权的请示与建议；同年 6 月 6 日，吉林省人大常委会致信全国人大领导，再次阐述了行使图们江出海权的重要性。

省委、省政府以及国家部委、国家领导人对此高度重视，将行使图们江出海权上升为国家战略，为我国图们江出海复航考察奠定了基础。

20世纪80年代后期至90年代初，行使图们江出海权问题的解决与复航科学考察正式列入中苏边界谈判议程，得到苏方重新确认。1987年中苏重开边界谈判后，经我国外交部积极争取，在1988年10月第三轮边境谈判期间，中苏两国代表团就这一问题达成了书面共同记录。

1991年5月16日，中苏在莫斯科签订了《中华人民共和国和苏维埃社会主义共和联盟关于中苏国界东段的协定》，在协议中，双方重新确定了国两国之间的国界东段边界具体走向，特别是苏方同意中国船只（悬挂中国国旗）可沿协定有关界点以下的图们江通海航行。

这一协定于1992年3月先后经俄罗斯议会（1992年2月13日）和中国人大常委会（1992年2月28日）批准，正式生效。协议的签署，标志着俄罗斯从法律上确认了我国拥有经图们江出海的权力。

1991年，中苏签署《中苏国界东段协定》

1988年11月，朝鲜外长金正男访华期间，我国外交部向朝方提出了船舶经图们江出海航行问题。1988年1月，朝鲜外交部正式答复中方，称朝鲜政府同意中国船只在俄朝之间图们江水域航行，但航行时所遵守的秩序，需由朝、苏、中三国具

中俄互换关于中俄国界东段的补充协定批准书

体商定。2015年5月和8月，朝鲜民主主义共和国劳动党原总书记金正日在两次访华期间，与我国领导人就图们江出海权益问题进行了会谈，并达成了一致共识。2011年3月14日，中朝两国政府在平壤正式签署《关于中国船只经图们江通海往返航行的协议》，朝鲜以法律形式确认了我国经图们江的出海权，为恢复我国船只经图们江通海往返航行奠定了坚实基础。

（三）第一次图们江通海科学考察

大展宏图腾浪起，独领风骚任我行。

1992年2月12日至14日，国家海洋局在北京组织召开了图们江通海航行权及日本海经济形势研讨会，吉林省和国家海洋局、国家科委、交通部、中国社科院等单位的20多位专家、学者，就图们江通海航行权力、东北亚政治经济形势以及我国日本海的合法权益等问题进行了深入讨论，发表了许多较为深刻的见解。

研讨会把《我国与邻国在海洋权益方面的斗争形式》作为图们江通海航行和进入日本海问题的一个重要专题进行阐述，并指出了恢复图们江出海权的重大意义和下一步工作方向及重点：日本海是东北亚交汇之地，行使图们江出海权，打开我国进入日本海的门户，是吉林、黑龙江两省东部，特别是延边朝鲜族自治州社会经济发展的迫切要求。当前应着重研究通海实施问题，真正形成运输能力，使吉、黑两省及内蒙古东部地区，把对外开放的重点转向东北亚走向太平洋，形成全国对外开放的合理格局。

为推动图们江出海权的恢复工作，吉林省多次组织课题组进行实地考察和研究。《吉林省对外开放渠道、口岸与图们江下游综合开发战略研究》课题组，于1988年6月开始研究工作，并在11月进行了为期12

珲春周边港口分布示意图

天的野外考察。1989 年 2 月,向吉林省政府上报了《关于图们江通海航行与吉林省对外开放战略研究的工作汇报》。

　　吉林省政府成立了图们江出海航行指挥部。在多方的共同努力下,经国务院批准,1990 年 5 月 28 日,国家海洋局和吉林省政府组织船队,首次进行图们江出海实验航行,并获得成功,终结了我国长达 52 年之久没有行使出海权的历史,我国图们江出海权益得以象征性的恢复。

　　这次考察是吉林省具体组织实施的,对图们江"土字牌"以下河道和出海口外 2 千米内海区进行的一次初步性试航考察,获得了大量宝贵资料,为进一步研究图们江出海问题奠定了基础。考察结束后,吉林省向国家有关领导进行了详细汇报,并提出了如下建议:一是通过外交途径,尽快同苏、朝进行双方或三方外交谈判,达成恢复我国在"土字牌"以下图们江出海航行的协议,以实现我国船只自由出入图们江口的目标;二是进一步组织对图们江下游河道以及入海口的科学考察,以便取得比较完整的科学依据;三是通过外交谈判解决当地居民出图们江进日本海的捕鱼问题;四是批准吉林省利用图们江出海航行,发展以沿江观海为内容的旅游业;五是将图们江的出海水道治理和港口建设纳入国

147

家"八五"计划；六是批准珲春为沿海开放城市。

（四）第二次图们江通海科学考察

1990年8月，吉林省向国务院上报请示，恳请国家海洋局再次组织从日本海进入图们江沿岸，进行海域及江口水面的系统科学考察；恳请国家科委会会同国家海洋局、交通局、水利部等部门与苏、朝对应机构协商，对图们江"土字牌"以下河道、江口地区以及日本海近海海域进行双方或三方联合考察，以取得更为完整的资料。

仅半个月，国务院就以《关于对图们江下游及日本海进行科学考察问题的批复》（国涵〔1990〕82号），同意吉林省的请求。

1991年4月4日，吉林省在北京召开了图们江科学考察及综合开发讨论会，会议部署了第二次科学考察的任务，此次考察规模较大，时间较长，项目较多，国家相关部委、吉林省和延边自治州都参加了考察行动。

为了确保第二次科学考察的顺利进行，把本次考察工作划分为三个阶段。

自1991年5月20日至6月2日，首先做足了前期关于船只、设备调试，以及落实与苏联、朝鲜、日本有关涉外活动的细节问题，同时用GPS卫星定位取得了图们江下游河段的坡降资料。

考察剪影

6月3日至6月11日，进行了图们江下游及江口海域环境调查，重点测量探测了图们江防川以下江段的水文、气象、水深地形、浅地层、沉积物及悬浮体图样和地貌，进行图们江口 24 平方千米海域的海洋水文、海水动力、潮汐、海洋气象、海底地貌、海洋沉积物及悬浮体取样等调查，取得调查数据 75 000 余组。

万事俱备，考察组成员乘坐"向阳红"16 号船，从 6 月 12 日至 29 日，在 18 天的考察中，访问了俄罗斯海参崴和日本新潟港，进行了学术交流，同时进行了航海海洋水文、海洋气象、船舶密度、海底地貌调查。期间由于朝鲜方面转变态度，清津港的访问未能成行。

1932 年和 1977 年由日本绘制的图们江口海图等一大批比较宝贵的资料对于图们江综合开发有重要的参考价值。"向阳红"16 号船还完成了水深、定位侧线 1400 海里。搜集了停泊港口、航线上的船只密度、海事情况及气象状况等资料，为今后我国船只在日本海活动提供了参考资料。

第二次科学考察图们江下游及日本海，作为实现我国图们江出海通航的重大步骤，是维护我国在日本海权益的体现，也是我国首次在日本海进行的大规模的海洋调查，进一步提高了中央和地方对图们江通海航行重要意义的认识，对图们江开发的目标、模式、途径等达成了共识。

科学考察收获颇丰：一是基本弄清了图们江出海口的通航环境，为图们江综合开发提供了基础资料；二是日本海船舶密度不高，新潟港接纳船舶不受吨位限制，对图们江通海航行初期阶段开发极为有利；三是初步明确了苏、朝、日三国对我国开发图们江口的态度，使今后的涉外工作更有针对性。

二次科考也以适度的力量，体现了我国在日本海的存在，为全面恢复图们江通海航行打下了基础。

（五）第三次图们江通海科学考察

图们江流域潜力巨大，可以说，在世界范围内，这是一块还没有被开发的处女地，它把俄罗斯、朝鲜、韩国、日本、蒙古国等国家联系在一起，拥抱在一起，融合在一起。图们江流域的国家和地区，正是看好了这一点，于是，一股大潮，一股东北亚合作大潮，涌动在图们江，奔腾于日本海，一泻千里，势不可挡。

1991年10月，联合国开发计划署决定将图们江开发项目作为重点支持项目，计划筹资300亿美元，把图们江下游三国接壤地区建设成世界上第二个"鹿特丹"，再造一个"香港"，引起了国际社会的广泛关注。同年11月，国务院批准珲春对外国人开放。1992年3月9日，国务院又批准珲春为我国边境开放城市。

为促进图们江下游地区的开发，加强吉林省与日本海周边国家的经贸合作和友好关系，1993年9月3日至30日，中国吉林省图们江地区开发交流团一行65人，乘国家海洋局北海分局"向阳红"9号科学考察船，对朝鲜的咸镜北道、俄罗斯边海边疆、日本的鸟取、岛根、新潟县和韩国的江原道等环日本海地区进行了考察访问。沿途停靠五个港口，航程3209海里，历时27天，所到之处受到了热情友好的接待，环日本海航行及顺访活动取得了圆满成功。

本次考察进一步增进了环日本海周边国家对图们江下游地区开发的了解，取得了多方共识，进一步扩大了交往渠道，同时取得了环日本海航线的重要考察数据。

第十三届环日本海据点城市会议

第三次实施图们江通航科学考察，取得了图们江入海江段、出海口和附近海域的水文资料，掌握了重要的科学数据，具有重大、深远的社会效果与政治意义，结束了在图们江下游吉林珲春防川至出海口段半个多世纪没有中国船只航行的历史，是恢复图们江通海航行事业的大突破。但由于后续的科学考察活动没有切实跟进，没有实现经常化，科学考察活动停滞至今。

（六）维护我国图们江出海权益，共建"21世纪海上丝绸之路"

当21世纪的曙光升起，人类迎来了开发海洋、利用海洋的新时代。

日本海是东北亚交汇辐辏之地，维护图们江出海权益，不仅有助于建立自己的对外海上门户，还能促进东北亚各国及我国图们江流域地区的经济发展，开辟近海与远洋航线。打破沿边近海却不能出海的尴尬局面，成为东部地区面向东北亚开放合作的重要节点。

20世纪90年代初，《中苏边界东段协定》已重新确认了我国经图们江下游（俄朝界河段）到日本海的出海权，朝方对此也不持异议，为行使我失而复得的权利创造了有利条件。无论从已有的中俄条约有关规定，还是从现在俄、朝双方对我国出海权的口头答复，以及从国际法理的基本准则等方面，都说明行使我国图们江出海权的问题，无论过去和现在，都是合理合法、合乎情理的事，因此要把握战略机遇期，维护图们江出海权益，使通海航行变为现实。

依托图们江合作机制平台，发挥图们江国际合作机制的作用，强化国际合作，维护我国图们江出海权益。

目前，图们江机制包含中国、俄罗斯、韩国和蒙古国4个成员国，朝鲜于2009年因核试验退出，日本一直作为观察员国参与。图们江区域合作开发的关键是将中国、蒙古国、俄罗斯、朝鲜、韩国和日本东北亚六国陆海相连，通过"大图们倡议"各成员国坚持不懈的努力，实现

20多年前联合国开发计划署在开发图们江时的蓝图构想，使东北亚各国建立稳固的国际海洋合作关系，以经济合作化解政治矛盾。

打造图们江海域周边港口群，充分利用国际经济一体化发展的契机，逐步构建以珲春为核心港口的东北自由贸易区。通过国际贸易的发展，提升港口的国际化，维护我国图们江出海权益。

以吉林省为例，地处东北亚区域几何中心，省内13个国家级边境口岸可以辐射到俄、朝、日、韩、蒙五国。从珲春沿图们江而下15千米即是日本海，是我国从海上到俄罗斯、朝鲜东海岸、日本西海岸乃至北欧的最近点，日本海大部分区域位于中纬度，属于东亚温带海洋性季风气候。该海域在冬季有结冰现象，根据多年观测记录，在彼得大帝湾附近海域结冰面积大约60%，但即使在最冷的寒冬季节，所结海冰均为薄冰，具有一定破冰能力的破冰船以及其他船舶仍可以自由航行，可以说是属于"不冻港"。

珲春中俄互市贸易区贸易市场

日本海西海岸最大的海港是日本新潟港，而日本海西侧则分布着众多优良海港。尤其是靠近俄罗斯远东滨海边疆区一带港口十分密集，其中包括海参崴港、纳霍德卡港、扎鲁比诺港等。此外，由于此处特殊的地理位置，特别是在波谢特湾一带，有着形成良港的天然优良条件。波谢特湾附近，可待开发的海港有波谢特、斯拉夫扬卡等。朝鲜半岛东海岸海港数量也较多，主要大港有朝鲜的清津、韩国的浦项与釜山。在吉林省珲春市方圆 200 千米内，分布着纳霍德卡、海参崴、斯拉夫扬卡、扎鲁比诺、波谢特等俄罗斯港口和清津、罗津、先锋等朝鲜港口，形成了中、朝、俄三国间优良不冻港的港口群。

俄罗斯开放海参崴为自由港

由吉林省延边州政府、吉林省图们江区域合作开发办、中国国际贸易学会图们江分会共同主办的"图们江国际合作战略对话（2016）"会议在吉林省延吉市召开。

在经济上率先突破，通过互利共赢的经济合

"图们江国际合作战略对话（2016）"会议现场

作，缓解地缘政治和主权争端带来的紧张局势，营造和平合作的良好氛围，有效地维护我国图们江出海权益。

维护图们江出海权益，前提是我国图们江区域在经济上率先突破，与东北亚各国建立经济合作伙伴关系。要明确融入海洋是为了对外经济合作，而非主权之争。争取在当前条件下"搁置争议、共同开发"，吸引周边国家参与图们江开发、大力发展图们江出海游、渔业捕捞加工、海洋运输，推动形成图们江区域开发新格局，成为东北振兴战略的有效延伸和强力支撑。

坚定维护图们江出海权益，是当前图们江三角洲地区、中朝俄区域经济合作的"催化剂"和"黏合剂"。在外交谈判中，中国恢复图们江通海航行权问题如果得到彻底解决，会大大增强这一地区国际开发和经济合作的融洽氛围，打破这一地区国际经贸合作过冷的局面，为图们江合作示范区建设铺平道路，实现多赢局面。

2013年，习近平主席先后提出了"丝绸之路经济带""21世纪海上丝绸之路"倡议，这是"冷战"后中国提出的首个全球战略，是顺应全球化、世界多极化潮流的结果和"中国梦"的自然延伸，高度揭示了中国政府"陆海统筹"和"合作共赢"的治国理念，通过"一带一路"建设，在维护海洋权益方面选择余地更大，进一步提高我国海洋建设和发展能力。

大潮起处，浩浩汤汤。这是一股时代的大潮，它穿越地域，跨越时空，波澜壮阔，从中国区域经济的版图上潮汐涌动，世界为之瞩目。

图们江出海通道与国际区域合作战略研讨会

下 篇

第四章　图们江机制浅谈

什么是图们江国际合作机制？它从何而来？有何作用？未来向何处发展？图们江国际合作机制是一个比较专业的课题，涉及政治、外交、经济、法律、历史等诸多因素，时间跨度长，事件繁多，系统庞杂。

一、顾名思义

(一)一个概念——此图们江非彼图们江

为了便于阅读本篇，需要先给读者扫一扫"图"盲，也就是介绍几个关于图们江国际合作机制的重要概念、名词和机构。

一个概念就是"图们江"。这个"图们江"指的是图们江国际合作机制中的图们江，与通常所说的图们江含义可不一样。通常意义上的图们江，指的就是那条中、朝、俄三国的界河及其附属流域面积。而图们江国际合作机制中所说的图们江含义可就复杂多了。对此，曾于 2011 年至 2014 年担任大图们倡议秘书处主任的韩国人崔勋给出过一个较为全面的解释。他认为在 1992 年至 2005 年，图们江指的是联合国开发计划署图们江地区开发项目，开发范围包括"小三角"和"大三角"地区。"小三角"是连接中国珲春、俄罗斯波谢特、朝鲜罗先三个城市 1000 平方千米的区域，"大三角"是连接中国吉林、俄罗斯符拉迪沃斯托克、朝鲜清津 10 000 平方千米区域。到了 2005 年扩展到包括中国东三省及内蒙古，朝鲜罗先经济贸易区，蒙古国东部东方省、肯特省和苏赫巴托尔省，韩国的江原道、庆尚北道、蔚山、釜山以及俄罗斯滨海边疆区，简称大图们区域。

（二）一个名词——图们江国际合作机制

1. 四个成员国

合作机制简单讲就是多个合作方为了实现一个共同的目标，成立的组织或者经常性召开会议的协调磋商形式。图们江国际合作机制过去的名称是"大图们区域开发"，2005 年更名为"大图们倡议"。图们江国际合作机制始于 1992 年，由联合国开发计划署发起，创始成员国有中国、朝鲜、蒙古国、韩国和俄罗斯五个国家（其中，朝鲜于 2009 年 5 月退出），日本为观察员国。

2. 最终目的

东北亚各国参与图们江国际合作机制最终目的是为了各国的经济发展，利用图们江国际合作机制在图们江下游地区实施"东北亚开发计划"。图们江区域合作开发的关键是将中国、蒙古国、俄罗斯、朝鲜、韩国和日本东北亚六国陆海相连。通过"大图们倡议"各成员国坚持不懈地努力，实现 20 多年前联合国开发计划署在开发图们江时的蓝图构想，使东北亚各国建立稳固的国际海洋合作关系，以经济合作化解政治矛盾，用形成"利益共同体"的方法来推动东北亚各国合作。在图们江国际合作机制依托下，四国战略上高度契合，中俄两国在毗邻区域实施东北振兴和远东开发战略，蒙古国有着从图们江出海的战略需求，韩国致力于通过经济合作维护朝鲜半岛稳定。

3. 机制构成

图们江国际合作机制由三类相关会议组成。第一类是政府间协商协调委员会部长级会议。是大图们倡议最高决策机构，每年召开一次，由联合国开发计划署高级代表及大图们倡议各成员国国家协调员单位的部长（或副部长）出席。2017年6月29日，大图们倡议第十七次政府间协商委员会部长级会议在俄罗斯莫斯科召开。本次会议深入讨论了大图们倡议在贸易、投资、旅游、交通、环境、能源及农业等领域合作进展及未来发展方向，强调了加强全方位务实合作对各成员国经济发展的推动作用。会议发表了大图们倡议部长级会议《莫斯科宣言》，并批准了《大图们倡议贸易投资合作路线图》等合作文件。第二类是国家协调员会议。

第十七次大图们倡议政府间协商委员会部长级会议现场

中国海洋学会副会长、吉林图们江分会会长
李铁拜会大图们倡议秘书处主任特古鲁德
和高级顾问王维娜

即"部长级会议"的预备会，为做好部长级会议的筹备工作，每年召开1~2次会议，研究部长级会议议题等内容。第三类是各分委会会议。有交通运输委员会、投资贸易便利化委员会、旅游合作委员会、能源合作委员会、环境合作委员会、商务咨询委员会、地方合作委员会、金融委员会八个分委会，原则上每年召开1~2次会议，研究各领域的合作项目，解决跨国合作中遇到的问题和困难等。此外，还成立了东北亚进出口银行联盟和智库联盟，主要是为解决融资困难问题和加强图们江国际合作机制的前瞻性研究。

4. 大图们倡议秘书处

为处理图们江区域合作开发项目有关日常事务，1995年联合国开发计划署在北京设立了图们江区域开发项目秘书处，后改名为"大图们倡议秘书处"（以中国、蒙古国、俄罗斯、韩国的顺序，由相关国家任命主任，任期各为3年）。

（三）中国政府有关图们江开发的机构

一个是中国图们江地区开发项目协调小组；另一个是中国图们江区域合作开发专家组。简单讲，中国图们江地区开发项目协调小组是管事的，中国涉及图们江开发的事情都由它来定。那么，中国图们江区域合作开发专家组就是参谋团、顾问组，就是出主意的。

1. 中国图们江地区开发项目协调小组

关于这个小组，还是用官方语言介绍比较严谨。1992 年，国务院同意建立图们江地区开发项目研究协调小组，1999 年 4 月，经国务院批准更名为"中国图们江地区开发项目协调小组"（以下简称"协调小组"）。按照国务院批复，协调小组组长由国家发展和改革委分管负责人担任，副组长由外交部、科技部、财政部、商务部、吉林省政府分管负责人担任，教育部、公安部、国土资源部、环境保护部、住房城乡建设部、交通运输部、海关总署、国家质量监督检验检疫总局、国家旅游局、国家外国专家局、国家海洋局、国家铁路局和中国铁路总公司相关司局负责人为成员。协调小组包括了国务院大部分重要部门，由此也可以看出中国政府对图们江开发的高度重视。

协调小组办公室设在国家发展和改革委地区经济司。国家发展和改革委主要负责总体协调工作，并侧重于规划战略的制定、组织召开重要的工作会议、协调确定重大的决策，解决重大的问题；外交部主要负责对外政策的把关及涉外重大事项的对外谈判等；科技部主要负责前瞻性的课题研究和人力资源培训等；财政部主要负责研究落实财政资金方面的支持措施以及其他相关政策措施；商务部主要负责与联合国开发计划署及大图们倡议秘书处的联系及重大对外经贸事项的协调；协调小组各成员单位按照各自的职能分工开展相应工作。

2. 中国图们江区域合作开发专家组

2008 年 12 月，经国务院批准，中国图们江区域合作开发专家组正式成立。专家组是中国参与图们江国际合作研究的智库机构，专家组成员 14 人，人数不多但层次非常高，而且来源广泛。

二、图们江国际合作机制的由来

图们江地区开发是在中国改革开放的大潮中进行的，是在联合国开发计划署倡导下开启的。苏联解体、国际"冷战"格局瓦解打开了图们江开发启动的窗口。在中国、俄罗斯、韩国、蒙古国四国共同努力下，至今已经走过 20 多年的发展历程。没有图们江地区开发就不会产生图们江国际合作机制。

（一）中国改革开放催醒图们江开发

20 世纪 80 年代初，在中国改革开放的大背景下，东部沿海地区依托政策优势和优越的沿海地理位置，率先实现经济起飞。因此。吉林省专家学者纷纷提出建议，恢复我国图们江出海权，为吉林省找到一个出海口，创造经济发展的有利条件，降低吉林商品出口的运输成本，实现经济快速增长，并为此摇旗呐喊。专家学者的建议引起了吉林省的高度重视，并得到了有关国家部委的大力支持。为推动恢复图们江通海航行权，在 20 世纪 80 年代末 90 年代初不到 5 年的时间里，我国先后组织三次对图们江下游江段和日本海的出海复航科学考察。与此同时，吉林省开始谋划打通图们江入海口，将吉林省由内陆省份建成为"边疆近海省"，以实现全省的对外开放战略。1984—1986 年，吉林省提出"边疆近海省"口号，提出了打开出海口，走向太平洋的主张。1993 年，在改革开放的新格局下，在全国经济起飞的大背景下，吉林省提出了建设发达的边疆近海省的战略目标。

（二）联合国开发计划署是图们江国际合作机制助产士

说联合国开发计划署是图们江国际合作机制的催生婆和助产士，一点也不为过。联合国开发计划署在健全图们江区域合作机制、拓展合作领域、创新合作方式方面做了大量的工作。

1. 联合国开发计划署

联合国开发计划署是世界上最大的负责进行技术援助的国际机构。它是联合国的一个下属机构，总部位于美国纽约。署长由联合国秘书长任命，联合国大会认可。联合国开发计划署的工作是为发展中国家提供技术上的建议、培训人才并提供设备，特别是对不发达国家进行帮助。

2. 中国明星成联合国开发计划署形象大使

30 多年来，联合国开发计划署充分利用其全球网络和发展经验，支持中国制定应对发展挑战的解决之道，并为中国开展南南合作和参与全球发展提供协助。目前在中国的重点工作领域为：减少贫困、公共卫生、能源与环境以及危机预防与恢复。联合国开发计划署已经调动了超过 10 亿美元资金，用于支持中国发展。迄今为止，共完成了 900 多个项目，涉及的领域十分广泛，包括农业、工业、能源、公共卫生、减贫和经济重建。著名演员周迅和赵薇先后担任联合国开发计划署中国亲善大使，以其公众形象和影响力帮助联合国开发计划署在中国扩大影响，提高公众对气候变化、绿色消费等相关可持续发展问题的认识。2015 年 10 月，成都大熊猫"庆贺"诞下的双胞胎幼崽成为联合国开发计划署形象

周迅被聘为联合国开发计划署
首位中国亲善大使

大使。2016 年 3 月 15 日，联合国开发计划署宣布，聘请华人影星杨紫琼担任该署的"亲善大使"，她将致力推动全球开发和灾后重建。

（三）"冷战"格局瓦解打开图们江国际合作的窗口

20 世纪 80 年代以来，东北亚国际政治形势发生了很大变化。中国改革开放、苏联解体、"冷战"格局瓦解、中韩建交等重大事件，都对东北亚地缘政治产生重要影响。20 世纪 90 年代初，联合国开发计划署牵头图们江国际合作，中俄朝积极参与。

苏联解体后，图们江区域由冷战时期的军事禁区一下子转变为投资、贸易的黄金地带，发展潜力凸显。对于这一转变，韩国对外经济政策研究院副院长林虎烈曾这样表述："大图们倡议的诞生可追溯至冷战后时期——通过图们江区域发展获取地缘政治和经济利益这一理念引起了各国日益浓厚的兴趣。之后，在 20 世纪 90 年代早期的一系列学术会议上，各国开始就发展图们江流域展开讨论，很快，这一系列讨论就被提升为一项政府间合作倡议，引起了东北亚地区各国的兴趣。"

联合国开发计划署在 1991 年 8—9 月派专家考察了中、俄、朝三国图们江口地区，并于 10 月 16—18 日在平壤召开图们江开发项目协商会。联合国开发计划署向会议提交了该署专家组的报告。报告认为，由于图们江口的重要战略地位，该地区的开发对全球经济贸易与发展具有巨大的影响，建议在该地区建设一个具有 21 世纪水平的集港口、机场、铁路于一体的交通枢纽及东北亚的商业和金融中心，使东北亚 3 亿人民受益。联合国开发计划署称这一工程为兴建世界上"第二个鹿特丹""再造一个香港"的"伟大创举"。同年，联合国开发计划署将图们江地区国际合作开发确定为第五次工作计划的重点项目。提出了将图们江地区 1000 平方千米的小三角地带和 10 000 平方千米的大三角地带作为经济开发区域的建议，并预测开发所需资金大致为 300 亿美元，开发所需时间约为 20 年。

联合国开发计划署迅速在美国纽约设立了图们江地区开发项目办公室，积极协调东北亚各国，紧锣密鼓地召开了六次委员会会议、十多次专家研讨会，逐步得到了周边国家的认同和国际社会的支持。与此同时，中、朝、俄各自出台了一系列政策措施，对图们江地区进行了初步的开发。

三、图们江国际合作机制的奠基石

（一）成员国签署三个法律文件

1992 年 2 月 27—28 日，联合国开发计划署在韩国汉城主持召开图们江地区开发项目管理委员会第二次会议。中、朝、韩、蒙四国派代表参加了会议，俄罗斯、日本和亚洲开发银行作为观察员列席了会议。会议讨论了第一次会议以来图们江地区开发项目的进展情况和未来方向。管理委员会同意四个主要原则：一是图们江地区项目参与国政府在保留主权情况下出租土地；二是土地出租协议参照有关国家主权法律；三是出租土地实行国际管理；四是最大限度地吸收国际投资。

1995 年 12 月 4—7 日，联合国开发计划署在纽约总部召开了图们江地区开发项目管理委员会第六次会议，中、俄、朝三国政府代表一起签署了《关于建立图们江地区开发协调委员会的协定》，中、韩、俄、朝、蒙政府代表签署了《关于建立图们江经济开发区及东北亚开发协商委员会的协定》和《关于建立图们江经济开发区及东北亚环境准则谅解备忘录》。上述三个文件是建设图们江国际合作机制的基石。三个文件的签署标志着图们江地区开发项目从前期研究为主转入以实际开发为主，表明了相关国家共同开发这一区域的政治态度，意义重大。

从1991年至2005年的15年间，联合国开发计划署积极主导了大图们区域开发，并在多边合作框架下筹集资源，牵头实施了中蒙铁路预可行性研究项目、吉林省虎豹调查、图们江地区运输预测、长白山旅游研究、旅游资源清单和市场分析、跨境障碍研究项目、消除图们江污染报告、滨海边疆区投资指南、罗津先锋区投资指南、延边投资指南、旅游营销技术培训、东北亚经济地图、造纸厂的预可行性研究、茂山铁矿现代化调查、图们江地区投资服务网络等近30个项目，为图们江地区的进一步开发合作做了大量的前期工作，奠定了基础。

（二）联合国"断奶"主导方转变

2005年，联合国开发计划署提出，图们江区域合作的主导方由联合国开发计划署主导转变为成员国主导，联合国开发计划署将逐步由主导方过渡到支持伙伴。

对于联合国开发计划署在推动图们江国际合作机制建设方面的作用，中国商务部官员曾评价说："在东北亚这样一个冷战残留严重的地区，各国的意识形态和国家制度各不相同，价值取向也参差不齐，和平发展弥足珍贵。联合国开发计划署用很小的投入，维护了图们江五国以及东北亚各国（含观察员国家日本）长达20多年的和平与稳定，居功甚伟。"

四、务虚转务实 转型路长

(一)更名、轮值

1. 更名

2005 年 9 月，联合国开发计划署在中国长春第一届东北亚博览会上，组织召开第八次图们江地区开发项目政府间会议，这次会议在图们江国际合作历程中具有非常重要的意义。在这次会议上，中、朝、韩、俄、蒙五国一致同意将 1995 年签署的两个协定和一个谅解备忘录再延长 10 年，并签署了《大图们江行动计划》，将"大图们江区域开发"更名为"大图们倡议"，图们江开发区域也大幅增加。图们江区域合作的主导方也由联合国开发计划署主导转变为成员国主导。联合国开发计划署将逐步过渡到支持伙伴，大图们倡议秘书处由联合国开发计划署出资资助逐步转向由各成员国通过成立大图们倡议公共基金的方式予以资助。大图们倡议公共基金财政来源主要为各成员国缴纳会费。由此，大图们倡议秘书处的开支以及后来的项目活动经费由公共基金支出。图们江区域合作进入大图们倡议区域合作的开发阶段。

2. 轮值主席国机制

大图们倡议自成立以来，就成为东北亚地区唯一的政府间经济合作平台和重要多边合作框架。2009 年，大图们倡议正式由成员国主导，建立轮值主席国机制，由轮值主席国的部长担任轮值主席，成员国按照中国、蒙古国、俄罗斯和韩国的顺序轮流担任主席国，牵头大图们倡议总体合作。联合国开发计划署作为支持伙伴，继续负责大图们倡议合作的协调组织工作。在各行业委员会，也实行了由各成员国轮值管理的机制，合作效率和成果显著提高。制定了《2005—2015 年战略行动计划》。

（二）图们江国际合作机制最终成型

1. 东北亚地方合作委员

为了给图们江区域各国地方政府创造更好的合作平台，共同探讨和规划本地区发展，2011 年，大图们倡议第十二次部长级会议成立了东北亚地方合作委员会，其成员包括：中国东北三省及内蒙古；日本鸟取县；蒙古国东方省、肯特省、色楞格省；韩国釜山市、江原道、济州特别自治道；俄罗斯后贝加尔斯克边疆区。自成立以来，东北亚地方合作委员会讨论了交通、旅游、投资和贸易便利化等多项议题，一些与交通和贸易便利化有关的问题和建议已经提交给中央层面的交通和贸易便利化委员会予以研究并限期作出回应和反馈。此外，在地方合作委员会框架下建立的物流分委会确定了哈尔滨—绥芬河—符拉迪沃斯托克—韩国东海—日本境港和长春—珲春—扎鲁比诺港—韩国东海—日本境港两条陆海联运线路进行踏线、分析和研究，作为解决东北亚地区陆海联运物流问题的突破口。

2. 交通委员会

在图们江地区，中、俄、朝、蒙四国陆路相连，中、俄、朝、韩水陆相接，这一区域是通向亚欧大陆最便捷的国际通道，是发展国际陆海联运的极佳结合点。为使这一优势得到有效的开发和利用，2009 年，大图们倡议成立了交通委员会，成员包括中国交通部、蒙古国道路交通部、韩国国土部和俄罗斯交通部。各国希望共同加强基础设施投入，利用现有的交通网络，连点成线，改善区域内交通基础设施，促进区域内铁路、公路、港口间的断点衔接。同时，各方同意协调交通运输及通关政策，为促进区域内人员、货物流通提供政策支持。截至2017年，交通委员会制定了大图们地区交通战略和中期行动方案，完成了大图们倡议交通走廊研究报告，实施了陆海交通研究项目、基础设施开发融资研究和交通走廊的软件支持项目等。各国将结合研究报告，有步骤、分阶段地构建东西贯通、南北纵横、布局合理、衔接顺畅的交通网络，并以交通走廊带动经济走廊的形成，促进区域经济共同繁荣。

3. 旅游委员会

图们江地区具有极其丰富的旅游资源，有许多尚未开发的原始自然风光，同时，由于其处于中、俄、蒙、朝边境，其多元神秘的文化景观对各国游客有着很强的吸引力，旅游市场潜力巨大。为了加快旅游合作，在2007年11月，大图们倡议成立了旅游委员会，成员包括中国国家旅游局、蒙古国文化体育和旅游部、韩国文化体育和旅游部、俄罗斯滨海边疆区旅游局。旅游委员会完成了大图们倡议多目的地旅游项目研究，同时在旅游签证便利化方面开展研究，举办旅游论坛，积极推动旅游成为区域经济新的增长点。

4. 贸易便利化委员会

随着各国关税的普遍降低和非关税措施的逐步取消，贸易便利化水平的高低，对贸易成本和贸易发展的直接影响越来越大。从整体上看，连接图们江区域各国的边境口岸、物流、道路等基础设施还不完善，各国政策法规很不协调，货物和人员往来手续烦琐，贸易投资管理水平参差不齐，这些问题严重制约了贸易投资的进一步发展。为此，2010年9月，大图们倡议成立了贸易便利化委员会，成员包括中国商务部、蒙古国海关总局、韩国战略与财政部、俄罗斯联邦海关，旨在通关、检验检疫、贸易物流、商务人员流动和能力建设方面开展合作，按照"软硬结合，以点带面，分步实施"的原则，改进口岸设施，提高通关速度，改善物流条件，提升图们江区域的贸易便利化层次，建立安全、公正、良好、便捷的贸易投资环境。此外，在 2015 年 9 月举行的第五次贸易便利化委员会会议上，成员国一致决定将该委员会改组为贸易和投资委员会，并设立海关分委会。

5. 能源委员会和环境委员会

2007 年 11 月成立了能源委员会，成员包括中国能源局、蒙古国能源局、韩国知识经济部和俄罗斯能源部。2007 年 11 月举行的第九次部长级会议上设立了环境合作框架机制，后改为环境委员会，成员包括中国环境保护部、蒙古国环境保护部、韩国环境部和俄罗斯环境资源与生态部。总体来说，在大图们倡议框架下，能源和环境领域的合作相对进展缓慢，甚至在 2011—2014 年处于停滞的状态。目前能源合作正在推进，成员国已经批准实施一系列能源合作研究项目，并探讨实施亚洲超级电网项下的中蒙能源贸易可行性研究项目。而环境合作尚处于起步阶段，目前各国同意先对整体的环境合作进行研究和评估，再寻求新的合作切入点，制定环境合作战略和行动方案。

6. 农业委员会

农业在大图们倡议各成员国经济中占据着极其重要的地位，农业方面的合作也是图们江区域国际合作的重要内容，合作潜力很大。不过，在图们江区域开发很长一段时间内，农业合作并没有提到议事日程。为了改变这一局面，在 2014 年 9 月 17 日召开的大图们倡议第十五次政府间协商委员会部长级会议上，各成员国一致决定成立农业委员会，探讨在各成员国间建立农业合作长效合作机制的可能性，探讨在高品质农业生产、农产品加工、绿色农业、农产品贸易等方面开展务实合作。由于农业委员会成立的时间较短，合作项目还在酝酿之中，工作正在逐步开展。

7. 东北亚进出口银行联盟

2014 年 9 月，针对区域合作中存在资金严重短缺的问题，成立了东北亚进出口银行联盟，成员包括中国进出口银行、韩国进出口银行、蒙古国国家开发银行、俄罗斯开发与对外经济事务银行。银行联盟将为大图们倡议的项目实施提供有效的资源调动机制。

8. 智库联盟

2016 年 4 月 28 日，针对智力支持不足的问题，中、韩、俄、蒙四国携手成立了智库联盟，中国国际贸易学会图们江分会(吉林省图们江国际合作学会)、韩国对外经济政策研究院、俄罗斯对外贸易研究院和蒙古国国家

智库联盟签约成立

发展研究院为智库联盟成员单位，中国国际贸易学会图们江分会(吉林省图们江国际合作学会)为中方学术牵头单位。智库联盟为图们江区域合作开发提供智力支撑，对具体项目进行论证，对合作中存在的问题进行分析，提出解决方案，为本地区经济合作一体化提供前瞻性分析意见。

(三)转型升级逐步前行

虽然联合国开发计划署已经从合作之初的倡议和主导方演变为支持伙伴，大图们倡议合作已经形成了成员国主导的良好态势，但由于大图们倡议秘书处没有独立的法人地位，难以履行相关的权利和义务，在一

定程度上影响了合作的进一步推进。因此，大图们倡议的行动能力有限。早在 2010 年 7 月举行的各国协调员会议上，成员国政府首次对大图们倡议转型问题进行了探讨。在几年的工作铺垫之后，2013 年，各成员国就法律过渡的具体方案和时间表进行了讨论，并在大图们倡议第十四次协商委员会部长级会议上决定在 2016 年完成法律过渡。

习近平主席 2014 年访问韩国期间，中韩双方在联合声明中强调，将"大图们倡议发展成为引领东北亚经济发展的经济合作组织"，为图们江国际合作机制转型升级指明了方向。

1. 已完成法律过渡的准备工作

目前各国经过多轮磋商，已逐步完成了法律过渡的各项准备工作：2014 年 9 月，在第十五次部长级会议上，各成员国就大图们倡议将逐步转型升级为独立的政府间组织这一战略方向达成广泛共识，强调大图们倡议应该成为一个更具有战略性、更务实以及以结果为导向的政府间组织。明确了要建立实体组织，有独立的法人地位，开展更多的合作项目的目标。会议批准通过了《大图们倡议法律过渡概念文件》和相关路线图，确定了新机制的级别、组织框架、过渡时间表和人员管理等基本原则。会议对过渡后的机构设置达成共识，主要包括部长理事会、高官委员会、各关键领域的委员会和秘书处。在级别上，成员国考虑在保持现阶段部长级合作的基础上，在新组织建立 2～3 年后考虑更高级别的合作。

2. 四点不同

新的国际组织与过去的图们江机制有四点不同：一是地位不同，是国际组织，有独立法人地位，有决策机构和执行机构；二是主体不同，改变过去状态，完全由成员国主导；三是内容不同，更紧密地同每个成员国对外经济外交战略结合，有共同的纲领和发展目标；四是重点不同，以经济合作为主，决策更为容易，有一定的财政权和投资权，且有严格的纪律约束。类似于上海合作组织等。

3. 今后两三年内转型升级还要做更多努力

会议敦促各国协调员及大图们倡议秘书处抓紧推进，在2015年第十六次协商委员会部长级会议上提交并批准基础协议，成员国于2016年下半年完成内部审批程序。成员国就包括资金比例、组织名称、特豁条款等问题在内的基础协议和驻在国协议进行深入磋商。原计划在2015年第十六次商务咨询委员会部长级会议期间签署基础协议，新的政府间组织于2017年1月1日开始正式运作，建立独立的政府间国际组织，但上述设想因种种因素没有实现。从2017年6月末在莫斯科召开的第十七次协商委员会部长级会议来看，大图们倡议转型升级在今后两三年内还要做更多努力。

大图们倡议的升级，是各成员国的共同愿望，有利于成员国的相互利益需求，为图们江合作开发提供坚实的组织保障，推动图们江合作开发向着"互利共赢""多国合作"加速迈进，也将增强朝鲜重返和日本加入的吸引力。经过20余年的运作，将这一组织由"务虚型"向"务实型"转变，对于解决制约图们江开发面临的国际合作问题至关重要。

五、图们江国际合作机制的重要作用

近十几年来，在世界政治经济形势总体趋势向好的影响下，图们江区域合作使区域内各国之间经济往来增多，中国东北四省区与区域内各国陆海联运合作不断增强，进而推动图们江区域向互动合作和产业集聚发展，这对于促进东北亚各国经济繁荣与区域经济合作十分有利。图们江区域正成为中国与东北亚各国多边经济、人文、旅游、能源等交流、合作、发展的良好平台和便捷通道。同时，中国政府正在实施"一带一路"倡议，图们江区域合作将从中获益。图们江合作的意义可以从以下两个方面来看。

（一）各方能坐在一起谈就是好事

1. 一个沟通对话的平台

从国际角度来看，目前世界政治多元化、经济全球化与区域一体化的潮流正在向纵深方向发展。在和平与发展的主旋律下，各国都重视通过加强区域经济合作获得更多的发展机遇。通过图们江国际合作机制推动区域合作开发，促进东北亚各国经贸合作，有助于图们江区域各国形成利益共同体、责任共同体和命运共同体，减少区域冲突的危险和隐患，维护东北亚地区和平稳定，共谋繁荣发展。笔者在与一位曾在大图们倡议秘书处工作多年的同事聊到图们江国际合作机制的作用时，她说道，虽然东北亚各国存在矛盾，局势错综复杂，但图们江国际合作机制提供了一个沟通对话的平台，各方能为共同的利益坐在一起谈。

2. 经济互补性较强

图们江国际合作机制成员国之间经济互补性较强。成员国中，韩国是发达国家，拥有资金与技术优势，俄罗斯是大国，拥有丰富的资源，中国有广阔的市场，蒙古国后发优势明显。而俄罗斯主导的欧亚经济联盟和开发远东战略，韩国提出的欧亚倡议，蒙古国提出的"草原之路"，都可以与中国"一带一路"倡议进行战略对接，图们江次区域合作机制恰好可以成为战略对接的重要载体。

（二）增强我国在图们江区域合作中的主导权

经过 20 多年的开发建设，图们江区域已成为我国参与东北亚地区合作的重要平台。牢牢把握区域经济一体化不断加快的大趋势，统筹国内和国际两个大局，在东北地区加快培育基于图们江、面向东北亚的开放载体，有利于增强我国参与图们江区域合作的综合实力，不断提升合作开发的层次；有利于包括人员、资本、技术等生产要素跨境流动和优化组合，加强我国与东北亚国家经济互补关系，实现互利共赢，进一步营造东北亚地区和平发展的国际环境。

东北亚地区是大国势力交集的地区，增强我国在图们江区域合作中的影响力和主导权意义重大。目前，我国一方面积极展开对朝、俄、日、韩、蒙的双边合作，另一方面积极策划和推动多边合作，使我国在图们江区域合作开发中发挥主导作用，形成"以我为主，牵动中日韩三国合作，带动中朝、中俄、中蒙合作"的战略布局。

1. 促进东北老工业基地振兴

近年来，中国进一步加大力度，实施全面振兴东北老工业基地战略，东北地区经济暂时遏制住下滑的势头。以推进长吉图率先发展为重点，全面推进图们江区域合作开发开放，促进我国与东北亚国家资源互补优势合作，发掘对外开放合作的潜力，形成具有发展活力的新的增长区域，必将提高这一区域的整体经济实力，带动东北老工业基地的全面振兴。

2. 利于东北四省区形成合力共同开发

我国图们江区域合作开发包括吉林省、辽宁省、黑龙江省、内蒙古自治区，而这四个省区过去的开发状态是以各自为中心，各行其是，形成孤岛效应，联合开发、上下互动的势头还没有真正形成。

而以图们江区域合作开发为目标，依托图们江国际合作机制，就会引导四省区形成合力，改变各自为战的状态，建立完善的协调发展机制，共同研究建立区域市场发展机制，形成自东向西、由北向南的连片开发态势。东北四省区正在合力打通东北东部由丹东港直接出海，由珲春经俄罗斯扎鲁比诺港和经朝鲜罗津港、由绥芬河经俄罗斯符拉迪沃斯托克出海4条对外交通运输通道，统筹规划东部17个边境口岸城市建设，以增强对俄罗斯和朝鲜的贸易集散功能，推动陆海、江海联运。

3. 加快沿边地区经济社会发展

改革开放以来，沿海地区经济社会的发展取得了很大的成功，但是沿边地区开放进程相对缓慢、开放程度相对较低。推动"沿边开放"，支持边疆地区和少数民族地区加快发展，一直是我国区域经济工作的重点。长吉图区域沿边近海，按照中央要求加快图们江区域的开发开放，有利于提升吉林省沿边地区经济社会发展，提升开放水平，扩大合作领域，实现兴边富民，构建和谐边疆。

六、 图们江国际合作机制成果多多

(一) 中国积极推动图们江国际合作

中国对于参与图们江国际合作非常重视，积极推动。虽然目前中国由图们江出海面临很多困难，在区位上处于劣势，但图们江区域中方地区经济发展相对良好，走在前列。中国在图们江地区开发总的基调是，立足于把自己能办的事情办好，以自己的发展带动其他地区的发展。

1991年11月，国务院批准珲春对外开放。1992年3月9日，国务院又批准珲春为我国边境开放城市。1992年4月13日，国务院办公厅正式发函，批准我国参加联合国开发计划署图们江地区开发项目，同时责成国家科学技术委员会(简称"国家科委")、国家计划委员会(简称

"国家计委")、交通部、吉林省政府、国家海洋局等单位组成前期研究协调小组，就重大事项进行研究、决策。同期，我国组成出席联合国开发计划署图们江地区开发项目管理委员会中方代表团、中国专家组和中国项目办公室。

1. 规划先行

1992 年，为加强对珲春参与图们江合作的规划和指导，吉林省组织编制了《图们江下游珲春地区综合开发规划大纲》（以下简称《规划大纲》），并报国务院审批。受国务院办公厅委托，原国家计委同有关方面对《规划大纲》进行了认真研究，并于当年 12 月 19 日函复吉林省原则同意《规划大纲》，成为指导图们江下游珲春地区扩大改革开放和加速经济发展的依据。1997 年原国家计委又委托编制《中国图们江地区开发规划》（以下简称《开发规划》），将规划范围由珲春市扩展至延边朝鲜族自治州全域，规划目标年为 2010 年，并充分征求了国务院有关部门和吉林省的意见，历时两年修编终成稿。

1996 年，中国政府积极推动图们江地区开发，筹建图们江信托基金，决定将图们江地区开发的两个委员会秘书处设在北京。

2. 组织保证

1999 年，原国家计委接替科技部成为组长单位后，于当年 6 月 28 日组织召开了新协调小组的第一次全体会议，会议听取了吉林省关于图们江地区开发情况介绍，讨论了《开发规划》，通过了中国图们江地区开发项目协调小组工作职能和分工。1999 年年底，原国家发展计划委员会正式印发了《开发规划》，有力地支持了图们江地区开发开放。2001 年 6 月、2002 年 7 月、2005 年 8 月，协调小组又召开了三次全体会议，分析图们江地区国际合作开发的形势，明确推进合作的工作任务，并就需要国家层面协调解决的重大问题进行了研究，推动《开发规划》贯彻实施。

在 2005 年部长级会议上，商务部代表中国政府提出议案，由 5 个成员国共建财政管理资金，对大图们倡议秘书处进行资助，使大图们倡议秘书处可以实施具体的项目工作。

（二）长吉图战略和珲春示范区横空出世

1. 重燃发展之火

2009 年 8 月 30 日，国务院批复《中国图们江区域合作开发规划纲要——以长吉图为开发开放先导区》，标志着长吉图开发开放先导区建设已上升为国家战略，使图们江区域成为中国东北面向东北亚区域开发开放的前沿和窗口。

韩国对外经济政策研究院副院长林虎烈对长吉图战略给予了高度评价，他写道："到了 2005 年，尽管过去十年间开发项目不断扩大，并被冠之以大图们倡议这一新名字，各成员国参与方式间的差异却阻碍了倡议可能取得的任何实际成就。此外，各国获得的广泛研究成果也未能有效地转化为实际意义上的经济合作项目。转折点出现在 2009 年，时值中国中央政府的长吉图开发开放战略出台，大图们倡议得以重燃发展之火。"长吉图开发开放战略以大图们地区的长春—吉林—图们江区域为中心，立志在 10 年时间内（2010—2020 年）分三步走，逐渐实现区域开放。该开发计划的最终目的是推动区域进一步发展。值得一提的是，长吉图开发计划的运输与物流基础设施项目与大图们倡议的核心项目——建立和推动贸易基础设施发展紧密相关。这种紧密关联性的关键在于要将内陆的珲春市（吉林省）与俄罗斯的远东港口及朝鲜的罗津和清津港连接起来，形成所谓的借港出海策略，同时为大图们倡议发展所取得的进步增砖添瓦。

8 年来,长吉图战略各项工作扎实推进,初步形成了有力的政策支撑体系,基础设施建设加快,平台打造初具规模,初步构建了全方位、宽领域、多层次、高水平的对外合作开发格局。

2. 珲春国际合作示范区

2012 年 4 月,国务院正式批准设立中国图们江(珲春)国际合作示范区。珲春国际合作示范区范围约 90 平方千米,包括国际产业合作区、边境贸易合作区、中朝珲春经济合作区和中俄珲春经济合作区等功能区。示范区已经拓展了保税物流、出入境加工等领域的合作,与朝鲜、韩国、日本、俄罗斯、欧美等国家和地区在海产品和木制品方面开展了经贸合作,现在加工区与境外 49 个国家有贸易往来。示范区成为建设我国面向东北亚合作与开发开放的重要平台,是东北亚地区重要的综合交通运输枢纽和商贸物流中心,我国东北地区重要的经济增长极和图们江区域合作开发桥头堡。

(三)交通运输建设成最大亮点

虽然图们江开发困难重重,合作进程缓慢,但交通运输体系建设进展迅速,成为最大亮点。近年来,图们江地区不断加快对外通道建设,使这一地区初步形成了海陆空交通运输体系。

公路运输方面,已开通珲春—朝鲜罗津、珲春—俄罗斯斯拉夫扬卡—扎鲁比诺和延吉—俄罗斯乌苏里斯克客货运输线路。铁路运输方面,修筑了图们—珲春的地方铁路,与俄罗斯铁路接轨,中俄珲春—卡梅绍娃亚国际铁路已分别与国内铁路联网并投入运营,中俄珲春—马哈林诺铁路恢复运营,成为东北亚地区一条重要的国际铁路运输干线。

海上运输方面,2014 年,吉林省与俄罗斯苏玛集团签署了合作框架协议,双方合作共建扎鲁比诺万能港,实现"借港出海"。吉林省利用俄罗斯和朝鲜沿日本海的诸港口，开辟了珲春—俄罗斯扎鲁比诺—韩国束草陆海客货联运航线，2015 年 5 月 24 日，珲春—俄罗斯扎鲁比诺—韩国釜山航线正式开通运行，为吉林省和黑龙江省东部地区开辟了一条通往日本、韩国及北美国家的便捷运输通道。空中运输方面，吉林省对延吉机场进行了改造扩建，使延吉机场年运输能力达 130 万人次。开通了延吉—韩国首尔航线，打通了中国图们江地区与境外联系的空中通道。

（四）经贸合作发展迅速

经过 20 多年的积极努力和推动发展，图们江区域合作开发在国际合作、对外投资等领域取得了极大成就和实质性进展。

1. 中俄合作

两国全方位合作不断扩大和深化，双方近期又达成建设冰上丝绸之路的共识，俄罗斯一直以远东地区为载体参与图们江国际合作。依托图们江国际合作机制，中俄在渔业、跨境旅游、资源开发等方面的合作前景广阔。

2. 中蒙合作

两国提出把建设丝绸之路经济带倡议和蒙方"草原之路"倡议对接起来，优先推动互联互通、矿产、电力、农牧业合作，推进通关和运输便利化，促进过境运输合作。蒙古国参与图们江开发一直关心"两山"铁路(从中国阿尔山至蒙古国乔巴山)建设，以此作为构建连接中、蒙、俄图们江国际合作大通道的关键点，努力建成直通欧洲的新欧亚大陆桥。

3. 中韩合作

两国一直是图们江区域合作的重要力量，近年来，中韩战略合作伙伴关系进入"合作升级"新通道，2015 年 6 月 1 日，中韩自贸协定正式签署。中韩自贸协定推动了双边经贸关系实现新的飞跃，将为图们江区域经济发展做出贡献。

经过 20 多年的发展，东北亚区域内双边经贸关系迅速发展。中国是蒙古国最大贸易伙伴，2002 年，中蒙双边贸易额为 3.24 亿美元；2016 年升至 49.63 亿美元，占蒙古国对外贸易总额的一半以上。日本目前是中国内地第五大贸易伙伴，2016 年中国对日本双边贸易进出口总值占中国外贸进出口总值的比重为 7.5%，中日双边贸易额为 2705 亿美元。此为，中韩双边贸易额为 2144 亿美元；中俄贸易总值突破 690 亿美元。

目前中国与东北亚国家双向投资规模也在不断扩大。2016 年，日本对华投资 31 亿美元，中国对日本投资 4.7 亿美元；韩国对华投资 33 亿美元，中国对韩投资 20.49 亿美元，韩国是中国第三大外资来源国。此外，中国对蒙投资 2.4 亿美元；俄对华投资 0.41 亿美元，中国对俄投资 140 亿美元。

七、图们江国际合作机制尚需不断完善

20 世纪 90 年代以来，图们江地区一直被视为全球最具经济增长潜力的区域之一，是东北亚的核心区域。但由于图们江国际合作机制存在先天不足，使得区域合作面临许多挑战，合作进程经常受到各种突发事件的干扰，甚至停滞。

（一）多重博弈和领土纷争

虽然"冷战"已经结束多年，但图们江地区所在的东北亚仍是目前

受"冷战"格局影响最深的地区之一。东北亚地区安全机制尚未建立，该地区的和平与稳定无法保证，国家间相互猜忌，缺乏信任，沟通困难。某些国家的步伐相对大一些，发展相对快一些，合作意愿相对强一些，可能会引起其他国家的担忧、疑虑甚至抵触。图们江区域由于政治、历史、经济、文化、地理等原因，汇聚了中、俄、蒙、韩、朝、日、美等国家的战略利益，存在着国与国之间的多重博弈、领土纷争和历史纠葛，极具复杂性和敏感性，如朝鲜半岛问题、日韩领土问题、日俄北方四岛问题、中日钓鱼岛、东海油气田争端等。同时，美国为了自身利益和大国博弈的需要，利用日本牵制多边合作。美、日、韩在该区域的军事合作不断加强，尤其美韩联合军演、朝鲜核问题加剧了朝鲜半岛的紧张局势，成为影响东北亚地区安全的关键因素。东北亚地区矛盾激化，朝核问题不断升级，也影响了国际资本对这一地区的投资热情，使东北亚区域经济一体化进展缓慢。矛盾反映在经贸关系上，就会出现贸易活动受到冲击、贸易便利化受到阻碍的情况。例如，珲春—朝鲜罗津—韩国釜山集装箱定期运输航线，在 2010 年 6 月受"天安号"事件影响被迫停止运营。

（二）缺少高层介入

缺少高层介入是该区域合作进程缓慢的重要因素。在中国积极参与的三大次区域合作中，中亚次区域合作上升为上海合作组织，是国家元首级，大湄公河次区域合作逐步上升为总理级，而图们江国际合作机制建立 20 多年来，虽然各国签署了"两个协议"和"一个谅解备忘录"，但并没有紧密的合作，图们江区域合作只有副部长级层面的国际协调机制，重大的问题难以达成共识，地方政府出面推动受到很大的限制。目前，图们江区域合作过程中出现的一些问题，都是涉及国与国之间的问题，必须通过各国地方政府向各自中央政府报告，由各国中央政府来解决。由于在双边、多边的合作中，特别是经贸合作过程中，问题、纠纷随时出现，而通过年会的形式加以解决，常常制约经贸活动的开展，影响本区域的形象。图们江区域合作大量的经常性的工作，也仅限于省级地方政府的接触谈判，缺少相关各国高层介入的协调机制。从目前图们江地区的合作现状看，中、朝、俄三方缺乏引导和推动合作的核心。尤其中、朝、俄三国交界处的图们江地区是各国经济发展的落后地区，在得不到各参与国中央政府支持的情况下，地方政府间的合作很难收到良好效果。在历次大图们倡议政府间协商委员会部长级会议上，有时就会出现各成员国官员降格出席的情况，导致会议决策能力下降，无法达成实质性成果。

（三）朝鲜和日本态度消极

进一步推动提升图们江区域合作层次，离不开朝鲜和日本的积极参与与支持。特别是曾经作为图们江国际合作重要成员国的朝鲜，2009年因核试验退出了图们江地区开发项目。朝鲜在东北亚居于十分重要的地理位置，与中、俄、韩三国接壤。朝鲜控制着出海口，没有朝鲜的合作，中国获得出日本海通道就无从谈起。目前，朝核危机不断升级，半岛局势危机不断，国际社会对朝鲜进行了数轮制裁。朝核危机不解决，图们江开发就难有大的进展。朝鲜半岛的分裂和朝鲜的未开放状态，成为我国与东北亚区域相连的障碍。由于海上运输通道不畅，企业投资积极性不高，经济发展受到严重制约，这也是东北三省所面临的重大课题。

日本虽然积极参加联合国开发计划署和大图们倡议组织的相关活动，但其注意力主要集中在"环日本海经济圈"的构建上，对直接参与图们江区域合作开发持谨慎态度，迄今为止还只是一个积极的观察员身份。

此外，在具体利益目标上，各国之间存在着差异，都想把开发的重点放到自己的领土上，使得图们江开发进程不顺利，各国间很难达成一致。

（四）大图们倡议一直为钱困扰

图们江国际合作机制一直面临资金缺乏的发展瓶颈，是导致该区域经济合作进展缓慢的核心问题。大图们倡议先由非金融机构的联合国开发计划署牵头，但其本身却不能承担开发所需的巨额资金，仅限于自主图们江开发开放的可行性研究，以及通过自身努力，从其他渠道筹措资金。其次，作为国际组织，联合国开发计划署对图们江地区相关国家的约束力有限，仅能起到推动、协调作用，在很多问题上不能起到决定性作用。

联合国开发计划署在 2005 年宣布不再对大图们倡议提供资金支持后，大图们倡议由成员国主导，资金全部来源于成员国。由于现行模式的明确限制条款，大图们倡议框架下推动区域合作的需要和意愿也受到限制。大图们倡议不是具有法律地位的国际组织，在决策力和执行力上缺乏独立性。

1. 共同基金仅能维持大图们倡议秘书处的运行

在资金管理方面，由于区域内经济合作没有较强的独立性，各成员国投入本国所需的开发资金，缺乏统一的开发计划。成员国捐献所得的共同基金仅能为大图们倡议秘书处的运行提供资金；由于大图们倡议无法作为法人实体提供保障，也就没有吸引足够私人和公共资本的机会，不能实施大规模的基础设施项目。图们江区域开发制订计划与实施计划所需资金筹集的不畅、内部资金筹集机制的缺失，制约了合作的成果。

2. 很多项目只停留在纸面上

对于大图们倡议资金窘迫的状况，曾任大图们倡议秘书处主任的王维娜在回忆文章中描述得很生动：联合国开发计划署在2005年宣布不再对大图们倡议提供资金支持，并协调各成员国签署主要涉及共同基金总额和分配比例的谅解协议，作为1995年合作协议的有效补充。但是直至2008年我们接手大图们倡议合作时，这一谅解备忘录迟迟未能签署，合作的法律基础还不稳固，未来的合作资金无法保证。当时秘书处的工作也面临很多困难，活动不多，人员较少，如果共同基金不能及时到位，秘书处将随时面临解散。2007年第九次部长级会议批准了一些重点合作项目，但因为缺乏资金和有效的组织运作，所有项目都只停留在纸面上，未能落实。

巨大的资金需求是图们江区域各国各级政府财力无法承受和筹措的。俄、蒙图们江区域的地方政府财政紧张，无力向该区域投资开发，韩国的投资意愿也不高。由于日本对参与图们江开发态度不积极，所以其主导的亚洲开发银行不能满足图们江区域的融资需求。世界银行、国际金融组织和私人资本也没有大规模对图们江区域基础设施进行投资的计划。因资金严重匮乏状况的长期持续，大图们倡议一直处于纸上谈兵的阶段，未能资助一个具体的投资开发项目，仅仅对一些研究咨询项目给予少量资金支持。

八、转型升级构想

我国目前参与的国际次区域合作机制主要有三个，分别是：大湄公河国际次区域合作和泛北部湾次区域合作、中亚国际次区域合作、图们江国际次区域合作，涵盖了与我国接壤的大多数国家。大湄公河次区域合作和泛北部湾次区域合作涵盖了东盟 10 国，大图们经济合作和中亚次区域合作涵盖了与我国北部和西部接壤的 9 个国家。

这三大国际次区域合作中，最有潜力、大有可为的是图们江国际次区域合作。大湄公河国际次区域合作机制因受一些因素的制约，推进大湄公河国际次区域合作困难较多；中亚国际次区域合作机制是由上海合作组织派生出的次区域合作机制，由于上海合作组织以反恐和国家安全为主，在推动经济合作方面，还需进行多方面努力。

图们江国际次区域合作机制作为推动东北亚区域国家开展经济合作的重要平台，作为推动我国东北地区沿边开放的重要力量，目前正迎来难得的发展契机。

（一）推动国家领导人会晤机制的建立

目前大图们倡议的最高决策机制是部长级会议，各国的牵头部门分别是中国商务部、韩国企划财政部、蒙古国财政部和俄罗斯经济发展部。但大图们倡议合作涵盖贸易、旅游、交通、环境、能源、农业等多个领域，这就需要更高层次和更加强有力的协调力度，加强各国中央政府间的合作，支持建立定期会晤机制，提升合作水平，设立各项目成员国中央政府部门参与的紧密型区域合作组织机构，建立新型的区域合作国家协调机制，解决区域合作中遇到的各种问题。

目前，成员国已经就提升合作机制，建立国家领导人会晤机制达成共识，认为这将为图们江区域合作的发展注入新的活力和推动力，有利于大图们倡议品牌的宣传，并进一步吸引域内外投资。各国同意将在法律过渡之后时机成熟时进行提升合作机制的实质性操作。由于中、蒙、韩、俄四国要建立有效的沟通合作机制，通过首脑定期会晤、地方政府长官定期会晤、省及地方相关部门对等协商等制度，加强工作的相互协调能力；建立互信机制，图们江次区域各国应高瞻远瞩，长远考虑区域共同利益，推进相互信赖，先搁置历史遗留问题，以经济合作逐步推动其他方面的合作；设立权威的组织机构，协调涉及各国利益的重大问题并作出具有约束力的决定。

（二）推动朝鲜重返和日本加入

朝鲜和日本都是东北亚地区的重要国家，朝鲜拥有丰富的自然资源，起点低，发展潜力巨大，但对于区域和次区域合作缺乏正确的认识和理解。日本科技领先、经济发达，可以在多边合作中提供资金和技术支持，但日本因其国内政策考量，一直未对加入大图们倡议合作做出明确表态。在历届大图们倡议部长级会议上，各国多次表示欢迎朝鲜重返和日本加入。要通过多边和双边渠道加大推动力度，使朝、日两国早日参与到大图们倡议合作中来。

1. 日本

目前，日本地方政府对参与大图们倡议合作态度积极，主办了2011 年交通研讨会，日本鸟取县加入了地方合作委员会并于 2014 年成功举办了第二次地方合作委员会会议。为了吸引日本参与图们江地区的国际合作，中日两国可以在贸易、投资、能源等领域进行合作。适时再进一步推动中日经贸合作，逐步由图们江次区域合作扩大到东北亚区域合作，使之成为完整的图们江合作机制。根据国际形势，在中日关系、日韩关系明显改善时，吸纳日本进入图们江合作机制，形成最终的东北亚国际合作大局。

2. 朝鲜

目前，朝鲜虽未加入图们江合作，但其推进的相关项目的确是图们江合作内容，中国应积极参与朝鲜罗先地区的合作开发，掌握图们江区域合作开发的主动权。加快建设与罗先地区互联互通的公路、桥梁等基础设施，加快建设罗津港，吸引企业到该区域投资，保证人流、物流、信息流的畅通，从运输通道逐步进化为经济增长走廊。为了形成完整的图们江国际合作机制，注重发挥图们江四国历史合作基础，延续、完善、提升图们江国际合作机制，积极吸引朝鲜回归，整体推进图们江合作水平。

（三）经贸优先 打造利益共同体

推动图们江合作，应创新图们江国际合作机制，寻求区域内各国利益契合点，满足区域各国经济利益诉求。因此要更加密切区域内各国的货物贸易、服务贸易和投资合作，加强资源合作开发利用、推进跨境经济合作区建设、加快国际产业合作园区建设、加强智力和文化及旅游等领域交流与合作，调动民间资本加入的积极性，推动东北亚经济一体化进程。

1. 中日韩自由贸易区

推动建立中日韩自由贸易区，在条件成熟时可把俄、蒙、朝吸收进来，以带动图们江区域经济的整体发展。依托中朝、中俄两条出海通道与中蒙国际大通道，以外向型经济为目标，在图们江下游地区中、俄、朝三国交界处辟建跨国自由经济贸易区，促进东北亚六国间的经济合作。图们江区域合作可从铁路、资源一体化联营着手，在此基础上发展铁路、公路和港口等物流基础设施，使之形成完整的供应合作体系，带动图们江区域一体化的发展。推动相关国家和地区的项目合作，既要中央政府一级的合作，又要有多国跨国公司的合作，加强各国地方政府间的合作。

2. 积极开展人文交流合作

一个区域的经济合作乃至一体化的形成，都有其共同的文化底蕴作支撑，经济合作越来越需要以跨区域的文化交流为先导。东北亚地区拥有较多的共同历史和文化记忆，中、日、韩、朝四国有着极为相似的文化渊源，各国的传统文化甚至节日安排都有相同或相似之处。俄罗斯作为欧亚"大陆桥文化"，与东方文化的交融性也显而易见。要进行东北亚区域的文化研究，发掘共同的文化记忆，实施文化交流的基础工程。

3. 跨境旅游

跨境旅游是图们江区域合作的重要组成部分，也是最佳切入点和突破口，如果运作成功，将会实质性地推进图们江乃至整个东北亚地区的合作，进而开辟其他领域的合作。跨境旅游是图们江区域经济合作中比较容易开展和具有巨大发展前景的领域。中、俄、朝三国应以旅游基础设施建设、陆海空联运航线通畅、旅游市场培育、多语言旅游信息平台开发等为重点，打造图们江区域跨境旅游合作圈。各国之间应出台相关政策推动无障碍旅游，在简化跨境手续、完善旅游设施、培养导游人才等方面给予倾斜和扶持。

4. 解决融资难题

东北亚进出口银行联盟的建立为东北亚地区开发提供了更多融资选择。为了尽快启动示范项目，东北亚进出口银行联盟在2015年密集地召开了四次工作层会议，在各国提交的十几个项目中，筛选出了扎鲁比诺港改造等备选项目，并对扎鲁比诺港进行了实地考察，各方计划签署合作投资意向。各银行间开始探讨具体的示范项目目录，有望在交通、能源等领域的基础设施建设项目上有所突破。

亚洲基础设施投资银行（以下简称"亚投行"）的成立，也为图们江开发项目融资难题的解决带来了希望。借助亚投行的资金支持，就可以缓解图们江区域的融资困难，加强区域内基础设施建设：一是借鉴亚洲开发银行在中亚区域经济合作中的关键作用，有效利用亚投行推动图们江区域国家间的经济合作；二是各成员国借助亚投行的资金支持，在区域合作中采取适度宽松政策，吸收发达国家资金和技术，为区域内融资创造优惠条件；三是利用亚投行提供的资金设立区域合作专项基金，将资金投入到港口、能源运输、物流运输等基础设施项目中，或投入潜力大、发展快的特色领域中；四是采取多种融资方式提供辅助资金支持。

（四）图们江通道要解决"通而不畅"

1. 海运

图们江国际大通道特别是海运交通物流"通而不畅"的现象仍很突出。图们江目前虽已形成国际陆海联运交通物流走廊，但由于受国与国纠纷、货运量、口岸建设不配套、不规范等问题的影响，海运通道尚未真正发挥作用。目前，通过珲春与俄罗斯的跨国陆海联运航线主要有5条：珲春—波谢特—秋田和珲春—扎鲁比诺—束草客货联运航线，珲春—扎鲁比诺—新潟散货航线，珲春—扎鲁比诺—釜山航线，珲春—扎鲁比诺—束草—新潟航线。这些航线虽然构成了中国北部出海航线的基本框架，但开开停停，运营没有实现常态化。中蒙"两山"铁路建设一直处于调研阶段，没有实质性进展，成为图们江国际大通道的一大缺口，中国东北地区与东北亚周边国家的区域合作受到很大影响。

2. 陆路

从陆路通道来看，打开铁路通道具有战略意义。特别是要以对朝、对俄、对蒙铁路通道作为重点。组织企业积极利用中俄珲马铁路开展对俄贸易及与东北亚各国的过境贸易和转口贸易，使之成为发展东北亚地区和俄罗斯经贸交流的重要窗口，推动"长珲欧"中欧班列建设，构建新的欧亚大陆桥；筹划珲春至俄罗斯海参崴高速公路，以进一步畅通对俄通道；规划推进珲春至朝鲜罗津高速公路建设，进一步促进该地区的经贸等合作。

3. 贸易便利化

加强通道建设，不仅要解决资金筹措问题，还要解决物流规模、贸易便利化及通关的问题。要推动内陆同沿海沿边通关协作，实现口岸管理相关部门信息互换、监管互认、执法互助。应对图们江区域实施海关、检验检疫、边防等统一的通关查验制度和落地签证制度，以此来简化客货跨境运输的手续和费用，打造"绿色通关"的便利环境，缩短通关时间，提高运输效率。加强与各国对应口岸的衔接与配合，改善口岸的设施条件，确保口岸双向物流畅通。加快电子口岸建设，进一步优化通关环境，提高通关效率。

4. 建设中蒙俄陆海联运国际大通道

图们江地区开发一直致力于打造贯穿中、俄、蒙、朝的大图们江国际通道，这条通道包括向西与西伯利亚大铁路连接直通欧洲的陆路国际运输大通道，向东利用俄朝港口连接日本、韩国和欧洲北美的海上大通道，这两条大通道与"一带一路"倡议在战略意义上、目标指向上、推进路径上高度契合，不仅是图们江区域融入"一带一路"倡议的核心载体，也是对"一带一路"倡议的重要补充。图们江区域应立足该地区整体在地理区位、工业基础、文化传统等领域的优势，在内部建立蒙东、黑、吉、辽四大区域的统筹机制，全面加强和俄、蒙两个"一带一路"重点成员国之间的基础设施、经济、金融、文化、教育等方面的全方位合作。

第五章　走进日本海的探索

曾几何时，吉林人望海兴叹。站在吉林珲春防川的望海阁上，你能看到翱翔的海鸥，空气中弥漫着海水的咸味，但隐约可见的浩瀚碧海却似咫尺天涯，遥不可及。近海却不临海，阻断了吉林人出海的梦想。

"给我一个支点，我将能撬动地球。"回首吉林人走进日本海的探索历程，何尝不是一个苦苦寻觅"支点"以"撬动"发展的过程。漫漫几十载，吉林人探索出海的步履始终未歇——图们江出海复航、置换出海口的探索、"建港出海"的尝试、"借港出海"的实践……一个个探海的美妙蓝图铺陈开来，凝聚了吉林人的聪明才智和

图们江出海口被封锁在这片小河滩上

192

走进蓝海的强烈愿望。纵然岁月沧桑，前路坎坷，但吉林人从来没有彷徨、困惑，更没有灰心和松劲。

思深方益远，谋定而后动。站在新的历史起点上，吉林人因势而变，顺势而为，开始了更加大胆的探索和实践。抢抓图们江国际合作开发新的战略机遇期，深入推动实施长吉图向东开放，深化与朝鲜、俄罗斯陆海联运合作，加快畅通对外通道，广辟航线打通海路通衢，继续推进图们江出海航行计划，倾力打造中国面向东北亚开放门户。大通道建设促进互联互通，"先行先试"推动通关便利化，搭建平台提升国际经贸合作层次……如今，吉林人在对外开放的鼙鼓声声中，谋势而动，脚步正疾……

一、图们江开发与"边疆近海省"的提出

奔腾不羁的图们江一路欢歌，滚滚东去，流经中国版图鸡嘴尖上的土字牌哨所逶迤而下汇入了汹涌的日本海。图们江作为中国东北进入日本海的唯一通道，吉林人走进大海的梦想正是从这里起航。20 世纪 80 年代，围绕"图们江出海"的学术研究兴起，在加快对外开放潮起潮涌的大背景下，图们江通海航行的构想持续升温发酵，吉林省顺应开发开放大势，积极谋划打开图们江出海口，并结合地理角度和区位特点，提出了建设发达的"边疆近海省"的战略目标。由于历史留下的遗恨，图们江出海口江面两侧的土地虽然早已分属朝俄，但《中俄瑷珲条约》承认图们江河道航行权或者出海权属于两国共有，中国至今保留着图们江口 15 千米的出海权，这是吉林省唯一的一个海港，尽管它只是一个拥有出海权的海港，但它寄托了吉林人走进深海的殷殷希望，这个"大港梦"让他们魂牵梦绕了几十年。

（一）图们江区域合作开发构想的提出

1. 开启追寻梦想的旅程

回望过往历史，图们江曾作为繁忙的水上运输通道盛极一时。然而经历了 1938 年日苏张鼓峰战役后，这条通向日本海的唯一通道被人为阻断。经历了近半个世纪的苦苦等待和不懈求索，终于在图们江区域合作中迎来了开发开放的曙光。

早在 20 世纪 80 年代初，中国科学家敏锐地看到图们江在世界的重要战略地位，利用软科学研究启动了图们江的开发与开放。一批中外学者以"图们江出海"为发端，围绕"经济地理学视角、区域经济互补视角、开发建设视角、难度和问题视角"，展开广领域、大视角、深层次的学术研究。80 年代末，有关学者提出利用图们江开辟吉林省对外贸易港口的建议，立即引起高度关注，此时，苦于没有出海口、企盼早日走出内陆省区发展困境、苦苦寻找对外开放之路的吉林，响亮地提出了以打开日本海出海口、获得日本海出海权为主要内容的图们江开发计划，并很快得到中央政府的关注和支持。吉林省趁热打铁，组织图们江地区开发专家小组进行专门研究，着力推进该计划实施，由此揭开了图们江开发的序幕。

2. 掀动开放热潮的惊世计划

1990 年，由中国亚洲太平洋研究会、美国东西方研究中心和联合国开发计划署联合主办的"东北亚地区经济发展国际学术研讨会"在长春召开，会议的中心议题是图们江地区开发与东北亚区域经济合作。1991 年 10 月 24 日，渴望开放的吉林迎来了一个振奋人心的好消息，联合国开发计划署在纽约总部召开新闻发布会，向全世界介绍了一项拟筹资 300 亿美元使东北亚 3 亿人民受益的特大项目——图们江地区开发计划。这个计划就是拟用 20 年时间，吸引投资 300 亿美元，把中、俄、朝三国交界的图们江三角洲建成东北亚的香港、鹿特丹，使其成为具有全球水平的集港口、机场、铁路于一体的交通枢纽及全球贸易和物流中心。这一多国共同开发图们江的宏大设想，被称为"具有历史意义的创举"，当时立即得到蒙古国、朝鲜和韩国的积极响应。记者招待会后，世界各地的新闻媒体广泛报道了这一消息。自此，中国东北吉林省内的这条中等长度河流的知名度骤然提高，连接中、俄、朝边界的图们江三角洲的开发成为全球关注的一个热点。而地处图们江三角洲几何中心的边陲小城珲春，集天时地利之便，被开放的狂潮推向了风口浪尖，无数的人们竞相涌向这座名不见经传的边陲小城，一时间珲春流动人口数倍于当地常住人口，住宿成了难题，当地人就把自家房子改成旅店，接待因宾馆爆满而无处落脚的投资者。珲春被人们罩上了神秘"金三角"、辉煌"金三角"的光环。

中、俄、朝三国交界的图们江三角洲

3. 热潮后遭遇寒流的反思

吉林珲春，图们江三角洲几何中心，长吉图开发开放的"窗口"。这块孕育财富梦想的开放热土，让人们欢呼雀跃过，也让很多人在成就梦想的路上折戟。从 1992 年珲春开放至今，珲春人经历过云卷云舒、潮起潮落的风雨洗礼。今天我们再次回眸，将目光投向这个经历过波折之苦，也享受了开放之利的城市。

联合国开发计划署提出筹资 300 亿美元开发中、朝、俄三国交界的图们江三角洲，中国积极回应此开发计划，中国政府把位于图们江地区的珲春市正式批准为国家级边境开放城市，并把图们江开发列入国家层面的经济规划。为配合图们江开发，中国政府陆续投资 50 多亿元进行基础设施建设，使该地区铁路、公路、通信和能源等基础设施得到显著改观。吉林第一个近海平台——珲春边境经济合作区迅速建成并吸引大批日本、韩国等外商前来投资……珲春成了国内外投资者关注的焦点。在当时很多人看来，这肯定会带来一个前所未有的机遇，许多人开始跃跃欲试，准备大显身手。

当时的珲春一大奇观是，人们疯狂炒地，先进来的人大量购买土地，而后进来的投机者再从开拓者手中高价购地，然后再想办法卖给房地产开发商。于是，1992 年的珲春就像一个大工地，到处都是塔吊，单是土建工程队就不下百个。图们江地区迎来了第一波投资狂潮，人们宛如发现第二个浦东，谋划超越深圳，甚至直追香港与鹿特丹。

然而，这种火爆的开发投入好景不长，很快，一批又一批的项目莫名其妙地陆续撤离珲春，只留下一座座半截子烂尾楼在风雨中黯然守望。

当年，这里究竟发生了什么？是什么原因使投资者纷纷选择离开？1993 年，国家开始实行宏观调控、缩紧银根，过度的开发区热、房地产热、招商热都被限制。银行紧缩贷款，地方财政紧张，难以拿出专项周转资金。

当然，还有一个理解上的误区也助推了投资者的盲动。在图们江区域开发之初，联合国开发计划署计划将在图们江区域"筹资 300 亿美元"用以开发，但是坊间流传的版本却是"投资 300 亿美元"。一字之差，传递给投资者的却是迥然不同的信号。由于联合国开发计划署提出的中、俄、朝在这个边境敏感地带各划出一部分领土共建自由贸易区，忽略了悬而未决的核心问题——该自由贸易区的主权如何归属，又由谁来主导开发，这个问题无从解决，开发计划遂成为空谈。此外，图们江周边的几个国家敏感而多变的政治因素也使图们江开发频频遭遇困惑。随着这一开发项目的搁浅，围绕珲春开放的第一波投资热潮很快退去。经历了一次冰火两重天的历练，吉林人并没有因为图们江开发遭遇的寒流而一蹶不振，经过冷静后的深刻反思，开始寻找新的开发开放突破口。在此后十余年，图们江流域开发开放问题进入更深层次与更具操作层面上的探索。

4. 大图们区域开发与合作模式

滔滔图们江，一路奔腾入海流。一条江水，一腔宏愿，承载着多少人渴望走向合作共赢的美好愿景。图们江地处东北亚区域地理几何中心和新欧亚大陆桥起点。图们江区域内既有俄罗斯丰富的资源，又有日本和韩国的科技与资本，还有中国的市场和人力资源，国际合作开发的潜力巨大。这块流芳溢彩、充满无限合作商机的神奇土地，引来世界钟情的目光。

2005 年，联合国开发计划署图们江区域合作开发项目第八次政府间协商协调会上，与会的中国、朝鲜、韩国、俄罗斯和蒙古国五国签署了大图们江行动计划，将合作领域扩大到整个大图们江，包括中国的东北三省和内蒙古、朝鲜罗先经济贸易区、蒙古国的东部省份、韩国的东部沿海和俄罗斯滨海边疆区的部分地区。五国同意将重点在能源、交通、投资、贸易和旅游领域加强合作，推动东北亚地区经济增长和可持续发展。图们江区域的相关国家希望借助图们江开发计划，利用该地区的地缘政治优势、物流潜力以及经济互补性来谋求各自的经济利益及相关区域的快速发展。2009 年，中国将大图们江开发与振兴东北老工业基地，特别是长吉图开发开放先导区规划联系在一起，大图们江开发呈现出新的活力。

联合国开发计划署图们江区域开发项目第八次政府间协商协调会议

由于中国东北地区的快速发展及周边国家的积极呼应，大图们江开发计划迎来快速发展期。从中国国内角度看，振兴东北老工业基地是地区经济均衡发展战略的重要举措，将中国东北地区发展成为中国第四大经济增长地带是中国从国家战略角度推出的重要工程项目。从对外角度看，振兴东北意味着利用该地区的地理经济优势，加强与周边国家的经济合作，积极参与大图们区域开发。以朝鲜和俄罗斯为主的相关国家也会从各自的需求出发，积极运作该计划，直接或间接地参与到该计划当中。

在大图们区域开发计划的酝酿过程中，各国学者结合这一地区各国经济发展现状、资源要素，围绕如何合作开发进行了深入的理论研究和探讨，形成以下三种合作模式。

第一种模式是多国合作、联合开发的模式。这是联合国开发计划署提出的联合开发方案。这一方案易于筹措到更多的开发建设资金，将有力地调动东北亚各国开发建设图们江地区的积极性，为东北亚各国带来巨大的经济、社会、环境效益。但是，实现这一方案的前提是，东北亚地区要拥有良好的国际环境与和谐的双边与多边关系，还有各国政府积极合作的态度，否则，推进难度很大。

第二种模式是双边开发模式。它限定在两国范围内，如中朝之间，中国租用清津港开展铁路、海陆联运以及中俄铁路接轨与租用俄罗斯扎鲁比诺港等，都属于双边开发图们江地区的范例。中俄在珲春、哈桑地区实现铁路接轨和租用俄罗斯扎鲁比诺港，不仅有助于俄方铁路沿线地区和港口经济发展，也给珲春的经济发展注入活力。但是，在三国接壤的图们江地区，双边开发的规模与效果有限，就国际社会的关注度、国外的投资规模、开发的地域范围和开发的力度等方面来看，都远不如第一种模式。

第三种模式是各自单独开发适度联合的模式。这一模式主要是强调各国领土、边界主权的不可侵犯性，立足于自主开发，把领土、主权与开放对立起来，与国际经济的发展趋势不相吻合，如照此方案进行，必然错过大好的国际机遇。主要原因在于：图们江地区毗邻的俄罗斯和朝鲜都是资金短缺的国家，如果单独开发，很难引进更多资金发展边疆地区的外向型经济，也难以在东北亚地区国际合作中做出应有的贡献。进一步对外开放以来，中国不断加大对珲春资金投入，国家还将珲春开辟为沿边开放城市，投资的软硬环境日臻完善。但是如果出海通道和港口不能及早开辟，三国在图们江"小三角"地区不能通力协作，那么图们江地区的开发就无法实现规模升级。

5. 大图们区域国际合作开发的探索与实践

2009年8月30日，国务院正式批复《中国图们江区域合作开发规划纲要——以长吉图为开发开放先导区》（以下简称《规划》），经过三个月的后期酝酿，长吉图开放先导区终于当年11月中旬揭开面纱高调亮相。此《规划》确立了以珲春为窗口，长吉为腹地，实行联动开发的发展思路，旨在打造东北地区对外开放新门户，构建我国面向东北亚区域国际合作新格局。《规划》的批复和实施，标志着图们江区域开发上升到国家战略。一个振兴吉林的新引擎，呼之欲出。一时间，长吉图春光满眼，大图们开发再次成为国内外关注的焦点。

多彩的图们江区域，地缘优势独特，各国经济互补性强，合作开发前景广阔。但是，图们江开发作为一个国际问题，在现实中存在诸多不利因素：中、俄、朝、韩、蒙五国由于经济发展阶段不同、社会制度各异、经济结构有别，各国在土地、税收、投资、关税等方面自成体系，各自为政。这种发展模式缺少合作上的统一性和广泛性，难以对区域内的各种资源要素进行有效的整合和优化配置，进而实现优势互补，极大制约了图们江区域经济合作向深度和广度拓展。受制于异国政策法规的羁绊，区域内各国经济互补性强的功能优势始终没有得到充分发挥。

从各国开发愿望的程度上看，俄罗斯经济发展中心不在远东，20世纪90年代，俄罗斯对图们江地区开发热情不高，甚至担心一旦向中国提供图们江出海口，则经俄罗斯扎鲁比诺、符拉迪沃斯托克和纳霍德卡等远东港口的货物运输量将大幅降低，会失去对其港口的依赖，从而改变该地区现有的贸易格局，对俄远东的发展造成沉重打击。朝鲜开发图们江地区、设立罗先经济区，一度是为了拿到联合国开发计划署的援助。韩国参与图们江开发，最大希望是能带动朝鲜开放，对单纯开发图们江地区兴趣不大。日本经济主要是面向太平洋，对开发图们江只是长期表示"关注"，实际参与度很低。最有动力、最积极参与图们江地区开发的只有中国。因为一旦实现了借图们江出海，就可以让中国吉林省华丽转身为东部沿海省份，与现如今货物需经辽宁出海相比，从图们江出海无疑缩短了吉林省与韩国、日本的货物运输距离。特别是随着大连港口的吞吐量已超负荷，中国东北地区急需建设一个新的港口缓解日益增长的物流压力，而最佳选择就是确保珲春防川地区的出海权。

在这种开发的背景下，从 20 世纪 90 年代开始，一场国与国之间漫长而艰苦的谈判大戏拉开。中国就图们江出海口问题，向俄罗斯提出用土地置换的方案，但俄罗斯从自身国家安全利益、遏制中国东北地区发展出发，并不希望在自己的势力范围内出现一个由他国介入的出海点，以土地置换出海口的方案最终只停留在中国的一厢情愿上。朝鲜方面在该问题上也持有与中国不同的看法和立场，主张在中俄之间关于图们江出海权问题的讨论或者协议，必须得到朝鲜方面的承认和谅解。

1992 年，中韩建交，本以为是对外贸易的喜讯，孰料朝鲜半岛危机，边境气氛一度紧张，原本计划好的航行、考察和出海活动，都归于沉寂和停滞。

1995 年 6 月，时任国家主席江泽民第二次视察珲春，做了"开发珲春，开发图们江，发展与东北亚各国的友好合作关系"的重要题词，中国政府再次表明开发的决心。此后开发的成果可圈可点。在 1992 年珲春设立边境经济合作区的基础上，中央又在珲春先后批复设立出口加工区和中俄互市贸易区，珲春也一跃成为著名的跨国聚居点和边境旅游城市。1999 年，边境开放区域由原来的珲春市扩大到整个延边自治州地区。

如今，图们江地区已由各国自主开发为主，进入到双边合作开发为

吉林珲春出口加工区

主、多边合作开发为辅的新的发展阶段，开发的周边环境与国内环境均明显好于过去，将有利于进一步推动与实施图们江地区开发战略。

特别是长吉图开放先导区的"联动"思路，极大缓解了珲春等沿边城市的孤岛效应，珲春被赋予开放窗口地位，并得到自由贸易权，这对促进图们江区域发展将发挥重要作用，并将增强我国在东北亚各国的全方位合作，在已有基础上开创图们江区域国际合作开发新局面，成为辐射和带动东北亚区域加快发展的重要引擎。

20多年间，图们江区域合作开发从"面"到"线"再到"点突破"，合作开发逐步深入，长吉图战略顶层设计基本完成、吉林省与周边国家互联互通大通道不断完善，各级各类开放合作平台相继设立，基础设施承载能力不断增强、产业结构不断优化，与东北亚各国经贸往来不断加强。

2013年，在第十四次大图们倡议部长级会议上，中、韩、俄、蒙四国一致决定，将"大图们倡议"升级为独立的具有法人资格的国际经济合作组织。2016年4月，在韩国首尔召开的第十六次大图们倡议部长级会议对法律过渡进行了进一步明确。"大图们倡议"转型升级为独立的国际经济合作组织，必将对图们江区域乃至东北亚区域合作产生深远而重大的影响。

图们江水入大海，春潮动地拍天来。如今，随着中俄战略合作伙伴关系不断深化，韩、日等国家积极参与图们江开发，一些国内外大企业、大公司纷纷到图们江区域考察和投资，这一地区开发开放的外部环境已发生了重大的积极变化。吉林人正站在新一轮图们江区域国际合作开发的起点上，全力将图们江区域合作开发推向更高层次，将吉林对外开放推向新阶段。

图们江区域国际合作开发——这是个跨世纪的故事，吉林人追逐了20多年的梦想，随着长吉图开放、开发方案的确立，梦想开始迫近现实……

"虽然图们江出海权短期内不太好解决，但至少有了谈判的可能性，俄朝态度正在转变。我想：以目前中国的发展态势看，与中国合作，共同开发东北亚地区，已成为一种必然趋势。"国务院图们江领导小组项目专家组成员陈才如是说。

作为一个多国经济文化交融，又充斥着摩擦与争端的复杂区域，图们江区域国际合作开发必然要经历一番艰苦漫长的探索过程，也正因为如此方能彰显图们江区域的卓然魅力。

（二）吉林"边疆近海省"的提出

1. 黎明破晓前的期盼

喜看云霞出海曙，走进深海弄大潮。1993年的一个春天，对吉林人而言，是一个云蒸霞蔚、花红柳绿的开放的春天。这一年的4月，吉林省第六届党代会确立了把吉林建设成为发达的边疆近海省的战略目标。

这一开放战略的确定是基于吉林省经济发展长期以来，自觉或不自觉地把自己看作内陆省。20 世纪 80 年代以来，我国的对外开放基本是沿海开放，20 世纪 90 年代虽然提出全方位开放，但基本仍是"三沿"开放，吉林仍被排除在对外开放序列之外。

吉林省沿边近海，地处日本、俄罗斯、朝鲜、韩国、蒙古国与我国组成的东北亚的腹地，珲春处于东北亚地理位置的几何中心。如何开放搞活，成为了这一时期学者们苦思冥想的课题。在对外开放大潮这一内生动力的驱动下，1984 年，有学者提出打开图们江出海口，走向太平洋的主张，这一论断为地处中、俄、朝三国交界、靠近图们江出海口的珲春被确定为沿边开放城市奠定了理论基础。1988 年，中共吉林省向国家提出了吉林省是近海省的主张，鉴于地处开放前沿珲春特殊的地理区位，1991 年，吉林省委又进一步将吉林省由内陆省定义为"边疆近海省"，标志着吉林开始走出内陆省份的思维樊篱，确立了面向大海，实施外向型经济发展的宏伟战略。1992 年 9 月，国务院批准设立珲春边境经济合作区为国家级开发区，使"内陆"省份吉林拥有了首个"近海"国际交流平台。

建设发达的边疆近海省，作为一个新的发展战略，从总体上看，是开放型发展战略。其基本着眼点是以开放为手段，以发达为目标，通过全方位开放来实现吉林省产业结构的升级和总体水平的提高，来加速吉林省现代化建设的进程。在新的经济发展战略中突出对外开放这个中心环节，是对吉林省省情和国际经济形势科学把握的必然结果。

2. 面向大海的正确抉择

历史不会忘记，吉林曾是一个拥有曲折海岸线的省份，珲春更是一座通江达海千余载的口岸商埠。今天，面对日本海吹来和煦的风，吉林人不会放弃追寻大海的梦想。向海而立，吉林人作出建设发达边疆近海省这一面向大海的正确抉择。

边疆近海省的提出，把经济发展纳入东北亚乃至世界经济一体化的轨道，把握了时代的发展大势，抓住了难得的历史机遇，以开放带动发展，以开放促进改革，对于构筑开放窗口与腹地互为支撑、联动发展的全新开放格局，实现吉林老工业基地全面振兴具有重大现实意义和深远历史意义。

边疆近海省的提出，是对省情的再认识。吉林省沿边近海，地处日本、俄罗斯、朝鲜、韩国、蒙古国与我国东北组成的东北亚的腹心地带，具有图们江国际合作金三角和未来欧亚大陆桥枢纽的区位优势和资源、地缘、资金、劳动力优势。

边疆近海省的提出，一个重要的含义是沿边通海、开放富省，使吉林省成为东北亚经济合作的中心。有助于吉林省充分利用独特的地理环境和各种优势，扩大开放领域，提高开放层次，增加外向型经济比重；有助于打通和拓宽直接进入东北亚周边国家的交通运输通道，以加快图们江下游地区开发开放为突破口，使吉林省在东北亚区域经济中占据重要位置。

边疆近海省的提出，强化发展战略的开放性，是全面调整吉林省经济结构的重要环节。通过扩大开放，引进人才、资金、技术和管理经验，加快企业技术改造和转换经营机制，促进社会主义市场经济新体制的建立，优化产业结构，实现经济总量快速增长、经济总体素质的提高和综合省力在全国位次的前移。

二、借港出海战略的探索实践

2000 年 5 月，吉林成功开辟珲春经俄罗斯扎鲁比诺至韩国束草航线，畅通了唯一借助第三国港口通海的陆海联运航线，开启了"借港出海"的先河。2004年，开通由珲春经俄罗斯扎鲁比诺至日本新潟航线，打通了环日本海航运通道，使我国东北到日本的海陆航期缩短了3/4。2011年1月11日，由珲春创力公司承运的我国第一艘内贸货物跨境运输货轮——"金博"号万吨轮船，装载着珲春矿业集团生产的1.7万吨煤炭从朝鲜罗津港起航，三天后顺利到达上海浦东港码头。

借港出海，通常是指一个国家或地区利用与其相邻的国际间公路和铁路，将货物运输至相邻国家港口，再转运至本国或其他国家地区的贸易组织形式。吉林省近海不临海，但通过租借俄罗斯扎鲁比诺港、朝鲜罗津港，可以实现"借港出海"的梦想。

多年来，在国家及有关部委的支持下，吉林省加强了与东北亚区域国家的务实合作，秉承合作共赢的基本原则，为打开出海通道进行了积极的友好磋商和外交斡旋。通过跨国铁路或公路到达俄罗斯或朝鲜临近港口，经海上运输后，与亚欧和中国东南沿海等地的经贸交流不断增强，通过租借俄罗斯扎鲁比诺港、朝鲜罗津港，勾画出以吉林省珲春市为起点的借港出海战略新轮廓。

（一）吉林省"借港出海"模式

出海通道是经济发展的强力引擎。近海却不能出海，极大钳制了吉林外向型经济的发展。近年来，吉林省借助临海连三国的区位优势，加大与俄罗斯和朝鲜的港口合作力度，将国内货物通过陆路交通运抵珲春，再通过跨国铁路或公路运达俄罗斯的扎鲁比诺港或朝鲜的罗津港装船出海，形成了跨境运输、内贸外运、外贸内运这一独具特色的借港出海模式。

1. 确定利用俄朝港口实施陆海联运的战略方向

翻开东北地图，你可以看到，吉林位于东北三省的中部，国内距离最近的港口是辽宁省的丹东港。以往，吉林借港出海通常采取两种形式：一是经山海关铁路运至南方港口；二是经辽宁大连港、丹东港和营口港外运。但这种方式存在着运距长、用时多、物流运输成本高等问题。由于受船舶数量和火车运力的限制，有很多货物不能及时运出，极大制约了吉林省物流业的发展。因此，吉林要真正"走出去"，实现货物大进大出，亟待开辟新的出海通道。

地处吉林省开放最前沿、毗邻俄罗斯和朝鲜的珲春成为吉林实施陆海联运、借港出海战略的不可或缺的重要支点。

珲春作为长吉图开发开放的新引擎，这里中、俄、朝三国陆路相连，中、俄、朝、韩、日五国水路相通，是中国直接进入日本海的唯一通道，也是从水路到日本西海岸乃至经北极航线到北美、北欧的最近点。珲春现有4个国家级铁路和公路口岸分别直通俄罗斯扎鲁比诺港、海参崴和朝鲜咸镜北道庆源郡、罗先特别市。与俄、朝边境线分别达246千米和130.9千米。以珲春为中心，半径200千米范围内分布着俄罗斯和朝鲜10余个优良港口。珲春距俄罗斯波谢特港42千米、扎鲁比诺港63千米、斯拉夫扬卡港105千米、海参崴港160千米，距朝鲜罗津港53千米、清津港127千米。珲春得天独厚的区位优势为吉林另辟海道，利用俄朝港口实现"借港出海"目标提供了先决条件。

从20世纪90年代初期开始，吉林省就展开高密度外交攻势，加强了与周边国家和国际社会的交往，为打开出海通道进行积极磋商和斡旋。先后与朝鲜、俄罗斯、韩国达成了利用罗津港转运第三国货物和人员的协定，使用扎鲁比诺港、波谢特港的协议，开通经朝鲜或俄罗斯港口到束草客货两用航线的协定。这些协议的达成，初步明确了吉林省借助俄朝港口到达日本、韩国的借港出海航线方向。

20世纪90年代以来，吉林省抓住国家与俄罗斯、朝鲜确立战略关系的有利契机，进一步加大借港出海工作力度。1994 年年初，中、俄、韩确立了联合开发由珲春经俄罗斯波谢特港到韩国束草的陆海联运航线计划。1994 年 11 月，中、俄、韩、日四国召开会议，研究开通环日本海地区陆海联运航线。1995 年，经与东北亚各国协商，确立了两条借港出海航线：一是以延边朝鲜族自治州三合公路口岸和图们铁路口岸为起点，经朝鲜清津港至日本新潟、境港的定期货运航线；二是以珲春口岸为起点，经俄罗斯海参崴港至韩国釜山的陆海联运航线。这两条航线虽有计划，因国际合作的复杂性，没有正式开通，但明确了各国努力的方向，对借港出海战略的实施是一个较大突破。

2. 区域内各国合作开发愿望渐强有助于借港出海

东北亚地区有着独具特色的地缘政治关系，尽管各国间政治体制不一致，经济发展不平衡，市场制度不统一，对区域经济合作发展起到制约作用，但近年来，东北亚各国发展经济的意志越发坚定。2013 年以来，中国政府提出了"一带一路"倡议。与此同时，俄罗斯提出"欧亚经济联盟"战略，大力开发远东，朝鲜公布经济开发区规划，朝鲜罗先升格为特别市，韩国实施东海战略，中韩签署自由贸易协定，蒙古国提出"草原计划"，积极支持中蒙大通道建设，东北亚各国参与图们江合作开发的积极性明显增强，已经朝着更加广泛、更加深入、更加务实的方向发展。各国还发挥本国港口、资源、市场和开发优势，制定出台优惠政策，加大对外开放力度，希望把合作的愿望变成共赢的力量，为吉林加速借港出海提供了动力保障。

（1）中俄远东经贸合作共赢可期

2016 年 4 月 19 日，俄罗斯总理梅德韦杰夫在国家杜马（议会下院）作政府工作报告时说，俄远东地区已经运作 14 个跨越式开发区，潜在投资额将达 1 万亿卢布（约合 1126 亿元人民币）。另外，还建立了国家基础设施支持机制，筛选出 9 个最有前景的项目，总额近 2200 亿卢布。还有 6 个项目将获得远东和贝加尔地区开发基金 95 亿卢布的国家财政拨款。

跨越式开发区也叫超前社会经济发展区，以经济特区为主，区内实施优惠政策。政府提供在税收减免、土地、基础设施建设等方面最优惠的条件。目前远东地区共有哈巴罗夫斯克、阿穆尔河畔共青城、纳捷日津斯克三个跨越式开发区，还设有符拉迪沃斯托克自由港，在税收、海关和检疫方面为入驻企业提供政策支持和优惠，以吸引外资。

近年来，俄罗斯一改迟疑、保守的姿态，积极加快实施远东大开发战略，积极吸引中国投资者，倾力打造远东经济特区，特别是实施国际自由港政策，这对吉林省扩大对俄贸易，实现借港出海是一个难得的机遇。

朝鲜罗先有个叫琵琶岛的地方，坐在琵琶岛边的礁石上极目远望，模糊的轮船影子在海天相连处起伏。

俄罗斯符拉迪沃斯托克自由港

朝鲜罗先琵琶岛

朝鲜罗先特别市，像中国改革开放时的深圳，已成为朝鲜经济变革的前沿。

近年来，朝鲜以中朝罗先经济贸易区开发为模板，全面开启国内开发区建设的新格局。2013 年 5 月 29 日，朝鲜出台《经济开发区法》，2014 年 6 月 18 日，将合营投资委员会、国家经济开发委员会与贸易省合并更名为对外经济省，2015 年公布经济开发区规划，这一连串的动作，向外界清晰地传达了朝鲜加快对外开放的信号。

为推动朝鲜罗先经济发展，中国政府与朝鲜政府在罗先市成立了"中朝共同开发和共同管理罗先经济贸易区管理委员会"，罗先成为世界上唯一一个中国政府参与管理的外国城市，中朝管委会针对中国的投资者，制定了很多的优惠政策，以吸引更多的投资进入朝鲜。

为了便于中国人投资，朝鲜还对中国人放开了金融系统。罗先市现已有中国人开办的"图们江银行""罗先国际商业银行""罗先开发金融会社"等金融机构，全部可以与中国的各个银行通存通兑。图们江银行，还可以刷取带有"银联"标志的银行卡，方便了来朝的投资者和旅游的人群。

罗先，这座代表着朝鲜经济变革风向标的特别市，在对外开放的大潮中，正快速发展。

（2）韩日对华经贸合作恰逢其时

吉林珲春与日本、韩国隔海相望，是吉林省借港出海首要的经贸交流国家。日本、韩国作为中国第二大和第三大贸易伙伴，在中国对外贸易合作中的地位举足轻重。

2015年6月1日，中韩两国政府正式签署《中华人民共和国政府和大韩民国政府自由贸易协定》，中韩自贸协定覆盖17个领域，不仅涉及货物贸易，而且包括服务贸易和投资等。中韩自贸协定生效后，双方将有超过90%的产品进入零关税时代，这就意味着广受中国消费者青睐的韩国化妆品、服饰、电饭煲等商品将有机会进入寻常百姓家。业内分析认为，消费者今后在国内购买韩国商品将获得实质性的优惠。

中韩两国签订自由贸易区协定，韩国的商品将在竞争中逐渐凸显出价格优势，从而带动两国经贸的进一步往来。

当前，中日关系虽然处于"政冷经冷"的局面，但中日地方层面经济合作前景广阔。中国的商品市场、游客以及无人机、IT等技术是日本所需要的。日本的高科技商品、小商品、食品等也是中国消费市场的主流。

（二）借助俄罗斯、朝鲜港口展开出海贸易尝试

进入20世纪，吉林省在前期合作方式和合作途径的基础上，逐渐明确思路，区分功能，确立了较为可行的借港出海路线方向，并全面予以推进。一是利用朝鲜港口开展内贸货物跨境运输，开展东北地区与中国南方地区的货物运输；二是利用俄罗斯港口开展陆海联运航线，发展与东北亚地区及世界各地的经贸往来。

1995年9月，珲春—朝鲜罗津—韩国釜山集装箱定期运输航线开通。这是吉林省利用国外港口开辟至日本海的首条陆海联运通道，开创

了我国"借港出海"的先河，标志着我国"借港出海"战略取得巨大成功，为吉林省与俄、朝合作开辟更多的陆海联运航线奠定了基础。以此为起点，在此后的 20 年，吉林省持续发力，又相继开通了珲春—俄罗斯扎鲁比诺港—韩国束草客货混装航线、珲春经朝鲜罗津至中国东南沿海的内贸货物跨境运输航线、珲春—俄罗斯扎鲁比诺港—日本新潟航线、珲春—俄罗斯扎鲁比诺港—韩国釜山集装箱航线。

1. 中国首条内贸货物跨境运输通道开通

2015 年 6 月 11 日 10 时 58 分，随着一声汽笛长鸣，载有 42 个集装箱板材的"蓝天 1 号"货轮驶出朝鲜罗津港，标志着珲春经罗津港到上海的内贸货物跨境运输集装箱航线开通并实现首航。

"蓝天 1 号"货轮驶出朝鲜罗津港

内贸货物跨境运输，是指国内贸易货物由境内口岸启运，借道境外再运至境内另一口岸的运输方式。2011 年 1 月 11 日，由圈河口岸汽运出境、在朝鲜罗津港 1 号码头装船南下的珲春产煤炭顺利运抵上海浦东港，这是吉林省跨境运输的首批内贸货物。这次意义重大的借罗津港"北煤南运"不仅代表着中国内贸跨境航线首航成功，也象征着中国在事实上成为日本海的地缘国之一。之后又有煤炭经这条被称为"东北地区第二条出海大通道"的航线运抵宁波、常州等地。该航线是中国首条内贸货物运输通道，开创了南北物流的运输新模式。

为缓解南北铁路运力紧张的问题，建立南北物流水道，吉林省延边朝鲜族自治州积极推动利用朝鲜罗津港开辟至东南沿海的内贸货物跨境运输通道。2008 年 7 月，大连经济技术开发区创力经济贸易有限公司（以下简称"创力公司"）与朝鲜强盛贸易会社就使用罗津港 1 号码头专用货物转口场地、以陆海联运方式运输中国煤炭、饲料、粮食等业务签署了《珲春—罗津港物流联运合同书》。2008 年 7 月，创力公司成立了珲春创力海运物流有限公司，在朝鲜罗津码头和罗先市相继投入了上亿元资金，进行了码头的改造、装卸设备的购置、场站建设、集装箱购置、集装箱车辆购置等前期基础建设工作。

为拓展航线业务，扶持航线发展，经不懈努力，该航线获得国家海关总署批复，同意将粮食、木材、铜三种涉证商品纳入内贸货物跨境运输范围，同时，除涉及出口许可证件管制类商品和涉及出口关税征收商品外，允许返程集装箱货物运输，目的港在原来上海、宁波口岸的基础上，增加了黄埔、泉州、汕头和洋浦 4 个复运进境口岸。

内贸货物跨境运输航线不仅是中朝共同开发、共同管理的项目，而且是中国实施"借港出海"战略的重点项目。为推动航线发展，2011 年 11 月，中朝共同启动了珲春圈河口岸至朝鲜罗津港公路改造项目，将朝鲜境内原来的砂石路改造成中国二级水泥路标准，使珲春通往罗津港的行车时间由原来的 2 小时缩短至 50 分钟。2014 年，又启动了圈河—元汀口岸跨境桥新建项目。上述两个项目的启动，破解了吉林省利用罗津港开辟海上航线陆路运输的瓶颈问题。

开辟珲春经朝鲜罗津港至长三角、珠三角地区的内贸货物跨境运输航线，与传统运输途径相比，花费的时间更短、路途更近，且物流成本大幅降低。

2. 新蓝海航线开辟对韩日海上黄金通道

2013 年 3 月 19 日，"新蓝海"号客货混装船从韩国束草起航，20 号

抵达俄罗斯扎鲁比诺港，经库拉斯基诺口岸进入中国吉林珲春。下午1
点，珲春口岸，两辆俄罗斯籍客车缓缓驶入，50多名韩国客商和俄罗
斯滨海边疆区代表陆续步入边检大楼，顺利办理通关手续，标志着珲
春—扎鲁比诺—束草"新蓝海"航线正式开通。

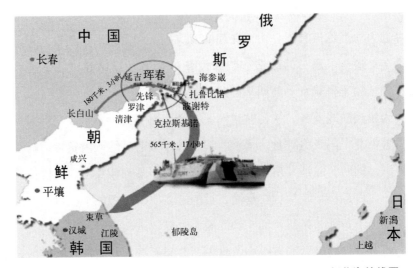

新蓝海航线图

"新蓝海"航线是吉林省唯一一条中、俄、韩陆海联运航线，全程
约316海里，被誉为连接中国东北地区、俄罗斯远东地区和韩国东海岸
之间的"黄金水道"，以运输中国东北地区经大连中转至韩国首尔的货
物为主，具有运距短、用时省、成本低等优势。"新蓝海"号是一条集
客运、货运于一体的客货滚装船，可乘载750名旅客、182个标准集装
箱。进口货物主要包括厨房用具、纺织面料、电导线等，出口货物主要
为服装、明太鱼等。

3. 打通至欧美海上运输大通道

2015年6月6日，一列载有2个集装箱的列车缓缓驶入珲春铁路口
岸，这是珲春铁路口岸首次使用集装箱进口货物，也是珲春—扎鲁比诺

港—釜山航线首次进口韩国货物。

"吉林珲春—俄罗斯扎鲁比诺—韩国釜山"铁海联运航线 2015 年 5 月 24 日开通以来，除遇风暴天气等不可抗力因素外，始终坚持每周 1 个航班的定期运营。航线采用铁海联运模式进行运输，其中，珲春—扎鲁比诺港定期铁路班列运输，扎鲁比诺港—釜山定期集装箱班轮运输。

该航线除自有的对韩运输业务外，还将利用釜山港的国际中转优势，陆续推出转口多个欧美国家和地区业务，是吉林省首个连接国外基本港的陆海联运航线，标志着延边从此打通了至欧美的运输大通道，发展前景十分可观。

三、环日本海经济合作

环日本海经济合作的地域范畴为环日本海地区，是东北亚地区的一个次区域。其主要包括俄罗斯远东滨海边疆区南部、图们江流域及毗邻地区的朝鲜东北部海岸，中国吉林省珲春、图们，黑龙江省绥芬河、牡丹江，日本海沿岸地区，韩国釜山及东海岸地区。这一构想的基本点是，在资本、技术、自然资源、人力资源及市场等方面，利用各方的比较优势开展区域性经济合作。

近年来，环日本海经济合作已经成为一个热门话题，这一方面是该地区政治关系改善，市场经济发展的原因，同时，与整个世界经济的区域化也有密切的关系。20 世纪 90 年代以来，世界经济秩序以飞快的速度变化着，特别是区域经济合作的必要性比任何时期都显得重要和突出。在这种世界经济发展变化的背景下，东北亚地区的经济合作显现出旺盛的活力和巨大的发展潜力。东北亚地区政治、经济形势的变化，以

第十六次环日本海(东海)据点城市会议现场

及各种互补关系相互作用的结果,使区域内的经济技术交流及人员往来日益增多。从经济贸易关系来看,区域内各国家之间的贸易额逐年增加,经济贸易依存度不断提高,同时,也表明开展环日本海(东海)的经济合作是时代的潮流,符合周边各国的利益。尽管这个地区由于地域的广泛性和政治因素及经济水平存在的差距等原因,一时还很难形成一个完整的经济共同体,但是各国深化经济合作的强烈愿望势不可挡。

1. 加快构建东北亚国际联运交通体系

推动环日本海经济合作,必须加快图们江区域内路、桥、口岸、航线、站场等交通基础设施的一体化建设,通过建立日臻完善的国际现代交通网络,形成一条互联互通的立体国际大通道,深化环日本海地区各国之间的经济合作。

(1)中俄大通道建设加快互联互通

在珲春口岸,经常可以看到,穿梭国门的旅游大巴和俄式货车络绎不绝,金发碧眼的俄罗斯游客走进中国的国门,欢快地合影留念。而在口岸联检大楼,免税店里物美价廉的世界商品琳琅满目,吸引着中外游客驻足流连。

在珲春口岸,你还可以看到一列火车载着煤炭缓缓开进。这是从俄罗斯的马哈林诺铁路口岸开出的班列,运载着从俄罗斯进口的煤炭和木材。2013 年 12 月,在双方的共同推动下,中俄珲春—马哈林诺铁路口岸恢复国际联运。这条铁路连接的是距离珲春口岸 60 千米的俄罗斯扎鲁比诺港，位于图们江入海口以北，距离中国边境 18 千米。

中俄珲（春）马（哈林诺）铁路

自 2013 年珲春铁路口岸实现常态化运营以来，货运量呈爆发式增长态势，并实现了双向、多品种运输。据统计，该口岸 2013 年进境货物 1 万多吨，2014 年进境货物 61 万吨，2015 年进境货物 114 万吨，2016 年进境货物超 200 万吨。

珲春口岸是吉林省通往俄罗斯的唯一公路和铁路国际口岸。随着俄方大力推进"向东看"战略，中俄交通基础设施建设合作步伐加快。

在十二届全国人大四次会议上，全国人大代表、吉林省延边朝鲜族自治州人大常委会原主任金硕仁建议，将中国珲春至海参崴高速铁路项目列入国家规划，尽快取得两国政府签署的双边协定。目前，"珲春—海参崴"高铁被正式提上日程，中俄双方已基本达成共识，未来中俄两国的地方政府、铁路公司将就具体的建设方案、运营模式、合作协议进行磋商讨论。该项目已经被列入了吉林省的"十三五"规划，作为其对外开放的国际通道重点项目，下一步正在积极争取将该项目纳入我国铁路路网规划、铁路投资计划和中俄两国总理级会晤内容。

建设珲春至海参崴高速铁路项目是推进中俄两国经济合作的重要举措，是构建中蒙俄经济走廊、实现与周边国家互联互通的需要。辟建一条北煤和北粮南运的新通道，将极大地促进中国吉林省与俄罗斯在远东地区的经贸往来，有力推进"一带一路"倡议的实施。

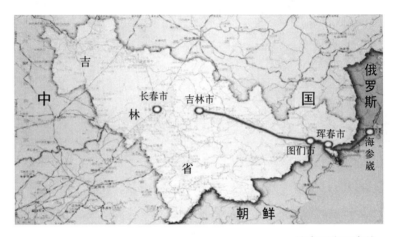

俄吉珲客运专线

（2）吉林环日本海航空通道框架基本形成

2013年4月15日，延吉至韩国济州岛国际包机航线首次开通，延吉市123名旅客乘坐B737-800飞机经2小时40分钟的空中飞行，成功降落在济州岛，标志着延吉至韩国济州岛航线正式开通。

航线开通前，去济州岛的乘客需要从长春市或沈阳市起飞，或是从延吉市出发到首尔转机，在路途上浪费时间，费用很高。该航线开通后，不但行程时间短，费用也大大降低，减轻了乘客的负担。

近年来，吉林省延边朝鲜族自治州围绕打造环日本海的立体航空体系目标，进一步发展延吉连接周边国家的空中航线，提升连通东北亚各国航空航线水平，环日本海航空通道框架基本形成。延吉机场现已陆续

一架由韩亚航空公司执飞的延吉—首尔的航班在延吉机场降落

开通了首尔、青州、釜山、大邱、务安、济州等定班和包机航线，其中，延吉至首尔航线更是由原来的每周 20 班加密为每周 28 班。2015 年 7 月 4 日，对日又开通了大阪航线。2016 年 3 月 10 日，珲春候机楼投入运营，每天 4 个班次机场大巴往返珲春至延吉机场。2016 年 7 月 12 日，延吉至符拉迪沃斯托克航线正式复航，并有望变成固定航班。此外，和龙市的金达莱通用机场项目也已于 2015 年 4 月 22 日通过选址评审和航线确定。

今天，置身延吉航空口岸，说着汉语、俄语、日语、朝鲜语等多国语言的候机人群熙熙攘攘。延吉航空口岸自 2005 年 4 月 7 日被海关总署正式批准对外开放以来，以惊人的速度迅猛发展。2011 年，延吉航空口岸年旅客吞吐量首次突破百万人次，成为东北地区第五大机场。

（3）东北第二条亚欧大陆桥建设进入新阶段

蒙古国深居亚洲内陆，由于没有出海口，极大制约了蒙古国大宗货物的出海运输。为尽快畅通对外通道，蒙古国将扩大中蒙边境合作纳入中长期规划纲要。中国"一带一路"倡议提出后，蒙古国提出"草原之路"战略与此对接，并将建设中蒙俄经济走廊作为蒙古国拓展经贸通道、振兴蒙古国经济的重大工程。蒙古国认识到从图们江出海是最佳方案，因为通过这条线路到达美国、日本、韩国直线距离最近。

20世纪80年代初，吉林省专家适应改革开放的形势，在省政府的大力支持下着手研究了东北第二条亚欧大陆桥的建设与开通问题。1991年，联合国开发计划署宣布将俄罗斯西伯利亚与远东地区、蒙古国、朝鲜、韩国、日本和中国东北地区列为东北亚经济圈，并把贯通东北亚运输主干线的新"亚欧大陆桥"即第二条亚欧大陆桥，作为开发计划的首要之举。第二条亚欧大陆桥东部以珲春为起点，沿图们—吉林—长春—白城—乌兰浩特，由中国阿尔山口岸出境，西部沿松贝尔—塔木察格布拉格，最后到达蒙古国乔巴山，全程1691千米，绵延分布在东北亚经济圈的中心地带。西部可以经俄罗斯博尔贾连接西伯利亚大陆桥，东部经朝鲜罗津港或俄罗斯扎鲁比诺港进入日本海。

2014年8月21日，中蒙两国元首签署联合宣言，宣布加快推动中蒙铁路等基础设施合作。此前，国家发展和改革委印发《东北振兴"十二五"规划》，将中蒙俄国际大通道列为铁路重点项目，乔巴山（蒙古国）—阿尔山口岸（内蒙古）—乌兰浩特—长春—珲春是这条新国际大通道的具体线路。业内人士指出，"两山"铁路作为中蒙俄国际大通道的重要一环，连通几个国家间的边境口岸，将真正实现东北亚区域经济的互联互通。

由于大陆桥涉及跨国主权问题，从提出开通大陆桥到现在已经过去20多年，但始终没有全线贯通，其中最大的障碍是中国阿尔山至蒙古国乔巴山的"两山"铁路没有修建。

目前，吉林省正积极与蒙古国和内蒙古地方政府沟通，并争取国家部委支持，联合推动项目建设，取得了一系列进展，铁路的预可研报告已经完成，准备征求蒙方意见，最后再由交通部批准生效。这预示着东北第二条亚欧大陆桥最关键路段——"两山"铁路建设进入新阶段。

东北第二条亚欧大陆桥是真正意义上通疆连海的陆上通道。开通东北第二条亚欧大陆桥是带动珲春图们江地区开发和促进东北亚国际经济合作的一项重大工程，有助于我国东北地区对外开放。

2. 图们江区域国际产业合作

在"一带一路"倡议和东北亚区域合作的大背景下，进一步加强国际产业合作，发挥经济互补优势，促进产业融合发展，已成为东北亚各国的共识。目前，吉林珲春着力推动与朝鲜罗先经贸区装备制造、纺织服装、水产品、物流等产业的深度对接，加强与俄罗斯在渔业、林业、矿产业、农副产品加工业、种植业等方面合作，着力引进俄罗斯煤炭、木材、石油、天然气、铁矿、海产品等资源，打造进口资源转化和出口产品加工基地。

2014 年 11 月，珲春与韩国浦项、现代两大集团筹划合建新的产业园区，以吸引更多韩国企业入驻。

珲春计划与韩国浦项集团合作建设一个占地 2 平方千米的产业园区，以电子、家电及信息产业为主。产业园将由韩国浦项集团牵头招商，带动更多的韩国中小企业进驻，将吉林省的资源、劳动力、物流与韩国企业的技术、资金方面的优势相结合，从而成为一个新的国际合作园区。

为加快推进产业园区建设，珲春在"图们江地区国际物流基地"的基础上，提出物流园区的目标是能够成长为东北亚地区的物流中心，并成为连接中国东北三省与韩国、日本以及中国东南部地区的纽带。

在 2016 年 7 月 6 日召开的图们江国际合作战略对话会议上，抢抓中韩自贸区建设有利契机，在吉林省设立"中韩国际合作示范区"得到了与会专家学者的高度赞同。

"中韩国际合作示范区"拟采取"一区双园"模式，以长春新区中韩

珲春浦项现代国际物流园区效果图

产业园为龙头，以珲春、延吉中韩产业园为核心，推动长春与延边双园良性互动，将示范区逐步建设成为我国承接韩国产业转移集聚区、创新创业发展引领区、产业结构转型升级示范区、开放型经济体制创新试验区，使我国"一带一路"与韩国"欧亚倡议"在吉林省对接落地。

为配合中韩国际合作示范区尽早获得国家批准，目前，延边朝鲜族自治州正在抢抓中韩签订自贸协定的有利时机，加快编制中韩延边产业区发展规划，谋划建设中韩产业示范区。围绕中韩延边产业示范区规划建设，加快烟草工业园、人参产业园等特色园区和人参制品等重点产业项目建设，并加紧申建延吉国际空港经济开发区保税物流中心，为中韩国际示范区建设提供保障。

3. 中朝柳多岛合作开发区

2015 年 7 月 24 日，26 名中国籍游客经中国珲春沙坨子口岸出境，徒步至朝鲜庆源口岸进入朝鲜咸镜北道庆源郡柳多岛参观游玩。这是珲春到朝鲜又开辟的一条跨境旅游线路——用徒步的方式从珲春沙坨子口岸到朝鲜柳多岛一日游。

柳多岛行政区为朝鲜咸境北道庆源郡柳多岛里，距中朝沙坨子口岸 1000 多米，面积为 2.43 平方千米，是图们江改道进入朝鲜境内

中国珲春沙坨子口岸公路大桥

与原河道形成的岛，因岛上树木多为柳树而被称为柳多岛。

2015 年 10 月，朝鲜最高人民会议常任委员会发布政令，决定在咸镜北道庆源郡柳多岛里设立庆源经济开发区。柳多岛距离珲春市中心只有 10 多千米。朝鲜在柳多岛设立经贸园区，将带动中朝经贸合作步伐。目前，吉林省已经筹划在朝鲜建设中朝柳多岛自由经济贸易合作区，利用朝鲜劳动力价格优势，吸引轻工产品加工企业入驻。

(二)建立图们江区域自由贸易区的探索

2008 年 9 月 1 日，第四届东北亚经济合作高层论坛在吉林长春召开。建立中、俄、朝、韩、蒙双边、多边跨国自由贸易区成为本届论坛的主题，并引起与会者的热烈关注。

"原有的区域经济合作旧模式致使图们江区域经济合作停滞不前。"吉林省政府一位参与图们江区域开发规划的官员直言，在大图们江核心区域建立自由贸易区，将会打破图们江区域经济合作旧模式的种种弊端，从根本上解决吉林省对外开放和图们江区域经济合作发展缓慢难题。

图们江区域是一个很具潜力的新兴大市场，区域内各国在贸易方面

第四届东北亚经济合作高层论坛

具有很强的互补性，因此，建立国际自由贸易区，实现贸易自由化将是一种双赢选择。

建设图们江区域自由贸易区的构想始于 20 世纪 90 年代。1991 年 7 月，联合国开发计划署把图们江地区的开发计划确定为"东北亚地区的最优先事业"，在朝鲜的罗津和先锋、中国延边的珲春、俄罗斯滨海边疆区的波谢特等图们江下游 1000 平方千米的小三角区域，设立国际自由贸易区。1991 年 10 月，在联合国开发计划署的倡导下，中、俄、朝三国政府积极响应，提出了图们江区域开发计划，旨在以位于图们江下游的吉林省珲春市为中心建设一个跨国自由贸易区，辐射到俄罗斯远东地区、朝鲜罗先市、韩国东部港口城市群、日本的里日本海地区、内蒙古东部地区。但由于受到各种复杂因素制约，建立跨国自由贸易区的构想一直还停留在规划蓝图中。

近年来，吉林省抓住新时期难得的历史发展机遇，发挥珲春开放前沿的"窗口"作用，积极推进我国与周边国家签署双边或多边自由贸易协定，促成珲春与俄罗斯哈桑、朝鲜罗先建立跨境自由贸易区，并建成完全意义上的东北亚自由经济区,实现自由贸易。作为图们江区域自由贸易区的"一期工程",中俄"路、港、关一体化"和中朝"路、港、区一体化"项目早在 2008 年就被提上日程,并已取得初步成效。

1. 中俄珲春—哈桑"路、港、关一体化"项目

该项目是在接壤的珲春和哈桑的一定范围内划出一个封闭式管理区域,整合交通运输资源,使区域内的港口、道路、口岸连为一体,免于惯常的海关监管,两国商品可以免税进出口,中俄两国人员、船只等运输工具可以自由进出,并允许第三国人员、货物在区域内自由流动。

中俄珲春—哈桑"路、港、关一体化"项目主要目标是:中俄双方共同建设和完善区域内的铁路、公路、口岸、港口和通信等基础设施,在减免关税、降低运费和为双方乃至第三国人员进出境等方面提供便利条件,共同促进双方投资建厂和吸引外资进行项目建设,共同制定区域内进出口贸易、人员进出境、金融和投资优惠政策。

在 2014 年吉林省人大会议上,一个新的名词"珲春—哈桑跨境经济合作区"首次出现在省政府工作报告中,这被视为吉林省加快推动中俄"路、港、关一体化"项目、积极参与图们江区域合作开发的一大重要举措。

珲春市地处东北亚区域国际贸易合作的核心位置,近年来,中俄两国政府加大对该区域开发力度,跨国贸易升温。为了加快双边地区经贸往来,吉林省与俄罗斯滨海边疆区政府达成共识,积极与俄远东开发建设对接,启动中俄"珲春—哈桑跨境经济合作区"建设。

规划中的珲春—哈桑跨境经济合作区把打造珲春开放"窗口"与俄建设符拉迪沃斯托克国际自由港相结合,将主要依托哈桑跨境物流园、长春综合保税区、珲春出口加工区三个特殊功能区,建立起在检验检疫、海关监管、货物入区互认等方面联动机制,把三个特殊功能区紧密

联系在一起，形成"三区合一"的发展模式。同时，在珲春长岭子口岸与俄克拉斯基诺口岸附近，建设保税仓库、大宗货物物流分拣系统等，促进产业、经贸、物流、电子商务等领域的加快集聚发展，为我国"一带一路"与俄"欧亚经济联盟"紧密结合起到积极推动作用。

目前，吉林省正在积极推动中俄"珲春—哈桑跨境经济合作区"建设，围绕中俄合作建港口，加快推进珲春揽货中心项目建设。中国商务部已与俄方就建立跨境经济合作区的问题进行过磋商，珲春市与俄罗斯哈桑区政府也展开具体协商，启动选址工作，并就合作区功能、产业布局等进行深入洽谈，倾力打造成中国参与图们江区域国际合作开发的新平台。

2. 中朝珲春—罗先"路、港、区一体化"项目

朝鲜政府早在 1991 年末，即把罗津—先锋地区指定为自由贸易区，并把清津港定为自由贸易港。为尽快促成与朝鲜的自由贸易合作，2003年，吉林省开始着手谋划中国珲春—朝鲜罗先"路、港、区一体化"项目。朝鲜地方政府对中方提出的"路、港、区一体化"设想表现出了积极的态度，同意无偿使用罗津港 50 年；中方企业无偿使用并开发罗津港附近 5～10 平方千米土地创建工业基地。2008 年，大连创立集团获得了罗津港 1 号码头 10 年的租用权。同年，交通货物运输部原则同意罗津港开辟经朝鲜通往中国国内的新航线运营，并根据承运货物的性质，同意经罗津港装船至中国东南沿海港口的陆海联运比照国内航线货物运输进行管理。

中朝"路、港、区一体化"项目是中国珲春市与朝鲜罗先市所属的两国边境区域内的公路、港口和出口加工、保税物流园区连为一体的区域性开发建设项目。在这一区域内，两国的人员、船舶、车辆和货物等实行便利快捷的海关监管，并允许第三国货物在区域内转口流通。

"路、港、区一体化"项目中，"路"是指将朝鲜元汀至罗津54千米老路改建成长度48千米、路基宽12米、路面宽9米，符合中国国家二级公路标准的新路。"港"包括朝鲜罗先市罗津港三号码头的改扩建和四号码头的新建。"区"是指围绕罗津港建立集出口加工、保税仓储、商贸服务等功能为一体的物流园区。

2007年9月4日，世界华商联合会总会长、美国马得利集团董事长蒋一成与吉林省签订协议，投资30亿元人民币启动中朝"路、港、区一体化"项目。2012年10月，朝鲜元汀—罗津港二级公路正式通车，2016年10月，连接中朝两国的图们江新跨境桥全部完工。

3. 珲春边境自由经济贸易区项目

随着图们江区域合作的不断深化，珲春边境自由经济贸易区建设随之启动。2012年4月25日，国务院办公厅发布了《关于支持中国图们江区域(珲春)国际合作示范区建设的若干意见》(以下简称《意见》)，同意在吉林省珲春市设立中国图们江区域(珲春)国际合作示范区。

珲春国际合作示范区范围约90平方千米，包括国际产业合作区、边境贸易合作区、中朝珲春经济合作区和中俄珲春经济合作区等功能区。其功能定位为：立足珲春市、依托长吉图、面向东北亚、服务大东北，建设我国面向东北亚合作与开发开放的重要平台，东北亚地区重要的综合交通运输枢纽和商贸物流中心，经济繁荣、环境优美的宜居生态型新城区，发展成为我国东北地区重要的经济增长极和图们江区域合作开发桥头堡。

《意见》提出了珲春国际合作示范区的目标：到2020年，建成布局合理、功能齐全、服务完善、商贸繁荣的重要经济功能区，体制机制创新取得新突破，对外开放平台比较完善，跨境合作成效显著，区域综合交通运输枢纽功能充分发挥，商贸物流和跨境旅游日益繁荣，人居环境和生态环境进一步改善，开放型经济发展格局全面形成。

目前，珲春自由贸易区发挥区位、资源、政策等优势，依托边境经济合作区、出口加工区，以及俄罗斯、韩国、日本、吉港等产业园区，打造能源矿产、多金属加工、海产品加工、木制品加工和纺织服装等百亿级产业集群，以及旅游、商贸物流等优势产业。珲春自由贸易区的大力发展将会对周边地区产生辐射效应与联动效应，有助于最终形成区域内自由贸易群，促进东北亚地区经济发展。

第六章　日本海域港口概览

日本海位于朝鲜半岛和日本列岛之间，西南经朝鲜海峡与东海相连，东北经宗谷海峡与鄂霍次克海相连，北面经鞑靼海峡也与鄂霍次克海相连，是俄罗斯太平洋舰队进出太平洋的必经之路。日本海和东海、黄海一样并不是某个国家所有，按现在的国际法划分，其西部东朝鲜湾是朝鲜的领海，郁陵岛及周边是韩国的领海。

日本海可以说是目前世界上最繁忙的海区之一，除了日本海周边国家外，整个东亚（中国的大陆、香港和台湾，还有越南、柬埔寨、泰国等）去北美和加勒比岛国的远洋货轮都要经过这里。

一、丰富多彩的海洋资源

日本海海洋资源富集。中国古代称日本海为鲸海，是西北太平洋最大的边缘海，位居中纬地带，海区南北纵向分布，具有从南部亚热带到北部亚寒带的不同的自然景观。

日本海海流由沿东岸北流的对马暖流和沿西岸南流的利曼寒流组成，海流增大了海区表层水温的南、北间和东、西间的差异。日本海海区因被陆地和岛屿包围，海潮潮差较小，沿日本岸只有0.2米，西伯利亚近岸为0.4～0.6米。表层水温最暖月（8月）18℃～27℃，最冷月（1月）-2℃～13℃，自北向南递增，东部水温高于西部。海水盐度东部高于西部，如本州沿海为34.7，大陆沿海32.8～34.1。海域潮汐作用较小，潮差一般为0.2～0.4米。

世界三大渔场之一的日本北海道渔场

因有寒暖流交汇，相应的海洋生物种类较多，仅鱼类就有600种左右，其中贵重的鱼类有：太平洋沙丁鱼、鲱鱼、比目鱼、鳕鱼等。哺乳类中有白鲸、抹香鲸、蓝鲸等。此外，还有蟹类、海带等。在对马暖流前缘和西伯利亚寒流前缘以及沿岸河口附近，浮游生物、水产资源丰富，盛产沙丁鱼、鲭、墨鱼和鲱鱼等。位于千岛寒流与日本暖流的交汇处的日本北海道渔场，寒暖流交汇使海水发生扰动，上泛的海水将营养盐类带到海洋表层，浮游生物繁盛，进而为鱼类提供丰富的饵料，另外寒暖流交汇可产生"水障"，阻止鱼群游动，使这里形成了世界上的第一大渔场。

日本海大陆架比较狭窄，海底主要是深水海盆，大体北纬40°以北为日本海盆，面积约占日本海的一半，大部分水深3000米以上，海底比较平坦。北纬40°以南海底地形比较复杂，有海盆、海岭、海槽等，海底沉积物除近岸带为泥、砂、砾、岩石碎屑等陆相物质外，主要是海相软泥沉积物。日本海的东岸水深较浅，大陆架较宽；而西岸，特别是朝鲜半岛附近的水域，大陆架的延伸只有 30 千米左右。

日本海海底有丰厚的天然气、石油磁矿砂等矿产资源，日本海大陆架如东部沿岸的秋田、北部的萨哈林岛（库页岛）沿岸及南部的对马海盆均有石油、天然气储藏。

环日本海地区是东北亚地区的一个次区域，其主要包括俄罗斯远东滨海边疆区南部、图们江流域及毗邻地区（朝鲜东北部海岸；中国吉林省图们、珲春，黑龙江省绥芬河、牡丹江）、日本海沿岸地区、韩国釜山及东海岸地区。该地区内主要港口不仅是所在国家、地区的重要货物集散地、海上交通枢纽，而且与东北亚地区经济发展中的重点开发项目（图们江流域开发）、重要开放地区（朝鲜自由经济区、俄罗斯纳霍德卡自由经济区等）、重要运输通道（黑龙江省出海通道）有着密不可分的关系。

二、密布环绕的港口群

环日本海经济圈分布着俄罗斯、朝鲜、韩国、日本众多优良的港口。主要港口有俄罗斯的符拉迪沃斯托克港、扎鲁比诺港、东方港、纳霍德卡港；朝鲜的罗津港、清津港、先锋港、雄尚港；韩国的束草港、釜山港、蔚山港、浦项港；日本的新潟港、酒田港、金尺港、敦贺港、舞鹤港、下关港等。这些港口不仅是所在国家地区的重要货物集散地、海上交通枢纽，而且与东北亚地区经济发展中的重点开发项目、重点开放地区、重要运输通道密切相关。

(一)俄罗斯远东滨海边疆区南部主要港口

1. 海参崴(符拉迪沃斯托克港)

海参崴,在1860年俄国取得此地区后改名为符拉迪沃斯托克,意为征服东方或镇东府。符拉迪沃斯托克在1860年前属中国领土,中国传统名为海参崴,当地人称"崴子"(意为港湾)。

俄人称为符拉迪沃斯托克(英文:Vladivostok,俄文 Владивосток),是俄罗斯滨海边疆州首府,西伯利亚大铁路的终点,是俄罗斯太平洋沿岸著名港城和俄罗斯远东地区最重要的城市,也是远东地区经济、文化、军事、政治中心,世界闻名的俄罗斯太平洋舰队和太平洋舰队司令部所在地。这里三面临海,气候宜人,不仅生产海鲜,还盛产美女,是一个令人流连忘返的去处。

金角湾大桥　　　　　　　海参崴火车站

符拉迪沃斯托克港位于穆拉维约夫—阿穆尔斯基半岛南部金角湾北坡。冬季最低温度为 -15℃左右,因附近发电厂排水,港口冬季不结冰。现每年可吞吐货物50万吨。港口可装卸钢材、木材、非铁金属、煤炭、化肥、粮食等货物。符拉迪沃斯拉托克港是西伯利亚铁路的起点和终点,为俄罗斯内地物资运往萨哈林、马加丹、堪察加以及西伯利亚北部地区的交通枢纽。

19 世纪 90 年代，随着连接西伯利亚的大铁路和乌苏里斯克铁路枢纽的兴建，海参崴外来人口剧增，俄罗斯中西部、美国、德国、朝鲜和日本的商人、冒险家和劳工集聚而来，中国人也大大增加。据统计，1894 年来海参崴的中国人达到 10 万人。中国人在市中心已经有类似"唐人街"的居民区，在这里不仅有大大小小的饭店、杂货店，在海参崴火车站有一块躺着的碑，上面刻着"1860"几个数字。

2. 纳霍德卡港

国人大多知道俄罗斯远东有个"海参崴"，却很少有人听说比它还远的东边有个小镇叫"纳霍德卡"，译成中文是"意外发现"的意思，据说是缘于 100 多年前俄罗斯军舰一次避风的偶然。纳霍德卡市位于海参崴以北 180 多千米，是俄罗斯远东地区的最大港口城市，有东方港、纳霍德卡商港、纳霍德卡渔港等多家大型港口，是俄罗斯海上运输和国际贸易的大通道。

纳霍德卡港建于 1945 年，是一个位于俄罗斯联邦滨海边疆区、面对日本海的不冻港，以军事设施与水产养殖为主，也是泰舍特—纳霍德卡输油管道（泰纳线）的东边终点。从 1950 年到 1991 年邻近的海参崴被

纳霍德卡全貌示意图

作为军事基地封锁后，纳霍德卡港成为苏联远东最主要的民用深水港。冬季最低温度为 −9℃ ~ −15℃，但不结冰。现有货运码头、泊位共计18 个，年可吞吐货物 80 万 ~ 90 万吨。码头水深 9 ~ 10 米，可停泊 2 万吨级货船。目前可装卸的货物种类已超过 90 余种，主要货物有木材、煤炭、粮食等。纳霍德卡港现与日本新潟港、北海道小搏港有定期货运航线。纳霍德卡港是西伯利亚铁路支线的起点，有铁路与哈巴罗夫斯克相连。

纳霍德卡港散装码头

　　纳霍德卡是个美丽的小镇，鹰嘴般的半岛护卫着平静的港湾。海面泛着宝石蓝的光，不知是水的清澈还是天的幽蓝。这里的山比海参崴要多、要高，道路也显得蜿蜒些。高低错落、形状各异的高楼矮屋依山傍水而建，与蓝天、碧水、绿林融合成美丽的图画。港湾码头停靠着货轮、渔船，满载木柴、煤炭的火车沿着弯曲的铁路直通到港吊的下面。小镇虽然感觉不到传统俄罗斯的欧式韵味，却有着脱去繁华与嘈杂的恬静，是度假的好去处。

3. 东方港

东方港在符拉格尔小湾两岸，距纳霍德卡直线距离约 20 千米，小湾纵深 10 千米，宽 4~5 千米，口窄内宽，水深 9.70~15.00 米，具有良好的建港条件。自 20 世纪 70 年代后期起，苏联政府决定在这里建立东方大港，建 50~60 个泊位，12 千米左右的码头线，并将西伯利亚大陆桥延伸至此。该计划深得日本企业界赞赏，有 14 家日本公司提供贷款。到 20 世纪 80 年代末，该港区已建有码头岸线 3100 米，其中货运码头线 2400 米，9 个泊位，包括海湾东南岸的 3 个集装箱泊位，4 个木材泊位，西北岸煤炭突堤两侧各有 1 个泊位。该港区货物吞吐 1160 万吨，全是干货，包括煤、矿石等散货 880 万吨、木材 80 万吨、集装箱货 200 万吨，为西伯利亚大陆桥的东方桥头堡。东方港是俄罗斯远东大陆唯一的终年不冻的天然良港，东方的海上门户。

东方港

4. 波谢特港

波谢特港位于俄罗斯远东滨海边疆区东南部的中国、俄罗斯和朝鲜的三国交界处的哈桑经济特区的日本海边，距吉林省长吉图先导区的窗口城市和沿海开放城市珲春的长岭子口岸 43 千米。波谢特港位于特洛伊茨湾西部约 24 千米的诺夫格勒德斯卡亚湾的西部。每年 12 月至次年

波谢特港

2 月末港内结冰。港口现有泊位 3 个，总延长 430 米。码头水深为 9.5 米，露天货场的宽度仅有 100 米。港口现年可吞吐货物 120 万 ~ 160 万吨。

波谢特湾是俄罗斯在 100 多年前起的名字，它原是中国图们江的出海口，100 年前中国的帆船常从这里出海打鱼。即使现在，提到波谢特湾，许多俄罗斯人也说不清它在哪里，大多认为是在中国。

波谢特湾原本的中文名叫窝阔崴，位于图们江口北侧，为图们江地区少有的不冻港，属于大彼得湾的一部分，因为有克拉别半岛、诺沃格罗兹卡半岛(波谢特港所在地)和扎鲁比诺半岛等的分割，又分成厄克斯别的青海湾、诺夫戈罗德湾、诺沃格罗兹卡娅湾、特罗依察湾等小海湾。波谢特湾水域和陆地都很宽阔，湾口内水域面积超过 100 平方千米，波谢特港至湾口一线平均水深 17 米，是建设大型海港群的理想位置。波谢特湾距离中国国界不足 4 千米，是在中俄两国之间实施内陆换港湾、划分未来中俄边界的理想位置。波谢特湾口并不宽，是保护海港的天然屏障。

5. 扎鲁比诺港

扎鲁比诺港位于俄滨海边区南部特洛伊茨湾西南部。港内冬季不结冰。港口有 4 个泊位，650 延长米。码头水深 9.5 米。现有 900 吨冷库、1000 吨仓库、2000 吨仓库各 1 座。扎鲁比诺港原为渔港，1991 年民营化后成立的哈桑斯基商业港有限公司向政府租贷了该港的经营权。1992

年取得了国际港资格，开始作为贸易港使用。扎鲁比诺港与通向朝鲜的哈桑斯基干线上的斯哈诺夫卡车站有铁路相连。扎鲁比诺港与通往朝鲜、中国的公路 A－189 号有支线公路相连。

（二）朝鲜自由经济区主要港口

1. 罗津港

罗津港位于朝鲜东海北部咸镜北道罗津市长车洞。罗津港受暖流影响冬季不结冰。该港由 3 个突堤式码头（ 总延长 25.5 米）、10 个泊位及 640 米的护堤组成。罗津港的规模庞大，露天货场和库房的面积也都分配合理，再加上这里有齐全的设施，所以实在是一座非常重要的港口。站在罗津港的码头向远处望去，能够看到来往繁忙的船只，欣赏波光粼粼的海面风景。

罗津港在日本海沿岸，腹地是整个中国东北地区。从罗津港到美国旧金山，航程是 8500 千米，而之前从辽宁丹东港绕过朝鲜半岛到旧金山是 10 200 千米，缩短了 1700 千米，可以节约两天时间。

罗津港位于朝鲜罗先市，面积非常大，对于运送货物和停泊船只有着重大的意义。而且港口还设有铁路专用线和海员俱乐部、海上救护队等，各种设施齐全。罗津港的位置在朝鲜半岛的东北端，图们江的下游流域，因为气候和地理位置因素，港口终年不冻，是一座天然的良港。罗津港不仅在运送货物和资源等方面有着重要意义，这里码头的风景也是非常美丽的。罗津港的气候类型是温带海洋性气候，终年温和湿润，冬季温暖、夏季凉爽，所以四季都适合来这里旅游。罗津港的码头是这里的亮丽风景，来到朝鲜旅游的游客们都会花些时间在这里游览一番。罗津港的建成对于朝鲜有着重要的意义，不仅减少了运送物资的时间，节约了成本，促进国家的经济发展，而且作为朝鲜国内知名的旅游景

罗津港 1 号码头

点，这里备受关注。再加上这里的天然优良的条件，终年不冻，无论对于交通还是旅游来说，这都是一个非常难得的优势。罗津港位于海湾（罗津湾）的内侧，而且海湾的入口有两个较大的岛屿（大礁岛、小礁岛），因此不会受到海啸和台风的影响，

港口水域内风浪不大，在冬天也没有结冰的现象。除此之外，罗津湾的平均水深达到 11 米，最大水深为 36 米，能充分满足大型船舶入港及靠泊的水深要求。

1 号码头由中国企业在 2009 年投资开发。码头共有 7 个泊位。主要装卸的货物为化肥、木材和杂货，码头前沿配有 3 台起吊能力为 5～10 吨的岸吊，年装卸能力达 50 万吨，岸线总长 924 米，仓库面积 5430 平方米，露天堆场面积 45 414 平方米。

2 号码头共有 6 个泊位，其中 2 个 2 万吨级泊位、1 个 1.5 万吨级泊位、1 个 6000 吨级泊位和 2 个 2000 吨级泊位。主要的装卸货种为煤

罗津港 3 号码头

炭、杂货和集装箱，码头前沿配有 4 台起吊能力 5～10 吨的岸吊和 2 台起吊能力为 30 吨的岸桥，年装卸能力达 150 万吨。岸线总长 914 米，仓库面积 16 019 立方米，露天堆场面积 27 742 平方米。

3 号码头由俄罗斯在 2008 年投资开发。码头共有 3 个泊位，其中有 2 个 2 万吨级泊位和 1 个 1.5 万吨级泊位。主要装卸的货种为煤炭和钢铁，码头前沿配有 4 台起吊能力为 5~10 吨的岸吊，年装卸能力达 100 万吨，岸线总长 610 米，仓库面积 5859 立方米，露天堆场面积 56 607 平方米。

4 号、5 号、6 号码头是中朝两国为加快东北三省和罗先特区共同开发的，于 2011 年年底签署总价值达 30 亿美元的中国对罗先地区基础设施投资协议。朝鲜方面把罗先港 4 号、5 号、6 号码头 50 年的使用权转让给中方。根据协议，中国还将建设连接中国图们到罗先港的 55 千米铁路、飞机场和火力发电厂等设施。

2. 清津港

清津港位于朝鲜东海北部清津市，是朝鲜东海岸规模最大的港口，由 3 个港区组成：中央港区、东港区、西港区。中央港有造船码头、修船码头及水产品码头。

港口在港市西南的海湾沿岸，冬季受暖流影响，港口不结冰。东西顺岸分布并有东西港区之分。东港区有从东岸西伸的防波堤保护，码头上有铁路通达，港区内有 5 个泊位，自东向西排列，1~4 号泊位顺岸，5 号位于西短突堤东侧，水深由 7.4 米增加到 8.8 米。1 号、2 号为杂货泊，3 号、4 号泊位散货、杂货兼用，5 号为散粮泊位。该港是朝鲜北部外贸进出口的重点港口，随着外贸的不断发展，港口规模逐步扩大，清津港将为转运中日贸易进出口物资而发挥作用。

（1）地理位置

清津港位于朝鲜半岛东北角日本海岸，东北至罗津港 40 海里，至海参崴 130 海里，东南至日本新朗 490 海里，南达釜山 416 海里，西南至咸兴南 178 海里。与中国吉林省相连。

239

清津港所在的清津市是朝鲜民主主义人民共和国咸镜北道的首府，为朝鲜第三大城市，同时也是朝鲜北部重要的工业城市，人口约为70万人。清津市位于咸镜北道南部的轮城川河口，东临日本海镜城湾。

（2）气候状况

清津港属温带季风气候，冬季盛行西北风，夏季多东风。年平均气温夏季约25℃，冬季约－20℃，最低曾达－40℃。全年降雨量约1000毫米。冬季有冰但无碍航行。

（3）作业条件

清津港岸线长1550米，最大水深为10米。装卸设备有各种岸吊、皮带输送机及拖船等，其中拖船的最大功率为368千瓦。年货物吞吐能力约800万吨。

主要出口货物为各种钢材、有色金属、机床、电机产品、纺织品、苹果和人参等，进口货物主要有石油、炼焦煤、橡胶和机械设备等。装卸工作为24小时连续作业，每周工作7天。

（4）经济结构

清津是朝鲜最大的钢铁工业基地，空气污染比较严重。钢铁产量占全国的1/4以上，有"钢城"之称。化学纤维产品有名。还有造船、矿山机械、铁道、纺织、橡胶工业等。渔业发达，有渔港和贸易港。

清津是元罗线（元山—罗津）和清罗线（清津—罗津）上的重要车站。电气化铁路北通罗津，西南达平壤。与国外有海运联系。

（5）行政区域

清津市共分成20个洞：罗南洞、富润洞、松坪洞、水南洞、新岩洞、浦港洞、青岩洞、斑竹洞、秋坪洞、清南洞、浦项洞、福川洞、明治洞、港洞、入船洞、高河洞、朝日洞、日出洞、松香洞、清松洞。

（6）文教交通

文教，清津的高等院校有清津技术大学、清津矿业大学、清津师范大学、咸北农业大学、清津矿山金属大学、清津医科大学、清津农业大学、吴仲恰清津第一师范大学、清津第二师范大学、清津工业大学。

交通，除平壤外，清津是唯一拥有轻轨的朝鲜城市，使用中国制造的机车。

铁路，北上可以连接中国的铁路，也可以经由罗先的宽轨铁路与俄罗斯铁路连接。南下经金策、咸兴可通平壤，至平壤的电气化铁路长约788千米。

机场，清津机场位于咸镜北道的渔郎郡，朝鲜政府计划扩建该机场成为朝鲜的第二个国际机场。

（7）对外合作

2012年9月11日，韩联社等多家媒体引述中国《延边日报》10日的报道称，吉林省图们市延边海华集团9月1日在平壤与朝鲜港湾会社签署合营合同成立海港合营公司，共同管理和利用年吞吐能力达700万吨的清津港3号、4号连接线码头，合营期限为30年。

中朝双方共同出资建设。中国方面投资卸货设备、运输工具、港湾建设器材等943万欧元（按当时汇率约合7638.3万元人民币），占注册资本的60%。朝鲜方面出资612万欧元作为合作经营公司的资本金，该中企计划2012年年底之前在清津港启动货运业务。由双方协商共同开发运营港口。2008年，平壤曾与另一家中国企业签署共同使用罗津港的类似合同。

韩国《中央日报》称，中国获得清津港使用权的目的是确保东北亚地区的出海口，激活中国与韩国、日本及俄罗斯四国间的贸易，积极进行中国东北地区的经济开发。

3. 先锋港 (原油码头)

先锋原油码头距罗津港约 24 海里。码头占地总面积近 20 万平方米由原油卸运和石油制品装运码头组成。原油码头建有 3263 米长的输油管线和栈桥,可停泊 25 万吨级的油船,年卸运能力达 200 万 ~300 万吨。原油制品装卸码头长 455 米,可同时停泊两艘 5000 吨级油轮,同时还可把加工后的成品油通过管线从工厂运送到油船上。

先锋港是朝鲜规模最大的原油进口港,拥有的深水码头和装备设施可接泊 25 万吨级大型油轮,存在着可与罗津港一起开发的潜在条件。

(三)日本日本海沿岸地区主要港口

日本日本海沿岸地区包括北起青森县南至九州山口县在内的 12 个县,约占日本国土总面积的 23%。目前该地区共有 20 多个港口从事与东北亚国家和地区进行贸易交流的货物的装卸工作。主要港口有新潟港、酒田港、金尺港、舞鹤港、敦贺港、下关港等。

1. 新潟港

新潟港由新潟西港、东港构成。西港建于 1868 年,位于流经新流市区的信浓川河口。可停泊 2 万吨级船舶,货物吞吐量占新潟港的 58% 左右,其中对外贸易货物占 16%。新潟东港距西港约 15 千米,建

于 20 世纪 60 年代中期。东港现可停靠 10 万吨级油轮,每年可装卸 650 万吨的天然气,是日本海沿岸最大的能源运输基地。1991 年,新潟港(西港、东港)

新潟港

吞吐货物 2800 万吨，居日本日本海沿岸各港之首。目前，新潟港同俄远东纳霍德卡、韩国釜山、高雄、香港开有定期航班，同朝鲜清津港有不定期航班，还同俄东方港等开有集装箱航班。

新潟港是 1868 年日本开放的五座通商口岸中的一座，从古至今一直都是日本(靠近日本海一侧)的重要港口。近年来，由于日本海对岸的中国、韩国和俄罗斯等国经济不断发展，该港的集装箱货物吞吐量也稳步上升，2011 年度约为 20 万标准集装箱，是日本本州岛(日本第一大岛，东京港位于太平洋一侧)日本海一侧吞吐量最大的港口。另外，该港每年的液化天然气进口量约为 500 万吨，也是日本海一侧最大的能源基地。

新潟港后方汇集了 4 条高速公路(北陆高速、磐越高速、关越高速、日本海东北高速)，还建有上越新干线和新潟机场，能够联结日本国内各大主要城市。该港还铺设了大范围的液化天然气管道及电网，是整个东北亚地区物流的重要聚点。

2009 年开始建设的西码头 4 号岸壁于 2012 年 6 月正式竣工并投入使用，自此以后该港可以接受 3 艘船同时靠岸装卸，这不仅减少了船舶的等待时间，更提高了港口的便利性。

2011 年 11 月，因在"国际海上集装箱"和"其他货物"两项业务上的突出能力，新潟港被日本政府定为日本海一侧的重点港口。在所有与新潟港有业务往来的货主中，有八成左右来自包括中国和韩国在内的亚洲国家。

2011 年 8 月，新潟县政府和吉林省政府合作，开辟了一条跨日本海航线(新潟港—俄罗斯扎鲁比诺港—吉林珲春港)，这是从日本到中国东北地区距离最短的航线。与过去挂靠大连港相比，这条新航线既缩短了时间又减少了成本。

2. 酒田港

酒田港位于日本的酒田市，为日本商港。位于本州东北日本海岸最上川口，港市之西南。港外，海路北至秋田港 52 海里，至桥川港 55 海里，南至新朗东港 61 海里，新朗西港 67 海里；港口分南港、北港两部分。

南港在最上川东岸平原上，由陆挖入而成，有堤岸码头与最上川口水域分开，门口有南北防波堤拱卫，港池西北—东南向伸展，码头主要在水域东北岸，自入口至内有以下码头：石油码头，一个 2000 吨级泊位；大滨码头，长 330 米，水深 9 米，可靠泊 8000 吨级船只；西码头，长 185 米，水深 10 米，可靠泊 1.5 万吨级船只；新町码头，长 260 米，水深 7.5 米，可靠泊 5000 吨级船只；FUNABACHO 码头，长 555 米，水深 4.5 米，仅能停靠 1000 吨级。水域西岸即最上川之间陆域为神冈码头，长 390 米，水深 7.5 米，可靠泊 5000 吨级船只，供装卸木材用；该码头北部水域有两个系泊浮筒，水深达 10 米，亦为装运木材之用。

北港在南港北防波堤之北，由陆岸挖入，港池基本敞开，仅有北部向西南的防波堤挡风潮，港域东南岸有古凑码头，4 个泊位，前沿水深都达 10 米以上，但 1 号泊位线达 270 米，可靠泊 5 万吨级船只，其他 3 个泊位各长 185 米，供 1.5 万吨级船只使用。

3. 舞鹤港

舞鹤港隶属于日本的舞鹤市，位于西日本经济圈京都府日本海侧若峡湾西部的舞鹤湾。现在主要分为东、西两大港。西港位于舞鹤湾南端，是国际贸易港口。目前有与中国、俄国、韩国的定期航线。东港位于港市之北、船厂之南的水陆区域。从明治时代在此设立日本海一侧唯一的海军镇守府——舞鹤镇守府以来，东港作为军港迅速发展起来。日俄战争时日本的战舰基本都是从这里出航的。还有，"二战"后日本人从海外归国时很多船只也都是在舞鹤湾返航的。目前东港不仅有海上自卫队舞鹤地方总监部，同时还是以连接近畿圈和北海道长距离渡轮为中心的国内贸易港口。另外，在西港区域内还建立了舞鹤渔港。

舞鹤港

舞鹤市之西，西至宫津港 7 海里，至兵库县香佳港 52 海里，至鸟取港 76 海里，至境港 116 海里，至釜山港 331 海里，北至清津港 463 海里，东至敦贺港 52 海里，有定期航线相通，还通北海道小樽港，相距 567 海里。港内有商港、渔港和军港之分。商港和渔港位于舞鹤湾南端，这里主要有 4 个突堤码头，自东至西第一码头仅长 86 米，水深 4 米，供百吨级船只停靠；第二码头有 4 个泊位，码头线总长 455 米，水深 6.4 ~ 8.0 米不等，供 3000 ~ 8000 吨级船只靠泊；第三码头 2 个泊位，分布在突堤两侧，各长 185 米，前沿水深 10 米，可靠泊 1.5 万吨级船只；第四码头有 1 个泊位，靠泊能力与第三码头同。码头之外舞鹤湾中北部有 4 个万吨级船浮筒泊位，港湾东部港市之北水域还有系泊能力为 4000、1.0 万、1.5 万吨级的浮筒。军港区在港市之北，船厂之南的水陆域。

（四）韩国东海岸地区主要港口

1. 釜山港

釜山港位于韩国东南部，东南濒朝鲜海峡，西临洛东江，与日本对马岛相峙，是韩国最大的港口，也是世界第五大集装箱港。釜山港码头

釜山港

总延长 14 954 米，1 千吨至 5 万吨船舶可同时装卸 79 艘；锚地 117 处，1 千吨至 5 万吨船舶可同时停泊 136 艘。码头仓库 7400 平方米，露天仓库 178 000 平方米，可容纳 19 600 个标准集装箱，港口年吞吐能力为 3116 万吨。1990 年货物吞吐量占韩国港口的 2.4%，集装箱吞吐量占 95%。目前，釜山港已分别同朝鲜清津、俄罗斯纳霍德卡、日本新潟等港口辟有航线。

五六岛位于釜山南区的一端，每天随潮水涨退情况不同会露出五个或六个小岛，系釜山市的受保护自然区。该岛是岩石岛，由两部分组成。从陆地延伸的五个岛中除灯塔岛外都是无人居住的岛屿。这五个岛分别是雨朔岛(32 米)、鹰岛(33 米)、锥岛(37 米)、牡蛎岛(68 米)、灯塔岛(28 米)，其中雨朔岛也称盾牌岛、松岛，两岛的下部几乎相连，涨潮时看起来就是一个岛，而退潮时就成为两个岛。岛的名字大概也正是来源于这种自然现象。五六岛是进入釜山港的各种船只必经之地，因此也是釜山港的象征。

釜山港属温带季风气候，年平均气温夏季为 29℃～31℃，东季为 7℃～9℃，全年平均降雨量约 1500 毫米，属正规半日潮港，潮差不大，大汛时不超过 1.2 米，小汛时仅 0.3 米。装卸设备有各种岸吊、门吊、可移式吊、集装箱吊、浮吊、皮带输送机、装船机及滚装设施等，其中浮吊最大起重能力达 100 吨。

装卸效率：煤每小时装 600 吨，装卸杂货每天 1000 吨。韩国海上进出口货物的年增长率达 20% 左右，几乎全部由釜山港进出。该港的集装箱码头起着骨干作用，它有大型龙门式集装箱装卸桥，码头面积达 63 万平方米。

釜山港 1 号码头

集装箱堆场面积达 38 万平方米。这里每年停靠约 2000 艘集装箱船，包括小到 700~800 标准集装箱船，大到 3000 标准集装箱船。码头可同时为 4 艘 5 万吨级的大型集装箱船进行装卸作业。

在全年无休假日的情况下，即全年不中断的 24 小时作业，每天平均要装卸 4~5 艘集装箱船。1994 年集装箱吞吐量达 375 万标准集装箱，比 1993 年增长 22.1%。港口主要出口货物为工业机械、水产品、电子、石化产品、纺织品等，进口货物主要有原油、粮食、煤、焦炭、原棉、原糖、铝、原木及化学原浆等。该港能承接各种船舶修理，最大干船坞可容纳 15 万载重吨的船舶。

除釜山港外，韩国东海岸还有一系列天然良港，如蔚山港、浦项港、束草港等。蔚山港是韩国现代集团的汽车、造船专用港，现有 62 个码头，总延长 5800 米。浦项港是浦项制钢集团原材料、产品进出港，现有 39 个码头，总延长 8900 米。束草港距朝鲜仅有几十千米，地理位置优越。

2. 蔚山港

蔚山港位于朝鲜半岛东南蔚山湾内，港市之东南，临日本海。南至釜山港40海里，北至浦相港60海里、墨湖港149海里、注文津港173海里、朝鲜民主主义人民共和国青津港323海里。港内风向大多偏北，有南风时港湾有涌浪，6、7月份多雾，潮汐影响少，大潮升0.5米，小潮升0.38米。入港航道最小水深达11.3米。蔚山是韩国最大的重化工业和造船业基地，港口基本为工业服务。

蔚山港

（1）码头和船厂

港口主要码头分布在海湾西岸，其中干货码头又主要在北部，有6个码头泊位，码头线总长1550米，沿岸水深7.5～12.0米，主要用于装卸煤、汽车、化肥杂货等。炼油厂码头和海上泊位处于港湾西岸南部，有3个海上泊位，最大可系泊25万吨级油轮。

该港吞吐量都在3000万吨以上。海湾东岸是蔚山船厂所在，它是韩国最大船厂，占地720公顷，厂内有7大船坞660米×92米×13.2米，可建造百万吨级船舶，全厂年造船能力200万吨。

（2）港口贸易

蔚山港于1963年被批准为国际港，现已发展成为韩国最大的重化学工业区港口。蔚山港与东北亚海上运输的主要港口釜山港相邻，通过蔚山港，能迅速把海上货物输送到世界主要城市。蔚山港的船舶接岸能力为90艘，占全国的19.3%；年吞吐量1.5亿吨。2011年，蔚山市还将建成年吞吐量 3000 万吨、能同时容纳 31 艘轮船靠岸的新港。新港口建成后，蔚山港将发展成为国际性贸易港，成为东北亚主要货物中转港。

（3）政府规划

建设新港口：截至 2011 年，建成能同时容纳 31 艘轮船的蔚山新港口。新港建成后，蔚山港年吞吐量将达到 3000 万吨。

建设新工业区：截至 2011 年，在蔚山港新港口附近地区建成 291 万平方米的综合工业区，主要引进高附加值企业、精密化工、汽车新材料、造船机械等企业。

建成汽车谷：在蔚山至庆州间建成国内最大的汽车零部件基地和技术研究特区。区内将设汽车零部件·原材料专用区、以大学为中心的国立工业研究所、网络商务中心、汽车零部件研究所、教育技术中心、综合展览馆、会议中心、汽车主体公园、汽车专用剧场等。

江东圈综合开发：开发面积为 495 万平方米的东海岸，建成以住宿、娱乐、文化等为主的海洋娱乐观光区。

（4）旅游观光

蔚山市与韩国古都庆州相邻，属新罗文化圈，境内新罗文化遗迹众多。主要名胜古迹有大王岩公园、盘龟台岩刻画、艮绝海角、石南寺、酌川亭；主要庆典活动有处容文化节（蔚山最大的节日）、太和江庆典和梨花节等。韩国蔚山一半是城一半是海。

从 2010 年起，蔚山的旅游产业不断升温，国内去蔚山的人也逐渐多了起来，飞往蔚山的国际航班也变得炙手可热，其航班已被多家在线旅游社（如来来会、携程、微驴儿等）收录，国内游客已经开始使用网站来订购去蔚山的机票。

3. 浦项港

位于韩国东南沿海的迎日（YONGIL）湾西北岸，濒临东海（韩国的

浦项港

东海）的西南侧，是韩国东部的主要港口之一。每年从来来会上前往韩国旅游的人很多，选择去浦项的人多是自由行。因此，浦项对于赴韩游客来说又是一个旅游的好地方，不仅这样，它还拥有大型钢铁厂和重要的渔港。该港属温带气候，盛行南风。年平均气温 8 月最高约 31℃，1 月最低约 - 10℃。湾内一般不结冰。全年平均降雨量约 1500 毫米。港口潮差不显著。港区主要码头泊位有 23 个，岸线长 5100 米，最大水深 16.5 米。装卸设备有各种岸吊、卸载机及拖船等，其中岸吊最大起重能力 35 吨，拖船功率最大为 2207kW。装卸效率：煤炭每小时 1000 吨；矿石每小时 1500 吨，每天连续作业可达 3 万吨。本港最大可靠 15 万载重吨船舶。大船锚地水深达 22 米。主要出口货物为钢材、鱼及鱼制品等，进口货物主要有盐、原油及矿石等。

2016 年，韩国的束草和浦项两市相继派代表团到访珲春，洽谈恢复"珲春—扎鲁比诺—束草"以及开辟"珲春—扎鲁比诺—浦项"两条国际陆海联运航线。

浦项市与珲春市协调合作计划开辟"珲春—扎鲁比诺—浦项"新航线。作为韩国重要的港口城市，浦项对物流、港口、旅游业的发展需求迫切。韩方期望尽早启用这条新通道，并借此获得更多的合作机会。

4. 束草港

束草港位于韩国东海岸最北端的江原道束草市，距首尔约 185 千米，距俄罗斯扎鲁比诺港 316 海里。是连接中国东北地区、俄罗斯远东地区和韩国东海岸之间距离最短的港口。

韩国江原道束草市同珲春市共同协商、讨论"珲春—扎鲁比诺—束草"航线的复航方案。这条航线开通于 2000 年 4 月，目前处于暂停状态。是我国已开通的 16 条对韩航线中唯一经日本海到达韩国东海岸的航线。航线始发于韩国束草港，途经俄罗斯扎鲁比诺港办理入境手续，在俄罗斯克拉斯基诺公路口岸办理出境手续，经珲春口岸到达中国。至 2010 年 10 月停航，期间共运行 1300 余航次，运送货物 5.3 万标准集装箱，进出口货值达 160 多亿元人民币，运送出入境旅客 50 多万人次，出入境倒包贸易量大于 37 万件。

该航线复航将为中国东北地区经大连中转至首尔的货物，以及俄罗斯远东地区经釜山港中转运往首尔的海产品等运输提供新选择。

三、环日本海地区主要港口合作发展面临的困难与问题

近年来，随着环日本海地区各国、地区间经济交流的扩大，有关国家间在港口建设、海上运输等方面的合作取得了一些进展。如中俄联合开发利用扎鲁比诺港中俄两国政府签署协议；黑龙江省开辟"江海联运通道"；中国延边—朝鲜清津—日本新潟、境港、舞鹤港海运航线，中国延边—朝鲜罗津—韩国釜山海运航线相继开通；等等。但由于环日本海地区有关国家的政治经济体制不同，各国、地区经济发展水平还有差距，各国在这一地区港口所处地理位置的差异，在港口建设等方面的合作还面临着一些问题和困难。

（1）资金问题

目前无论是新港建设，还是老港改造，都需要巨额资金。作为这一地区主要金融大国——日本目前与俄罗斯还存在领土问题；与朝鲜尚未邦交正常化。俄罗斯国内政治经济还存在变数，朝鲜经济基础脆弱，所以近期内日本难以投资形式参与这一地区主要港口的改造和建设。

（2）国家间相互信任问题

环日本海地区的冷战体制早已打破，但新的和平安全体制尚未确立。日本还有少数人妄图否认"二战"期间的侵略历史；一些国家间的关系还处于乍暖还寒的状态。

（3）竞争问题

由于环日本海地区自然条件较复杂、港口分布不平衡、港口的发展水平不同，各国、地区建立在市场经济基础上的利益不同，所以不可避免地会产生相互间的竞争。这种竞争一方面能促进港口的建设发展，但另一方面又容易产生负效应，影响港口建设等方面的协调、合作。

（4）港口发展与其腹地及周边地区其他产业协调发展的问题

一个现代化的港口必须依托港口腹地及其周边辐射地区，形成港口、腹地、辐射地区相互依存、密不可分的格局，否则港口就会变成空港、死港。从东北亚地区整体来看，环日本海地区的经济发展相对滞后于环黄海地区。从环日本海地区内部来看，经济实力南部优于北部、沿海地区强于内陆地区。这种经济发展的梯度转移需要相当长的时间。

（5）航线优化问题

随着环日本海地区贸易往来的频繁，优化该地区航运网络结构，提升海运通达性，成为推动该地区经济发展的重要手段。日本海地区至少有5条规划航线，但都处于停滞、试航或规划状态。若能将航线优化，解决设计航线及选择适宜船型等问题，可为环日本海提供新的经济发展方向。

尽管目前在环日本海地区主要港口发展问题上存在着上述不利因素，但只要有关国家、地方政府、港口之间消除隔阂，求同存异、相互信任，从长远利益、共同发展角度考虑，走向 21 世纪的环日本海地区主要港口一定会有更快的发展。

第七章　图们江三角洲
国际旅游畅想

国界往往是一国公民不可随意逾越的红线，而面对森严的国境线，人们对异国民族、文化、习俗、宗教等所充满的探知欲望和浓厚的体验兴趣却是无法封闭的。如今，随着"地球村"时代的到来，跨国旅游的重重壁垒被打破，跨出国门变得越来越便捷，跨国旅游正呈蓬勃发展之势。

地处中国、朝鲜、俄罗斯交界处的图们江区域，是中国唯一的三国交界处。站在这里，眼望世界上最神秘的国家——朝鲜，呼吸日本海吹来的海风，不出国门则可感受俄罗斯特有的风情。这一切，无时无刻不吸引着中国亿万游客的眼球。然而在现实中，站在三国交界处，游客更多的却是深深遗憾后的发问：为何望海而不达海？何时能将"一眼望三国"变成"一日游三国"并通过日本海享受高级别的邮轮旅游？2014年，由我国提出的"图们江三角洲旅游"得到俄罗斯和朝鲜的积极响应，并勾画了美好远景蓝图。这一构想，将把无数游客关注的"图们江旅游"梦想推向现实。

254

规划的三角洲国际旅游合作区

255

一、图们江旅游：风景这边独好

（一）源起

图们江本是我国人民进入日本海捕鱼并与周边国家港口进行贸易的通道，但因历史原因被侵占和封堵，虽保留"图们江出海权"，却不能顺利通过图们江出海。20世纪90年代，为推动这一区域的向海发展繁荣，联合国开发计划署呼吁东北亚区域各国摒弃冷战思维、打破国界壁垒，加强合作，共同进行图们江区域开发，形成"东出日本海、西连蒙古国"的格局，让中国、俄罗斯、朝鲜、蒙古国、韩国、日本六国共同受益的新欧亚大陆桥，并由此推动建立了"大图们倡议"。20多年来，图们江区域合作开发尽管进展缓慢，众多合作项目步履蹒跚，但"旅游合作"却成为各国共同的心声与期待。

2014年3月11日，中俄朝图们江区域旅游厅（局）长圆桌会议在珲春市召开，吉林省在会上正式提出三国合作开发"图们江三角洲国际旅游合作区"项目的倡议，得到与会的俄罗斯和朝鲜代表的积极响应，并当即签署了旅游合作备忘录。

中方提出"图们江三角洲国际旅游合作区"，为什么能顺利得到朝俄两国的积极响应？吉林省在提出方案之前，对此进行了深入的分析研究，认为"旅游"是世界发展方向，是各国都致力于发展的产业。

首先，从朝俄两国来看，朝鲜因核试验受联合国制裁后，经济发展雪上加霜，但旅游业不在联合国制裁范畴内，因而急需发展经济的朝鲜，一直把旅游业作为经济发展的突破口。一方面，发展旅游业不需大量资金投入，另一方面，旅游业见效快。这恰恰是最符合朝鲜当下国情的产业发展之路。根据近年调研掌握的情况，朝鲜为发展旅游吸引国际游客特别是中国游客，在中朝边境区域先后设立了茂峰国际旅游特区、稳城岛旅游开发区、平安北道旅游开发区等。可以说，朝鲜主要是想通过发展旅游业来突破联合国对其的经济制裁，也希望转移国际社会对其核问题的过分关注。俄罗斯对旅游业发展也高度重视，特别是近年来中俄互办"旅游年"活动，先后开发了中俄环形跨国游，让俄罗斯看到了旅游业给萧条经济所带来的巨大生机，而中国游客的庞大数量和长远发展后劲，也增强了俄罗斯与中国开展旅游合作的积极性。

其次，从国内来看。自党的十八届三中全会《关于全面深化改革若干重大问题的决定》提出要"加快沿边开放步伐，允许沿边重点口岸、边境城市、经济合作区在人员往来、加工物流、旅游等方面实行特殊方式和政策"后，"跨境旅游合作区"呼之欲出。而中国已进入旅游消费时代，跨国旅游方兴未艾。这些国际国内因素，为建设"图们江三角洲国际旅游合作区"奠定了可靠基础。

（二）图们江三角洲国际旅游区的具体构想

1. 目标

努力建设成为一个功能齐全、管理有序、开放度高、自由度大、繁荣发展的国际旅游合作区。

2. 原则

除坚持相互尊重、平等互利、不干涉内政和领土主权等普适性原则外，更为重要的是坚持差异性与区域整体性统筹兼顾原则，以及坚持整体规划、先易后难、分步实施、滚动开发、逐步扩大、不断完善的原则。

3. 功能定位

该区将建设以发展旅游业为核心，文化、商贸、物流、金融、加工等领域相结合的集观光、休闲、度假、体验、养生、康体、加工等众多功能于一体的综合性旅游合作区。

4. 模式选择

按照国际上建立双边或多边旅游合作区的基本原则和《关贸总协定》的有关条款规定，该区应选择"旅游立业、区内放开、封闭管理、自由贸易、三方共赢、辐射周边"的模式定位。

5. 区域范围

规划面积共约 1000 平方千米，其中，中国敬信约 330 平方千米；俄罗斯哈桑约 350 平方千米；朝鲜豆满江约 320 平方千米。

6. 开发建设面积

以图们江下游为轴心，以国际合作示范区敬信功能区为腹地，将朝鲜豆满江濒江滨海平原 16.5 平方千米及附属海域面积和俄罗斯哈桑滨海平原 16 平方千米及附属海域面积作为开发建设区域，中国区以民俗旅游、购物旅游、体育竞彩体验为主；朝鲜区以生态旅游、野奢度假为主；俄罗斯区以文化艺术、娱乐休闲、滨海度假为主。

（三）图们江三角洲国际旅游合作在行动

1. 中国

自 2014 年吉林省提出开发建设图们江三角洲国际旅游合作区的构想并得到俄朝两国积极响应后，立即对项目进行了可行性论证，并拿出具体操作方案，同时通过外交部、国家旅游局等与朝俄两国作进一步沟通。2014 年 8 月 10 日至 12 日，国家旅游局专家工作组到吉林省延边朝鲜族自治州，就图们江三角洲国际旅游合作区开发建设问题及沿边地区开发开放工作开展了专题调研和实地考察，并在延吉市召开了图们江三角洲国际旅游合作区开发建设工作座谈会。根据国家部委意见，项目将按照"先易后难、先国内后国际、先双边再多边、先旅游后经贸"的原则，分阶段推进。

2014年年底，吉林省相关部门同北京中科景元城乡规划设计研究院签署了合作协议，对图们江三角洲国际旅游合作区进行可行性研究论证；2015年3月，形成《图们江三角洲国际旅游合作区可行性研究报告》；2015年3月18日，由吉林省政府分管领导带队，吉林省旅游局与省直有关部门负责人组成的工作组赴外交部、海关总署及国家旅游局等，就图们江三角洲国际旅游合作区开发情况进行对接协调，国务院有关部门均表示大力支持，全力配合，积极给予推动；2015年4月上旬，吉林省政府代表团出访俄罗斯，与俄联邦旅游署、远东发展部举行会谈，俄方有关部门负责人对吉林省提出的开发建设图们江三角洲国际旅游合作区也都表示支持；同年5月，吉林省形成《图们江三角洲国际旅游合作区开发建设总体方案》；7月，形成《图们江三角洲国际旅游合作区开发工作推进方案》。

其间，中国吉林省、俄罗斯滨海边疆区、朝鲜罗先市的旅游部门保持密切联系，就相关问题进行多次沟通。

2015年9月5日，在俄罗斯海参崴举办的首届东方经济论坛上，国家旅游局相关领导在发言中明确提出"支持中国吉林省和俄罗斯滨海边疆区共同开发建设图们江三角洲国际旅游合作区"，引起与会各国人员的积极反响。2015年，吉林省委省政府代表团先后出访俄罗斯海参崴，与俄滨海边疆区行政长官会谈，均提出合作开发建设图们江三角洲国际旅游合作区的建议，得到俄方的积极响应。

2015年下半年，吉林省委托北京一家企业制定图们江三角洲国际旅游合作区规划，并在征求俄、朝有关地方政府意见基础上拟定规划文本草案。2016年6月18日，图们江三角洲国际旅游合作区总体规划专家评审会在珲春市召开，经评审专家充分论证，提出评审意见与建议，并通过了该总体规划。

2015年、2016年，吉林省将"推进图们江三角洲国际旅游合作区开发"两次写入年度政府工作报告中，予以推进落实。

2. 朝鲜

2014年3月11日，中俄朝图们江区域旅游厅(局)长圆桌会议就开发"图们江三角洲国际旅游合作区"项目签署三国旅游合作备忘录后，朝鲜方面立即向中央政府提交了报告。2014年4月2日，朝鲜政府批准了罗先市实施"图们江三角洲国际旅游合作区"项目，并责成罗先市负责推进，同时将上述情况通报给中方。

3. 俄罗斯

自中俄朝三国旅游厅(局)长签署"图们江三角洲国际旅游合作区"项目合作备忘录后，俄罗斯联邦旅游署和滨海边疆区相关部门多次表示支持图们江三角洲国际旅游合作区的开发建设，但由于俄滨海边疆区政府机构的调整，推进此项工作需多部门协调合作，故一直没有实质性进展。

中朝俄三国旅游局长会议

4. 大图们倡议

2007 年，"大图们倡议"正式成立旅游合作委员会，把推进图们江区域国家的旅游业合作与发展作为工作目标。2014 年 9 月 19 日，在第三届"大图们倡议"东北亚旅游论坛上，来自中、俄、朝、蒙、韩、日六国的政府官员、专家学者、旅游企业界人士百余人集聚珲春市，深入探讨"图们江三角洲旅游协作圈"建设问题。在此次会议上，"大图们倡议"设立了东北亚多目的地旅游促进中心，并将珲春定为东北亚旅游论坛永久会址，定期举办"中俄朝图们江区域旅游厅（局）长圆桌会议"。2015 年 7 月，"大图们倡议"第八届旅游委员会在蒙古国乌兰巴托举行，来自中、俄、韩、蒙等国家和相关国际组织的代表参加了会议。会议筛选了相关旅游合作项目，就务实推进东北亚旅游发展、跨境旅游路线开发和推广、旅游签证便利化等热点话题展开深入交流，并对建立图们江三角洲国际旅游区、"大图们倡议"旅游经济合作组织、跨境旅游接待培训中心、阿尔山—松贝尔跨境旅游合作区、环日本海多目的豪华游轮游、中俄跨境旅游示范区等项目进行磋商。2015 年 11 月，"大图们倡议"第四届东北亚旅游论坛与项目磋商暨中俄蒙旅游合作会议举行。会议除邀请东北亚区域国家旅游部门代表外，还邀请旅行社参加，更加务实地推进旅游合作。之后的每一届"大图们倡议"东北亚旅游论坛上，图们江三角洲旅游合作都是一个主要讨论话题。

可以说，图们江三角洲旅游合作构想的提出始于"大图们倡议"，而推动此构想实施的机制也是"大图们倡议"。

（四）图们江三角洲旅游合作区推进策略

中朝俄三国在交界处各拿出一块土地成立开发区，进行共同开发、共同管理，实现共同受益，这是联合国开发计划署早在 20 世纪 90 年代就倡导的图们江开发方式。很显然，这种合作构想的前景无论描绘得多么美好，但因为它是多边合作，需要三国协调，因此难度之大，超乎想象。由于这一区域有着复杂的历史成因，加之中、朝、俄三国在政治体制、经济以及文化上的差异，历经 20 多年都未将联合国开发计划署当初描绘的蓝图变成现实。"图们江三角洲国际旅游合作区"虽然以"旅游"为切入点，有别于"图们江开发区"，但依然需要三国协调，达成共识，变成统一行动，因此，三国同步推进此项合作势必又会陷入一个 20 年的轮回。为此，在推进"图们江三角洲国际旅游合作区"中，中方采取"以我为主""先动起来"的战略，做好中方区域的建设与规划，变"三国同步推进"为"先我国后双边再多边"的分解动作，从易到难，实现最终目标。

截至 2017 年年底，"三角洲国际旅游合作区"在我国区域内的旅游规划已经完成，并确定了将中、朝、俄三国交界处"一日游三国"作为关键项目，促使三国在这一项目上取得突破。

二、从小三角洲到大三角洲

（一）做强做活小三角洲核心旅游

图们江三角洲国际旅游合作区的范围，有"小三角洲"和"大三角洲"之分。"小三角洲"是指中、俄、朝三国交界地、图们江入海口处 90 平方千米面积的旅游开发合作，中、俄、朝各拿出 30 平方千米土地，进行共同开发建设。这一区域包括中国敬信镇防川区域、俄罗斯哈桑区部分区域、朝鲜图们江右岸豆满江区域的环线旅游，域内旅游资源丰富多元，差异性和组合度、互补性较好，海洋、滨海、滨湖等旅游资源较为突出，生态旅游资源和森林资源富集，历史文化厚重，拥有世界著名历史遗址和文化遗迹，民俗风情各异，中国文化、朝鲜文化、俄罗斯文化构成了欧亚交融的多国风情画卷。"大三角洲"是指中国图们江流域城市并向内地主要旅游景点延伸至整个延边朝鲜族自治州的区域，同时辐射至俄罗斯、朝鲜，并通过邮轮进行环日本海国家旅游的泛区域。"小三角洲"是图们江三角洲旅游的核心区域和引擎，是最能吸引国内外游客的跨境旅游合作区。

1. 小三角洲中国区内现有旅游资源

（1）水流峰

这是小三角洲区域内最高峰，又名鹰峰，海拔 462 米，战略位置十分重要。观测辐射可达 460 平方千米，其山势陡峭，林木葱郁，秋日登高环视能观测日本海和三国五座城市，远处日本海水连天际，白帆朵朵，云雾

水流峰

缭绕；沿海岸异国哥特式建设，影影绰绰，宛若仙山琼阁。1963 年，我国在此设立哨所，成为军事要地。水流峰东约 3 千米有渤海国时期的古城——水流峰遗址，白马传书的故事就发生在这里。

（2）张鼓峰

位于防川村北部 1.5 千米的中俄边界线上，图们江上溯 20 千米的东岸，海拔 152 米，山顶分水岭为中俄界线，是北部主要山峰，山林别致，山顶平坦，便于眺望。因 1938 年日本军国主义企图"北进"而遭到苏联痛击的哈桑湖战役之"张鼓峰战役"而闻名，现在其山坡仍

张鼓峰

有战争遗物。

（3）五家山

这座山因在清朝光绪年间仅有五户人家在山下建屯而闻名，又因此山距离日本海仅4千米，东临俄罗斯，可清晰地看到厄克斯别的青海湾、图们江入海口，而被誉为"海湾第一峰"。海拔325米，山型宛若卧龙，山路崎岖盘旋，山顶陡峭，山中林象壮观，有大面积的松林、灌木林。每年四五月份当晨光熹微，朝雾缭绕，烟云缥缈之时，便会出现"海市蜃楼"盛景。

（4）沙丘

位于张鼓峰南坡，沙土细腻，人过不留痕迹，是滑沙的良好场所。金色沙丘掩映在一片青山绿水之中，堪称"绿洲中的沙漠"，令人不得不感叹大自然的神奇造化。现在已建沙丘欢乐谷旅游景区。

（5）莲花湖

该湖位于防川国家级风景名胜区沙草峰东南。水域面积48万平方米，东西宽480米，南北最长处可达1000米，潭水清澈。每年7—9月，具有1.35亿年历史的图们江红莲，在湖面上竞相开放，明艳照眼，凌波翠盖，宛如人间仙境，清末诗人韩文章有佳句"幽谷如临君子国，深山得赌美人仙"，盛赞此景。

（6）龙山湖

由六道泡、七道泡、八道泡、九道泡组成。水面面积达600公顷，池塘水草丰美，盛产鲤鱼，曾作为渔场。湖水茫茫，波光粼粼，天光水色相映成趣。水面鸟啼鱼跃，一片水乡泽国景象。

（7）张鼓湖

位于张鼓峰西 1000 米处，长 800 米，宽 700 米，湖水碧蓝如镜，清澈宁静，其四面环山，清秀幽雅。青山、湖水与沙丘的结合，堪称大自然的神奇造化。

（8）敬信湿地

敬信湿地位于图们江入海口处，江河贯穿，湖泊联片。主体湿地连片，面积达 5874 公顷，水域沼泽八百余公顷。是图们江流域的重要湿地之一，也是各种候鸟、动物最佳的栖息地和繁殖地。这里是吉林省珍稀鲑科三种大马哈鱼的唯一产地，此外该区还有林蛙、鳖、草虾等生物以及菱角、莲藕等产量较高的水生经济作物。湿地内还有珍稀海雕类、鹤类等成千上万的雁鸭和其他水鸟。

（9）安重根义士故居

坐落在敬信镇圈河村南，距珲春市区 40 千米。1908 年，朝鲜爱国反日青年英雄安重根曾在此居住并开展抗日活动。

（10）龙虎阁

龙虎阁是防川国家级风景名胜区的核心景点。站在龙虎阁就可感受"鸡鸣闻三国、犬吠惊三疆"的美景。登上龙虎阁，就可"一眼望三国"，脚下踏的是中国领土，左侧却已是俄罗斯包得哥尔那亚小镇的风光，右侧又隔江相望朝鲜豆满江市。蜿蜒的图

龙虎阁

们江上可以看到连接三国的铁路大桥，远处便是海天相连的日本海。

（11）东方第一哨

位于防川地区尽头的中俄边界吴岗上，在中国地图的位置形似"中国雄鸡之喙"，是吉林省最东部的边防哨所，因此被当地人号称"东方第一哨"。

（12）土字牌

位于珲春敬信镇防川村中俄边界的起点处，是1886年中俄重勘珲春东部边界时立的。1886年，清朝督办边务大臣、都察院左副督御使、著名金石学家吴大澂向俄国勘界官员据理力争，使俄国擅自立于洋馆坪处的界碑北移到这里，从而争回了被俄国非法占据的黑顶子地方。"土字牌"长1.44米，宽0.5米，厚0.22米，为花岗岩质。我侧正中竖向刻有"土字牌"三个大字，左侧刻有"光绪十二年四月立"八个小字，俄侧刻有"T"字，是中俄边界的第五块界碑。

土字牌

（13）洋馆坪大堤

被誉为"天下第一堤"，坐落在敬信通往防川的公路上。历史上的防川犹如一块"飞地"，一直孤悬"海外"，防川与内地之间有两处"地峡"，最窄的洋馆坪段于1957年被图们江水冲断，因此，当地百姓曾长期借走俄境出入防川。1983年8月8

日重新通车，防川才有自己的通道。大堤长 888 米，宽 8 米，用青石填江筑成。大堤东侧为俄罗斯领土，西侧图们江对岸是朝鲜罗津市豆满江洞。

（14）圈河古墓群

位于敬信镇圈河村西山北端的西南坡上。墓顺山势，自北向南排成两列，因常年被雨水冲刷，墓葬封土无存。石棺大小不等，均面向西南，墓壁用未加工的石块垒砌而成，多呈长方形。1979 年发掘了 2 座墓地，出土 1 件陶葫芦饰品，2 个陶罐。根据石棺形式和出土遗物推断，属于辽金时代古墓群。

（15）联合国世界公园石碑

石碑由联合国 1999 年计划投资 5700 万美元的防川地区修建世界公园所立。联合国世界公园是由韩国女士崔珉子教授发起筹建的，是东北亚地区横跨中、俄、朝三国的世界公园，旨在加强东北亚地区各国间的经济文化合作，促进中、俄、朝三国乃至东北亚周边国家的繁荣和发展。1995 年 9 月经联合国秘书处和亚太地区代表同意，起用联合国的名称。同一时间，珲春市人民政府与韩国"和平世界公园"建设委员会委员长崔珉子女士正式签约，1999 年 4 月 23 日奠基。

（16）朝鲜族民宅和风俗

朝鲜族住宅基本保持了单间、双间和三间的传统形式。屋顶为船形和宇殿、阁型，用草或瓦片覆盖。墙壁是泥墙，刷白灰。中华人民共和国成立后，随着生活水平的提高，砖瓦结构住宅日

朝鲜族民俗活动

267

益增多，但仍保持着屋顶 4 个斜面的外形。其屋内设置更是别具一格，有"进屋先上炕"的习惯，屋内地面即为炕席，各屋内的炕下有通道彼此相通，锅台建在炕头上，当生火做饭时，热气就可以通过炕下的通道把各个屋子取暖。

朝鲜族民间盛行并流传至今的节日为元旦、春节、上元（元宵节）、寒食（清明节）、端午节、秋夕（中秋节）和冬至等，此外还有一些家庭节日和政治节日，朝鲜族也过得非常隆重，体现了这个民族团结、乐观的美好精神。

朝鲜族是一个能歌善舞的民族。上至白发苍苍的老人，下到天真可爱的儿童，一般都喜欢唱歌跳舞，每逢节假日和喜庆日，都可以看到朝鲜族人民载歌载舞。同时，朝鲜族婚丧嫁娶、饮食、服饰都很有讲究。

（17）东北虎国家级自然保护区

珲春东北虎国家级自然保护区东与俄罗斯波罗斯维克、巴斯维亚两个虎豹保护区和哈桑湿地保护区接壤，西与朝鲜的卵岛和藩蒲湿地保护区相邻，属于野生动物类型的自然保护区，总面积 10 余万公顷，是国际濒危物种、国家 I 级重点保护野生动物东北虎、远东豹的保护栖息地。自然保护区内野生物种多样性极高，是图们江流域名副其实的世界级"生态宝库"。

自然保护区内的东北虎

2. 小三角洲俄罗斯境内现有旅游资源

俄罗斯境内哈桑区旅游资源较为丰富。纵贯哈桑区的黑山山脉，具有典型的针阔叶混交林景观。从 1916 年起，纳尔瓦河以北，普里莫尔斯基镇以西被开辟为雪松沟自然保护区。这里美丽的针阔叶混交林景色，没有丝毫人工破坏的痕迹。哈桑区海岛、海湾众多，景色优美，气候宜人，著名的远东海洋自然保护区就在这里。优美的海洋风光，适宜的气候环境，极适合海洋旅游的发展。

哈桑区原名"波谢特区"，为纪念哈桑湖战役而牺牲的苏联红军烈士而将该地命名为"哈桑区"。哈桑区历史遗迹非常多，拥有"克拉斯基诺城址"，即毛口崴渤海古城，还拥有哈桑湖战役遗址、哈桑湖战役纪念碑、烈士陵墓等多处遗址，境内军事文化设施丰富，均可作为旅游要素开发。俄朝铁路大桥从哈桑横跨图们江至朝鲜洪仪里。

3. 小三角洲朝鲜境内现有旅游资源

在图们江三角洲规划区朝鲜范围内有晚浦、西藩浦两个天然淡水湖泊，以及胜战台等历史遗迹。

朝鲜境内罗先市旅游资源相对丰富。罗津先锋地区海岸线从与俄罗斯相接界的北部牛岩里到西南的厚仓里，总长 150 千米，共有 8 个海

朝鲜琵琶岛

湾、海岛、海滩和海角，是该地区的主要景点。海岸线上景色最美、最有代表性的景点有先锋海湾的琵琶岛、罗津海湾及其入口的大小草岛、雄尚里海湾及先锋海角北端的新海海湾等。

罗津先锋地区除海滨景观之外，还有众多自然与人文景观。如豆满江的胜战台、咸镜北道的七宝山、沉汀附近的蒙柴胡、先锋县牛岩山的樱桃园、黑池地区的麝香鼠、先锋县元汀的甜荆棘孟山的黑松林、史前屈捕遗址、豆满江市的古堡、银柴胡及野生人参等药材。罗津市独特的社会制度文化。朝鲜主体思想指导下所宣传的"国民幸福感和自豪感"，对一些游客具有一定的吸引力。罗先市还有许多纪念、歌颂领袖的纪念碑、博物馆等人文景点。

4. 小三角洲的"一带六组团""三亮点"

"一带"：图们江国际旅游风景带。

"六组团"：敬信国家边境旅游组团、圈河国际物流服务组团、洋馆坪东北亚休闲娱乐组团、防川三国火车文化组团、中俄国际邮轮合作组团、张鼓峰国际战役组团。

"三亮点"：珲春国际旅游全国独特的是防川三国边境（火车）游，中、俄、朝三国海上（邮轮）游，图们江出海口江上游（游船）的三个亮点。

5. 小三角洲跨国旅游图景

游客抵达珲春防川景区后，可先登上龙虎阁眺望三国的美景，触摸"土字牌"历史的沧桑，然后可选择两条路径"跨国旅游"。一条是"中朝两国江海游"，通过图们江第一码头乘船，抵达朝鲜对岸码头，游览朝鲜海边风光后，返回中国。另一条是中、朝、俄三国火车游，通过位于防川的中俄旅游口岸，乘旅游巴士出境抵达俄罗斯哈桑镇，游览哈桑风光后，在哈桑火车站乘俄朝国际列车，跨过图们江友谊桥，抵达朝鲜洪仪里火车站，游览圣战台等朝鲜风光后，乘旅游巴士由中朝防川旅游口岸返回中国。

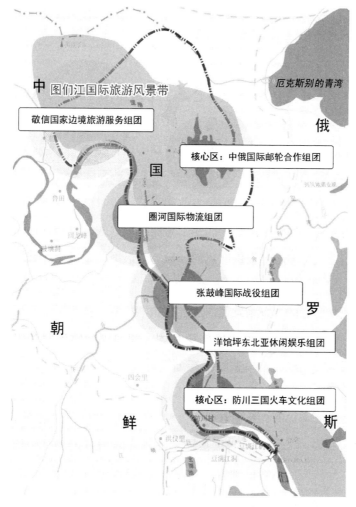

中 图们江国际旅游风景带

敬信国家边境旅游服务组团

核心区：中俄国际邮轮合作组团

圈河国际物流组团

张鼓峰国际战役组团

洋馆坪东北亚休闲娱乐组团

核心区：防川三国火车文化组团

厄克斯别的青湾

俄

国

罗

朝

斯

鲜

三角洲旅游"六组团"图

（二）"点线面"结合推进三角洲全域旅游

1. "点线面"结合，以我为主向腹地辐射

随着我国经济社会的发展和小康社会的建成，我国已进入旅游消费时代。为推动景点旅游向全域旅游转变，国家旅游局发布了《国家全域

旅游示范区认定标准》《全域旅游示范区创建验收标准》等多个文件，除此之外，在"十三五"旅游规划文件中，基本上都是围绕全域旅游进行工作部署，因此，"全域旅游"将成为我国未来旅游业发展的主题。在这种发展趋势下，小三角洲旅游必将向腹地更丰富的旅游资源辐射和拓展，进而形成大三角洲旅游格局。

在图们江三角洲旅游规划中，已明确提出：要变"景点旅游"为"景区旅游"和"城市休闲旅游"，变单一的陆上旅游为陆海旅游，变单一国别的旅游为跨国旅游，从而顺应当前和今后一段时期旅游业发展的方向和游客的期待。另外，由于图们江三角洲区域内的港口和高铁作用，可以为图们江三角洲旅游提供广阔的外延空间。因此，以中、俄、朝三国90平方千米为主的小三角洲旅游，势必难以满足未来旅游业发展的要求，必须以更宽的视野来发展图们江三角洲旅游，使小三角洲变身为大三角洲。

要形成图们江大三角洲旅游局面，首先应当以图们江为"线"，将图们江沿江边境城市的旅游资源纳入规划之中，将安图、和龙、龙井、图们、珲春的边境游作为重要内容。其次以珲春敬信、和龙茂峰旅游作为"点"，进行重点突破，打造成旅游亮点。防川三国游是图们江旅游的核心，是最吸引游客的地方。和龙市与朝鲜共建茂峰国际旅游特区，更加彰显了对朝旅游特色。其三，以延边朝鲜族自治州首府延吉市旅游为"面"，向敦化、汪清和内陆区域辐射，为图们江三角洲旅游提供内容支撑，形成"全域旅游"。其四，对接长白山并延伸鸭绿江旅游。长白山是吉林省吸引境内外游客的名片，而鸭绿江的对朝旅游特点鲜明，风景独特，特别是集安市的高句丽遗迹，是"吉林八景"之一，深受韩国游客青睐。而随着通往珲春的高铁运营，图们江区域已经构架起与外界交流的便捷通道，因此，将图们江三角洲旅游向白城乃至蒙古草原延伸，是非常有前途的旅游线路，必将进一步丰富吉林省国际旅游内涵。

通过点线面的结合，形成吉林省独有的"国际图们江、跨界长白山"的国际旅游品牌。

2. 大三角洲区域旅游资源极为丰富

图们江发源于长白山山脉主峰东麓，总长525千米，其中510千米是中朝两国界江，流经吉林省延边朝鲜族自治州安图县、和龙市、龙井市、图们市、珲春市，15千米是俄朝界江。图们江水注入日本海后，还与日本、韩国水路相通。可以说，图们江上接长白山，下连三国通五国的独有特色，吸引了众多国内外游客的造访。

图们江沿江区域的旅游资源非常丰富，素有"歌舞之乡""泡菜故乡"之称，其"名山、民俗、边境、冰雪"四大旅游品牌已深入人心，长白山自然风光、朝鲜族民俗风情、中俄朝边境风貌、图们江冰雪风韵，让图们江区域的旅游资源焕发出独特魅力。

（1）自然旅游资源

图们江沿江区域自然旅游资源特点是以山水风光和生物景象为主体，数量多、品位高，很多处于原始状态，开发潜力极大。

①山峰：长白山天文峰、和龙甑峰山、仙峰岭、敦化老白山、琵琶顶子、牡丹岭、珲春水流峰、森林山、雪带山、图们后安山、中高岭、延吉帽儿山、龙井汗王山等。

②岩壁：珲春红石壁，汪清三道碴子、鸡冠碴子、东四方台，敦

长白山

化黄泥河大碇子，延吉东大碇子等。

③峡谷：主要有长白山 U 形谷、峡谷浮石林，和龙图们江峡谷，珲春春化峡谷等。

④石海：延吉五道石海、敦化老白山石海、安图和平石海等。

⑤江河：延边有图们江、松花江、牡丹江、绥芬河四大水系，还有海兰江、红旗河、古洞河、富尔河、汪清河、嘎呀河、珲春河、布尔哈通河、珠尔多河等。

⑥湖泊：天然湖有天池、园池、老里克湖、二道泡、莲花湖、草帽龙泉等；人工湖有老龙口、雪山湖、天星湖、海兰湖、龙山水库、六鼎山水库、哈尔巴岭水库、亚东水库等。

⑦瀑布：主要有长白瀑布、老白山瀑布、珲春三道沟吊水壶瀑布、汪清兰家龙王潭瀑布、和龙崇善瀑布等。

⑧湿地：主要有敦化雁鸣湖湿地、哈尔巴岭湿地，珲春敬信湿地，和龙老岭高山湿地，安图月亮湾湿地等。

⑨生物旅游资源：主要有原始森林、红松林、白桦林、岳桦林、牛皮杜鹃、紫杉、金达莱、美人松、苹果梨园、富硒苹果园、枫叶等。

⑩天象旅游资源：主要有雾凇、温泉、林海雪原、沙丘公园等。

（2）人文旅游资源

图们江沿江区域的人文旅游资源丰富，具有地域性和民族特色，又以民俗文化、历史遗迹为主体。

①国家级重点文物保护单位：敦化六顶山古墓群、城山子山城，和龙龙头山古墓群、渤海中京城遗址、石人沟遗址，珲春八连城遗址，汪清百草沟遗址，图们磨盘村山城，延吉边务督办公署旧址等。

②历史遗迹：敦化江东二十四块石、依克唐阿碑，龙井地名井泉、一松亭、"间岛"日本总领事馆、大成中学遗址、尹东柱故居，图们凉

水断桥、苏军纪念塔，珲春裴优城、龙虎石刻、安重根故居，汪清马村抗日游击根据地，和龙青山里战役纪念碑，敦化陈翰章将军墓，延吉董存瑞纪念馆等。

敦化大佛　　　　　　　　　　朝鲜族民宅

③宗教建筑：敦化金鼎大佛、珲春灵宝寺、图们华严寺、延吉基督教堂、长白山历史文化园等。

④城建与园林：延吉人民公园、金达莱广场，安图长白山文化博览城，敦化渤海广场、北山公园，珲春龙源公园，图们江广场等。

⑤民俗文化活动场所：中国（延边）朝鲜族民俗园、延边博物馆、延吉会展演艺中心、延吉欢乐宫、松林阁影视基地，图们龙家美苑、白龙村百年部落，安图红旗民俗村，龙井龙山民俗村，珲春杨泡满族乡、三家子满族乡，和龙金达莱民俗村等。

⑥旅游节庆活动：

春季——和龙金达莱文化旅游节，珲春赏雁节，龙井梨花节等；

夏季——延吉端午节、美食节，图们江文化旅游节，安图红旗村民俗节，珲春荷花节，龙井农夫节等；

秋季——延边韦特恩国际自行车旅游节，延吉秋夕节，龙井松茸节、苹果梨采摘节，珲春富硒苹果采摘节，敦化满族颁金节，和龙农乐节等；

冬季——和龙老里克湖雪乡节，延吉冰雪节，珲春中俄朝曙光节，敦化六鼎山祈福节等。

（3）社会旅游资源

图们江沿江区域有很多非传统的自然资源和人文资源，属于社会旅游资源，在旅游业发展中发挥着重要作用。

①边境口岸：珲春口岸、珲春铁路口岸、圈河口岸、沙坨子口岸、图们口岸、图们铁路口岸、龙井开山屯口岸、三合口岸、和龙南坪口岸、古城里口岸等。

②国际空港：延吉机场国际空港。

③中国优秀旅游城市：延吉市、敦化市等。

④特色餐饮：主要有冷面、狗肉、糕点、泡菜、烧烤、石锅饭等。

⑤休闲娱乐：主要有练歌厅、夜总会、演艺剧场、酒吧、茶座、洗浴、足道、美容、购物等。

⑥旅游商品：特产主要有人参、鹿茸、蛤什蟆、不老草、猴头、松茸、松子、薇菜、马蹄叶、苹果梨、延边大米等；工艺品主要有松花石砚、长白山根雕、长白山植物画、萨满图腾壁挂、木刻画、朝鲜族长鼓、七彩巾、满族剪纸等。

（4）旅游景区

图们江沿江区域有以下特色旅游产品和各类旅游景区。

①国家级自然保护区（可供游览的）：主要有长白山、敦化雁鸣湖、老白山，龙井天佛指山，汪清兰家等。

②国家森林公园：延吉帽儿山，和龙仙峰，图们江源，汪清满天星、汪清兰家等。

③省级森林公园：敦化丹江、布库里山、黄泥河大砬子，汪清大兴

沟石佛洞，图们日光山，安图明月湖，和龙金达莱等。

④国家级风景名胜区：珲春防川、和龙仙景台等。

⑤省级风景名胜区：汪清满天星、敦化六鼎山等。

⑥省级旅游度假区：延吉海兰湖、敦化雁鸣湖、敦化亚光湖、和龙仙峰等。

长白山滑雪图

⑦国家考古遗址公园：和龙渤海中京国家考古遗址公园。

⑧国家级水利风景区：延吉布尔哈通河、和龙龙门湖等。

⑨国家矿山公园：汪清满天星。

⑩州级旅游度假区：敦化小沟山庄、金沟度假山庄，汪清华鑫山庄、蓬莱阁度假村、明月沟度假村，延吉梦都美度假区、喜久多山庄、中关村山庄，和龙亚东水库、松月水库，图们石砚山庄，龙井琵岩山，珲春三道沟、宝业山庄等。

⑪滑雪场：延吉梦都美、龙井海兰江、汪清满天星、长白山和平、和龙仙峰、敦化北山等。

⑫漂流：图们江漂流、海兰江漂流、古洞河漂流、大戏台河漂流、大荒沟漂流、富尔河漂流、老白山漂流、红旗河漂流等。

⑬主题景区：安图海沟黄金城、东清大关东文化园，敦化寒葱岭枫颐园等。

⑭全国工业旅游示范点：安图海沟黄金城、敦化敖东集团等。

⑮全国农业旅游示范点：安图福满生态沟。

⑯省州级乡村旅游点：安图红旗民俗村、茶条村，和龙金达莱民俗村、光东民俗村，延吉河龙村、春兴村、大成村、帽儿山，龙井三合镇、仁化民俗园，图们江月晴镇，和龙崇善、龙门湖农家饭庄，汪清百草沟美食街、蓬莱度假村，敦化雁鸣湖渔乡、临江朝鲜族民俗村，珲春敬信渔馆、朝鲜族人家、防川村等。

⑰5A级旅游景区：长白山。

⑱4A级旅游景区：延吉海兰湖、敦化六鼎山、安图峡谷浮石林、雪山飞湖、大戏台河、珲春防川等。

⑲3A级旅游景区：安图红旗民俗村、长白山魔界、长白山大关东文化园、长白山文化博览城、福满生态沟、和平滑雪场、延边国贸农业文化园、敦化老白山、雁鸣湖、北山体育公园、汪清满天星、和龙仙景台、金达莱民俗村、图们江口岸景区、图们日光山森林公园。

⑳2A级旅游景区：延吉石海景区。

㉑A级旅游景区：延吉千年松、龙井三合望江阁。

3. 极富特色的图们江边境城市游

图们江边境城市包括：珲春市、图们市、龙井市、和龙市、安图县。

（1）珲春市

珲春面积5145平方千米，人口23万人左右。珲春是我国唯一地处中、俄、朝三国交界的边境窗口城市，与俄罗斯、朝鲜山水相连，与韩国、日本隔海相望。珲春既是中国直接进入日本海的唯一通道，也是中国从水路到韩国东海岸、

珲春一眼望三国

日本西海岸，以及北美、北欧的最近点。以珲春为中心，周边分布着俄、朝众多天然不冻港。珲春政区以珲春岭为界与俄罗斯滨海边疆区的哈桑区接壤，边境线全长246千米，距离俄罗斯远东最大的海港城市符拉迪沃斯托克（海参崴）最近处不到50千米。西南以图们江为界与朝鲜咸镜北道相邻，边境线全长139.5千米。北部以老爷岭为界与汪清县毗连，西北角与图们市相连，东北与黑龙江省东宁市相邻。

借助"邻海通海""三国交界"的特殊区位条件，珲春市正致力于建设成为全国知名的边境旅游城市。近年来，开发形成了中俄边境旅游、中朝边境旅游、中俄中朝边境风光游、中俄朝环形跨国游、中朝自驾游、中朝骑行游、中俄自驾游、中俄韩陆海跨国游八大旅游产品共10条旅游线路。为发展全域旅游，珲春市正在建设"一核三线"，即：中部核心区，南线、东线和北线为主要发展方向的全域旅游，逐步实现"一乡（镇）一景区，一村一产品，一户一特色"的发展格局。使珲春逐步形成以南部的边境风光、跨境旅游、民俗体验、休闲养生，东部的生态旅游、农家旅游，北部的红色旅游、休闲旅游，中部的接待服务、文化展示、观光农业、特色餐饮为主的全域旅游产业发展新格局。

为推动旅游项目建设，珲春市提出——南部地区在重点推进"图们江三角洲国际旅游区"和中朝跨江一日游两大项目基础上，建设洋馆坪综合服务区、防川景区观光木栈道、张鼓峰纪念馆，开辟对朝旅游临时通道，完善自驾营地建设；东部地区重点引导乡镇、企业开发老龙口水库、吊水壶、春化地下森林、三道沟森林观光园、建州古城文化体验区、草帽山红石谷旅游区等旅游项目；北部地区重点扶持开发大荒沟旅游区、大荒沟自驾车营地、双新果蔬观光采摘园等项目；中部地区以市区为中心，重点开发文化旅游项目，建设博物馆、展览馆、滨河公园、北山公园四大项目，同时，鼓励扶持乡镇开发特色观光农业、农家乐、特色餐饮、避暑休闲养生等项目。逐步形成以南部的边境风光、跨境旅游、民俗体验、休闲养生，东部的生态旅游、农家旅游，北部的红色旅游、休闲旅游，中部的接待服务、文化展示、观

图们江文化旅游节

光农业、特色餐饮为主的全域旅游产业发展新格局。

（2）图们市

图们市位于图们江下游，总面积1142.65平方千米，东南与朝鲜隔图们江相望。由于这里距日本海较近，海洋性气候明显。

图们是吉林省立关最早、通关最久的口岸城市，也是全省唯一有公路口岸、铁路口岸"双通道"的城市，是我国沟通中、朝、俄三国，辐射东北亚的重要交通枢纽。为更好地满足游客多样化休闲娱乐的需求，近年来，图们市加大资金投入，完善基础设施，打造独具民族特色的旅游景点，建设了7万平方米的集娱乐、旅游、集会、购物于一体的图们江广场，全国唯一的中国朝鲜族非物质文化遗产展览馆，国内首家以环境保护和节能减排为主体的中小学生科普体验基地——图们市青少年环境体验馆及延边朝鲜族自治州唯一的现代化城市展示馆——图们市城市数字展示馆。依托日光山丰富森林资源，得天独厚的自然景观，先后投资建设图们铁路历史展览馆、图们江奇石博物馆、中国最东端的朝鲜族寺庙——华严寺和全州唯一的集国际性、艺术性、观赏性于一体的图们江雕塑公园。以传承中国朝鲜族民俗文化为目的，在月晴镇白龙村建设

了以百年传统老宅和 13 座风格各异的朝鲜族房屋为核心的中国朝鲜族仿古建筑群"百年部落"。同时，还重点打造了"图们串街""图们江烧烤第一村""凉水有机水果采摘""长安龙家美苑"和"月晴农家乐"等特色饮食和民俗文化娱乐区域，连点成线，形成了以图们江广场、口岸国门和日光山森林公园为核心的沿江边境旅游观光带。

此外，图们以发掘和弘扬图们江文化，打造图们江文化交流中心为目标，连续成功举办图们江文化旅游节，先后打造了图们江文化论坛、图们江斗牛节、图们江经贸洽谈会、图们江之星歌手大赛、艺术开心课堂等品牌活动，荣获了全国"最具魅力节庆城市"奖，入选旅游业最美中国榜，创造了"最多人抽陀螺"和"最多人同时表演长鼓舞"两项吉尼斯世界纪录。成功举办 2015 旅游业最美中国榜发布仪式，入围"2015 最美中国榜"榜单，荣获"最美中国·文化魅力——休闲度假旅游目的地城市"称号。深入发掘弘扬图们江文化，举办"图们江朝鲜族端午民俗节"等活动，"图们江文化"品牌影响力持续提升。

（3）龙井市

龙井市位于长白山东麓，东南隔图们江与朝鲜相望，边境线长 142.5 千米，全市总面积 2581 平方千米。龙井市在满语里的意思为两山夹一江（海兰江）。龙井原名六道沟，是满族的发祥地和龙兴之地。龙井市市域内现有三合、开山屯两个国家一级陆路开放口岸，三合口岸距朝鲜清津港只有 87 千米，龙井距罗津港 227 千米，是经朝鲜进入日本海，走出太平洋的理想通道。

龙井具有发展旅游业得天独厚的优势。旅游资源丰富，万亩苹果梨园、天佛指山国家级自然保护区等旅游资源独具特色；区位优势明显，朝鲜、韩国等毗邻，是重要的边境口岸城市，边境魅力独特，跨境旅游和边境风光游潜力巨大；文化特色鲜明，是中国最大的朝鲜族聚居地，作为中国朝鲜族教育、文化、革命的发源地、根据地，龙井不仅保留了独特的、原汁原味的民族民俗文化，同时还在发展中积淀了大量的历史文化遗存，留下了宝贵的红色旅游资源。

为强化旅游产业的带动作用，龙井市积极建立健全公共服务体系，不断加强基础设施建设，商业服务质量水平不断提高，通过加强与周边地区的区域旅游合作，积极创新旅游业工作体制、机制。

（4）和龙市

和龙市地处长白山东麓，图们江上游北岸，东与龙井市接壤，西与安图县毗邻，北与龙井、安图两市县搭界，南与朝鲜咸境北道、两江道隔图们江相望。面积5068.62平方千米，人口31万人。

和龙市借助长白山旅游资源和边境旅游资源，大力谋划发展全域旅游。和龙市近年提出，争取将平岗绿洲打造成为延吉—长白山旅游黄金线路上的必游节点，将旅游与文化相融合，联动其他产业协同发展。通过旅游产业的大开发带动文化和农业产业的大发展，形成农旅文一体化的发展格局。"民族文化、山水林田、中药康养"是其三大独具特色的核心资源，鲜明喊出"长白山下田园梦，海蓝江畔稻花香"的形象口号，以现代农业产业为基础，以大尺度田园环境为特色，以朝鲜族文化精神为灵魂，以延吉—长白山旅游线为依托，将其打造为国家级田园文化休闲旅游区。构建了"一带、一核、一心、六区"的空间格局，一带即十里稻香风光带，一核为综合服务核心，一心为商贸物流中心，六区分别为：农家炊烟民俗风情区、稻花飘香田园休闲区、怡然山水养生度假区、农林牧歌乡村体验区、古国遗风历史文化区、四季花谷康体运动区。旅游产品体系包括田园观光、田园体验、庄园度假、养生休闲、民俗体验、文化休闲、滨水休闲、山地运动八大类型。截至2017年10月，和龙市已形成以金达莱民俗村、光东民俗村为核心，融入平岗绿洲农耕文化、古渤海历史文化、朝鲜族民俗风情和乡村旅游产业，该产业已成为繁荣农村、富裕农民的新兴支柱产业。

（5）安图县

安图县素有"长白山下第一县"的美誉，是中国矿泉水之乡、吉林省"长白山大型天然矿泉水基地"、吉林省生态建设试点县、中药材良种繁育基地县、全国水利经济先进县、"绿色"中药材出口

安图县的朝鲜族第一村

基地县、国家生态示范区。所辖的二道白河镇为省级长白山旅游经济开发区。2016 年 11 月，延边朝鲜族自治州安图县被国家旅游局评为第二批国家全域旅游示范区。

安图县唱响"旅游兴县"的发展旋律，使旅游整体水平不断提升，旅游环境与服务水平不断提高，旅游市场秩序大幅度改善；旅游经济运行状况经济总量持续增长，旅游经济呈现总量快速增加，运行质量不断提升的发展趋势；"十二五"期间，累计接待国内外游客 1055.31 万人次，实现旅游总收入 127.08 亿元，分别增长 1.2 倍和 2.4 倍，实现了"安全、秩序、质量、效益"四统一的目标。

安图县旅游在发展方向上，坚持主打长白山牌，融入长白山和长吉图旅游体系，做好长白山山下的旅游开发文章的同时，着眼于建设以长白山休闲度假为特征的东北亚核心旅游目的地。近期发展定位于"打造长白山文化旅游风情线"，远期发展定位于"构建长白山福地"，逐步树立安图县作为长白山休闲度假旅游目的地的品牌。在发展布局上，确立

了以"壮大两镇、突出两湖、贯通一线"为主的发展格局。"两镇"即明月镇和松江镇(含二道白河镇),明月镇定位于建设山水园林旅游度假城,松江镇(含二道白河镇)统一规划建设以矿泉流通为特色的矿泉水生态旅游城;"两湖"即明月湖和雪山飞湖,将明月湖打造成休闲养生度假区,雪山飞湖打造成水上风光娱乐度假区;"一线"即明月镇至松江镇(含二道镇)旅游公路沿线为主的"长白山休闲养生文化风情线"。在发展重点上,把旅游项目建设作为主抓手,大力开发与长白山自然风光互为补充的生态、民俗、文化、冰雪、边境和休闲度假旅游产品,并且在旅游服务设施、交通配套设施、城市公共设施、旅游接待设施等方面进行了全面的完善和硬性建设,累计投入旅游建设资金27.1亿元,当年旅游项目完成投资额占城镇固定资产4.5%;旅游业在经济社会发展中作用明显增强,已经成为全县六大支柱产业中的主要产业。

截至2016年年底,安图县境内共有A级旅游景区13家;星级饭店20家;旅行社26家;工农业旅游示范点各1家;乡村旅游经营单位9家;星级厕所15家;住宿业服务质量达标单位60家;农家乐旅游接待户30余家;大型旅游诚信购店16家;导游数量超过百余;基本形成包括吃、住、行、游、娱、购六大要素较为完备的旅游产业体系。

三、邮轮遨游,美景在望

(一)邮轮游是图们江三角洲旅游的发展方向

1. 图们江三角洲发展邮轮旅游前景广阔

邮轮被称为"漂浮在黄金水道上的黄金产业",越来越多的滨海城市将其视作城市经济发展的新增长极。

邮轮旅游在图们江旅游发展中潜力巨大

图们江区域陆海旅游资源丰富，港口众多，跨国、跨民族、跨文化体验，独具特色。中、朝、俄、韩、日等国家的滨海旅游城市，发展国际邮轮旅游意愿强烈，因此，在图们江区域发展国际邮轮游，有得天独厚的优势，极具前景。

国际邮轮游属于高端旅游，主要面向的是高端市场，这部分旅游消费者拥有较高的消费能力，对产品的品质、服务质量等要求较高，因而高端旅游产品的价格较一般旅游产品昂贵，经济效益也更高。邮轮旅游可以10%以上的高比例带动多产业发展，而在国家拉动内需、发展"一带一路"的新形势下，特别是中俄共建"冰上丝绸之路"，为开展东北亚方向的邮轮旅游合作注入了新的发展动力。

按照国际邮轮经济的发展规律，当一个国家或地区人均国内生产总值（GDP）达到6000~8000美元时，邮轮经济便具备了发展条件。截至2015年，中国已有22个省份人均GDP达到6000美元以上，我国人均GDP发展水平已具备了加快发展邮轮旅游的条件。

2. 中国成立6个邮轮旅游发展实验区推动邮轮业发展

随着传统的欧美邮轮旅游市场日趋饱和，国际邮轮产业正将发展重点转向亚洲尤其是中国内地这一新兴市场，包括世界三大邮轮公司在内的嘉年华、皇家加勒比、丽星等各大邮轮公司都在积极开拓在华发展空间。自2013年以来，中国的需求以两位数的速度大幅增长，使之成为邮轮行业增速最快的市场。2015年，中国乘邮轮出行的乘客有100万人，高于2014年的70万人。中国国家旅游局预计，到2020年，这一数字将达到450万人。

2008年6月，国家发展和改革委下发《关于促进我国邮轮业发展的指导意见》，作为第一个引导和鼓励邮轮产业发展的部级文件，该文件从宏观上初步确定了我国邮轮业发展的指导思想、基本原则、总体目标和主要任务。同年10月，国家旅游局对中国邮轮旅游发展进行了总体规划。2015年8月11日，国务院办公厅发布了《国务院办公厅关于进一步促进旅游投资和消费的若干意见》，提出推进邮轮旅游产业发展。

为加快发展邮轮旅游产业，推动"21世纪海上丝绸之路"邮轮旅游合作，打造邮轮国际旅游精品，增强旅游产业核心竞争力，我国一些沿海发达城市开始建设"中国邮轮旅游发展实验区"。邮轮旅游发展实验区是指由国家旅游局批准设立的，依托当地丰富的港口资源、旅游资源和区位优势，以邮轮母港建设为核心而成片开发的面向国内外游客的集旅游运营、餐饮购物、免税贸易、酒店文娱、港口地产、金融服务等于一体的综合服务区。截至2017年11月，我国已设立6个邮轮旅游发展实验区，分别是：2012年9月成立的上海邮轮旅游发展实验区；2013年4月成立的天津邮轮旅游发展实验区；2016年5月成立的深圳邮轮旅游发展实验区；2016年5月成立的青岛邮轮旅游发展实验区；2017年7月成立的福州邮轮旅游发展实验区；2017年8月成立的大连邮轮旅游发展实验区。海南三亚于2017年8月正式向国家申请设立邮轮旅游发展实验区。

（二）图们江三国邮轮游

我国图们江核心区珲春市附近，分布着包括俄、朝、韩、日四个国家的10余个港口群。而我国有从图们江进入日本海的出海权。因此，可充分利用周边港口和我国出海权，发展邮轮游。初步构想是开通中国珲春—俄罗斯海参崴—俄罗斯波谢特—朝鲜罗先陆海跨国旅游线路。近期开通至海参崴、罗津中小型邮轮。未来开通至釜山、北海道等大型邮轮，还可穿越白令海峡经北极航线考察北极的邮轮。如果在珲春建设邮轮码头，将形成图们江三角洲中、俄、朝三国旅游集散中心，极大促进这一区域的跨境旅游发展。

中朝俄三国滨海旅游资源丰富，只有通过邮轮游，才能集聚人气，弥补中俄朝三国在海上邮轮旅游产品上的不足，建立国际贸易、人流、物流集散地，带动东北亚地区的经济发展。

图们江三国邮轮游可以设置以下两条路线。

1. 中国珲春—朝鲜罗先—俄罗斯海参崴旅游线路

第一天：上午8：30左右从珲春客运站出发，经圈河口岸通关后乘车前往罗先，参观学校、观摩少儿艺术表演、感受朝鲜民俗文化、晚宿于罗津。

第二天：在罗津港乘邮轮，经深海区观赏海狗自然保护基地，至俄罗斯海参崴，晚宿于海参崴。

第三天：乘海参崴至珲春客车返回珲春。

2. 中国珲春—俄罗斯海参崴—朝鲜罗先旅游线路

第一天：上午8：30左右从珲春客运站出发，经珲春口岸验关后乘车前往斯拉夫扬卡。午餐后乘船或旅游客车前往海参崴。晚餐后自由

罗先市   海参崴市

活动。

第二天：在海参崴港乘邮轮，经深海区观赏海景，至朝鲜罗津港，晚宿于罗先。

第三天：上午参观体验罗先海滨浴场、琵琶岛、品尝朝鲜风味海鲜，下午乘车回国。

（三）环日本海五国游

打造环日本海邮轮旅游路线，领略各国风土人情，形成与加勒比海、波罗的海不同风情的邮轮线路。

1. 日本新潟旅游线路

借助珲春目前开通的"珲春—扎鲁比诺港—新潟航线"，开展珲春—日本新潟二晚三日游。游客除在邮轮上享受美好时光外，抵达新潟后，可观赏如下景点。

（1）第一天

万代桥——流经新潟市街中央的信浓川上架设这座美丽的六连拱桥，是"水都"新潟的象征。桥的东、西两侧是购物和夜生活的中心。

白山公园——荷兰风格环游式庭园的白山公园，是日本最早的城市公园。公园内有富商豪邸移筑再建的燕喜馆，花很少的费用就可以享受呈茶服务。公园周边有国家重要文物，新潟县政纪念馆(1883年建造的旧县会议事堂)和集表演场、剧院、能乐堂于一体的留多庇阿(市民艺术文化会馆)等。

日本海水族馆——养育着约20 000条日本海的鱼类。通过水槽中的海底隧道、室外水池中的海狮、海豹(水上动物园)、在日本饲养数较多的洪堡企鹅等，非常有趣。海豚的精彩表演更是受人欢迎。

(2)第二天

新潟故乡村——是介绍新潟县观光和物产的基地设施。有介绍文化、历史和最新观光信息的宣传馆，特产、名产比比皆是，还有饮食街的"商店街馆"。

弥彦神庄——位于弥彦山麓、国家指定重要文物，是越后(新潟县地方古代名称)第一宫，创建年代约为1300年前。节庆、传统活动较多，四季都有各自美丽的观光地。从弥彦山顶大全角展望越后平原和日本海，可谓风光无限。

温泉——新潟县温泉很丰富。新潟市附近有月冈温泉、弥彦温泉、岩室温泉、阿贺野川线温泉乡，另外新潟可享受温泉的设施也很多。

(3)第三天

佐渡岛——日本海上浮起的大岛，有流民们(因政治原因流到岛上的贵族及有实力的人物)带来的贵族文化，因金山发达从江户带来的武家文化，商人们带来的町人文化等浑然一体，形成了独特的文化。许多有来历的寺院、古迹、民谣、鬼太鼓等民俗艺能等，值得一看。

佐渡金山——曾居世界开采量第一位的佐渡金山，当时支撑着江户幕府的财政。利用实际采金坑道的设施，可以再现当时严酷的劳动情景。

尖阁湾——碧蓝的大海上屹立断崖、岩礁，其宏大的自然造型，是佐渡代表性的景观之一。乘海湾中的游览船、海中透视船，可以欣赏各种景观和海中景象。

汤泽高原阿尔卑斯之乡——世界最大型的汤泽温泉缆车可乘坐 166 人，仅需 7 分钟即可到达汤泽高原阿尔卑斯之乡。那里有 1000 多种高山植物，是鲜花盛开的植物王国。

2. 韩国釜山旅游线路

借助开通的"珲春—俄罗斯扎鲁比诺港—韩国釜山"的航线，可以开通"珲春—韩国釜山"二晚三日邮轮游。抵达韩国釜山可以观赏以下景点。

（1）第一天

海云台海水浴场——海岸沙滩长达 1.8 千米，宽 50 米，平均水深 1 米。这里最出名的是广阔沙滩和美丽海岸线，水深较浅且清凉，可谓是釜山具有代表性的观光地。每年夏季，都会有来自各地的游客汇聚于此，形成人潮高峰。沿海岸线周边高矮各异、富有现代气息的高级酒店以及各式宾馆林立，在住宿、娱乐等方面的配套设施齐全。每年正月十五，这里会举行赏月庆典、沙雕展、沙滩节、釜山大海庆典等大大小小的活动，并且海云台周边的冬柏岛、五六岛、水族馆、快艇赛场、釜山会展中心、迎月岭路、兜风路线等景点也值得游人观赏。

（2）第二天

太宗台温泉——可以太宗台的景观为背景利用天然温泉水舒缓疲惫的身心来进行休息之处。可在洗温泉的同时透过玻璃窗欣赏窗外的山与大海。这里有健康池、露天池等多种功能池。

太宗台——望台可远眺五六岛与对马岛的秀丽风景。眺望台前雕刻有象征母爱温情的母子像。为了保护太宗台的美丽自然景观，同时也为了保证游客的舒适与安全的步行环境而管制车辆的进入，并运营着 DA-NUBI 观光车。

蔚山岩——由 6 个花岗岩山峰组成，周长 4 千米。登上蔚山岩，可以看到雪岳山的胜景和东海、达摩峰、鹤沙坪水库一带。

梵鱼寺——寺内有建于 9 世纪左右的三层石塔和由 4 根柱子支撑的一柱门，还有 7 座殿阁、楼阁，3 扇门，11 座庵堂等。此外还有受保护植物——藤树林与其间的溪谷融为一体，每年 5 月周围的景致尤显美丽。

（3）第三天

东区、中区、东莱区和釜山镇区——是釜山市区的主要城市功能设施和景点区域。中区的 biff 广场是釜山电影节的主要活动区域；釜山镇区聚集了很多百货商店、市场等商业设施；东区则有上海街和外国使馆等延伸的外国设施。这一片长条形的区域集中了古迹、商业、文化、公园等设施。釜山市的主要商业区南浦洞和西面都位于这一片。

东莱温泉区——釜山的东莱温泉从三国时代开始喷涌，一直持续到现在，是一座历史悠久的温泉，温泉周边住宿设施也非常完善，并且附近的金井山和金刚公园可以在泡温泉之余前去游玩一番。费用约 7900 韩元（约合 48 元人民币）。

南浦洞和光复洞——是另一个购物区域，这里有釜山最著名的海鲜市场札嘎其市场和销售罐头的罐子市场，市场附近也有生鱼片的餐馆。宝水洞册房胡同有 50 年历史。50 多家书店的几万本图书中二手书籍占40% ~70%，同时可以以低廉的价格购买新书，也可以好价格收购旧书。

西面购物商业区——集中了服装、剧场、咖啡、装饰品等众多消费品的乐天百货，是一个以多种年龄层的人为目标消费者的大型综合购物中心，同时，还是许多品牌折扣店的聚齐区和复合文化空间。这里还有釜田市场的人参专卖市场，有120多家店铺在销售着人参、水参、红参等产品，价格要比市价便宜20%～30%，因此备受顾客青睐。

（四）远期北冰洋航线游和环球主要海域邮轮游

在环日本海旅游发展到一定时期，可以适时开展北冰洋航线游，贯通全球旅游路线，通过北冰洋航线可节省航海里程，同时让游客体验到广袤壮阔的北冰洋风情。

北冰洋

在游览路线上，目前主要依托珲春至俄罗斯扎鲁比诺港、海参崴港和朝鲜罗津港进入日本海进行邮轮旅游，如果未来图们江区域出海发展顺利，可以在图们江建设邮轮码头或通过中俄两国合作开通运河出海建设珲春内湖海港旅游码头，进行日本海—北冰洋—波罗的海—地中海—加勒比海—大西洋—太平洋—日本海全球环线邮轮游。

①日本海旅游航线：从中国珲春出发，借俄罗斯扎鲁比诺港或朝鲜

罗津港，乘邮轮经韩国江原道东海市，抵达日本港口。

②北极旅游航线：从日本港口继续乘邮轮出发，经鄂霍次克海、白令海峡，进入北极航道，体验北极风光。

③北欧旅游航线：抵达波罗的海港口圣彼得堡，并游览赫尔辛基、斯德哥尔摩、哥本哈根等，走访北欧各国深度旅游景点，造访充满北欧风情的田园风光，踏访北极冰川。

④加勒比海旅游航线：乘坐邮轮巡游东西加勒比海，感受加勒比海独特的自然风光和民俗文化，欣赏充满阳光和沙滩的岛国风光、领略浓郁的加勒比风情，探访神秘的加勒比岛国。

⑤太平洋旅游航线：乘坐邮轮经巴拿马运河进入太平洋，经海参崴、扎鲁比诺返回珲春。

第八章　图们江与海洋强国梦

图们江地区如何助推国家海洋强国战略？你知道北极航线最便捷的通道吗？吉林应从哪个切入点融入"一带一路"？图们江地区如何发展海洋经济？让我们带着这些问题进行探索和构想。

一、助推国家海洋强国战略

从防川村远眺日本海

中国是位于欧亚大陆东端、太平洋西岸的文明古国。她既有辽阔的大陆国土，又有漫长的海岸线和众多的岛屿。"舟楫之便""渔盐之利"，这些传统的海洋开发利用，从古至今，一直与中华民族经济、社会的发展有着密切的关系。海洋对中国当前和未来发展的意义，从来没有像现在这样重大，党的十八大正式提出"建设海洋强国"战略，我国正向陆海兼备型国家转变，图们江地区要抓住当前大好形势，从"边疆近海"到"沿边通海"的跨越，助推国家海洋强国战略。

（一）海洋强国的内涵和外延

1. 海洋强国的内涵

从词义辨析看，"强"字构造：弘虫为强，力及至远，指代就算单一的、卑微的生命体，弘扬出来，自是强 。"强"从动词，意为"使之力量雄厚"；"强"从名词，可谓"实力雄厚的力量"。

从字面看，"海洋强国"的"强"字，可以理解为"以'海洋'强国"（动词），也可以理解为"海洋方面强大的国家"（形容词）。前者强调的是一种手段或途径，国强必须海洋强，通过发展壮大海上实力，来实现强国梦；后者强调的是一种状态，将中国建设为世界强国，包括了在海洋方面的强大，或者说建设强国的重要指标之一是要在海洋方面变得强盛。

2. 两层面解释"海洋强国"

第一层是要实现"以海强国"，通过发展海洋，来促进强国建设目标的实现；第二层是努力建设海洋强大的国家，将海洋因素作为强国的评价内容，强国必定是海上方面强大的国家。无论做何种解释，都可以肯定，海上强大意味着要拥有雄厚的力量，这种力量的获得就是一种能力，且是一种综合能力。

结合词义解析，并从中国特色社会主义基本国情和发展需求的实际出发，我们认为，海洋强国强调的是一种能力，其实质是一种高度适应并满足国家经济社会发展需求的海洋综合实力。这一提法与习总书记关于"海洋强国是在管控海洋、开发海洋、利用海洋、保护海洋方面拥有强大综合实力的国家"的表述保持精神内核上的高度一致，强调了海洋强国实质是一种国家综合实力，反映的是国家综合实力在海洋领域的体现，并概括性表述了海洋强国建设与国家社会经济之间的内在关系。

3. 海洋强国的外延

在回答了什么是海洋强国（内涵解决了海洋强国的实质是什么）的问题后，还需进一步回答海洋强国外延的问题——国家应在哪些方面保有强大的综合实力，这是由国家在海洋方面的核心利益所决定的。众多需要海上能力予以确保的权利和利益中，应根据这些权利和利益的重要程度进行优次排序，区分何为必保利益，何为涉及的重大利益，以及一般利益，并据此确定海洋综合能力中的核心保障能力建设内容。

海上综合能力需要保障的核心利益，是由我国地缘政治条件、生活生产基础、经济发展形态、国力支撑水平等综合因素共同决定的。

从我国所处地缘政治条件、生活生产基础、经济发展形态、国力支撑水平等要素来看，海洋强国意味着对海洋自由航行权、管辖海域的控制权和海洋资源环境的收益权的确保能力。

（二）日本海在我国海洋战略中的重要地位

我国海洋强国战略要加强与周边国家海洋合作，日本海是重要方向，是我国进一步深化突破岛链封锁、连通北极航线、推进海洋强国建设的新战略空间，是我国"海上丝绸之路"北线方向的必经海域。

1. 日本海是我国连接北极航线的必经海域

图们江是我国直通日本海的唯一战略通道，而且又有"图们江出海权"作为法理支撑，因此，我国长期以来积极参与图们江国际区域合作开发，也旨在进一步畅通图们江区域陆海联运通道，实现有经济意义的图们江出海。

2. 日本海并非是"日本的海"

日本海是公海，是西北太平洋最大的边缘海，其东部的边界北起为库页岛、日本列岛的北海道、本州和九州；西边的边界是欧亚大陆的俄罗斯；南部的边界是朝鲜半岛。相反，历史上，中国曾是日本海沿岸国，中国、韩国、朝鲜都曾称日本海为"东海"。

我国虽曾是日本海沿岸国，但如今却近海不临海，唯一仅存的是图们江出海权，可依此努力争取相关权利，并加强与环日本海国家海洋经济合作，拓展在日本海活动的空间。

图们江入海口风光

3. 加强日本海的海上合作

日本海是国际公海，牵涉东北亚六国的广大利益。只有进入日本海才能较好地推动东北亚区域经济一体化发展。重在加强在日本海的海上合作，能更好地开展图们江区域合作和提升东北亚经贸合作水平。应当积极寻求东北亚区域不利因素的化解和引导，引导东北亚区域国家向经济合作转变，向互利共赢的和平发展转变，匡扶正能量，让东北亚区域经济合作少走弯路，早日迎来光明。

4. 东北亚区域各国都有发展本国日本海沿岸地区经济的愿望

(1)朝鲜有发展经济的强烈需求

2013 年，朝鲜就把"发展经济"提至与"核武发展"同等重要的地位，并成立多个开发区。

（2）韩国提出"欧亚倡议"

希望发挥作为发达国家的资金技术优势，将朝鲜半岛与欧亚大陆对接，实现朝鲜半岛的和平发展。

（3）日本有资金和技术输出需求

虽然是图们江机制的观察员国，但日本一些地方政府对于参加图们江区域合作开发较为积极。

（4）中俄经贸合作需求

两个区域大国共同致力于毗邻区域的经贸合作；图们江区域国家正致力于在"大图们倡议"的基础上建立独立的经济合作组织。

（三）图们江边界的"凹"

开边通海碑

常看地图的人会发现，中国版图的轮廓"凹多凸少"，即国界线经常向国内部分凹陷。仅以江河为国界的一处小"凹"为例。说到江口，一定会想起图们江。在图们江口，中国与大海近在咫尺，触手可及，但分属俄罗斯与朝鲜的10余千米图们江末段却将中国挡在大海之外。图们江出海口的丢掉，让我们为之扼腕。图们江口让我们同时面对一个强国和一个弱国，应怎样处理边界？我国拥有沿图们江进入日本海的权利，这种权利得到俄罗斯和朝鲜两国乃至国际社会的承认，迄今没有任何国家对此提出异议。正因为吉林省有图们江出海权，才能名正言顺地融入国家海洋体系，成为"沿边通海省"。吉林省融入海洋体系，相信定会填补图们江边界的"凹"。

（四）图们江出海是海洋强国战略的重要内容

恢复图们江出海权、北出日本海战略是我国海洋强国战略的重要内容。图们江出海不仅给图们江地区发展带来好处，而且给国家创造了一个出海口，打开一个新天地，正像外国人讲的那样，建立另一个远东的"香港"，也可以建立中国北方的"金三角"。给我们整个东北地区的经济发展增添活力，对于国家海洋事业、国防事业的发展都会起到积极作用。

1. 打开日本海和太平洋的门户

图们江口为中、俄、朝三国接壤地带，是东北亚经济区的枢纽，战略位置十分重要。如果，我们能充分利用图们江出海权，开辟一个进入日本海和北太平洋的门户，不仅对吉林省乃至东北地区经济和社会发展有着巨大的促进作用，而且对维护我国海洋权益，具有深远的战略意义。

2. 图们江出海构想

中俄关系正处于历史最好时期，应以中俄海洋经济走廊建设推动日本海战略的实施，同时吸收周边国家参与共同推动东北亚经济一体化建设。

基本考虑如下：以图们江地区的开发开放为核心，以俄（含朝）周边港口为支点，以建设中俄海洋经济合作圈为主要内容，构建"欧洲—北极航道—日本海—东南沿海"和"俄远东地区—黑吉两省—日本海—东南沿海"的陆海联运战略通道，积极发展海洋交通运输、海洋旅游、海洋捕捞、涉海金融和科研服务业，打造"一带一路"倡议实施的北方路线。

（五）图们江区域合作开发初衷是走向海洋

1. 联合国开发计划署对图们江开发的构想

1991 年，联合国开发计划署召开图们江项目开发协调会，鉴于图们江的重要战略地位，希望在该地区建立一个具有 21 世纪水平的集港口、机场、铁路于一体的交通枢纽及东北亚商业金融中心，希望在此畅通图们江区域出海，打通中蒙"两山"铁路，从而构建新的欧亚大陆桥，形成东北亚陆海联运大通道，在中、朝、俄三国交界处兴建世界上第二个"鹿特丹"，再造一个"香港"。

2. 图们江区域合作的困难和阻碍

其一，朝鲜半岛形势的复杂多变是影响图们江和东北亚区域合作的显著因素。朝鲜明示了"抓住经济建设与核武力建设并存路线"，多次核试验，引发国际社会的强烈不满，受到联合国的严厉制裁。美韩增强联合军演实力向朝鲜步步进逼，并部署萨德，名义上打击朝鲜，事实上又威胁到中俄两国的国家安全，不仅受韩国本土民众抗议，中俄也表示了强烈抗议，致使刚刚建立起来的紧密型中韩友好关系受到严峻考验。朝鲜半岛形势不仅是朝韩两国的事情，而且牵动了某些大国的神经，美国高调重返亚太，加强和巩固韩美和日美军事同盟。

其二，日本军国主义复活给东北亚区域形势带来不安。东北亚区域中的发达国家——日本，近年来军国主义死灰复燃，参拜靖国神社，删除"二战"侵略历史的教科书内容，通过"新安保法"，解禁自卫队职权向正规海军迈进，赋予自卫队不仅有防御权而且有进攻权。所有这些，引起东北亚区域各国的高度警惕。

其三，俄罗斯在经济上"向东看"的同时，加大了在海参崴海军太平洋舰队司令部的军事部署，进一步提升太平洋舰队军事实力，近期则在日本海区域部署导弹，以应对有可能出现的地区安全变局。这些军事因素，使图们江和东北亚经贸合作势必要经历一段曲折艰难的历程。

只有图们江地区融入日本海，才能形成中、朝、俄、日、韩五国间的经济对接，才能带动一直把"图们江出海"作为参与图们江机制根本动力的蒙古国参与进来，真正实现东北亚区域合作。我国要实现进入日本海的战略意图，应当以与周边国家的近海合作为前提，以海洋经济合作为抓手，在日本海开展广泛的经济合作。唯有如此，才能形成长期稳定可持续发展的海洋通道，带动区域合作发展。

二、实现图们江区域陆海统筹

（一）图们江地区具备陆海统筹的条件

1. 什么是陆海统筹

陆海统筹是在区域社会发展的过程中，将陆海作为两个独立的系统来分析，综合考虑二者的经济、生态和社会功能，利用二者之间的物流、人流、信息流等联系，以协调可持续的科学发展观为指导，对区域的发展进行规划，并制定相关的政策指引，以实现资源的顺畅流动，形成资源的互补优势，强化陆域与海域的互动性，从而促进区域又好又快的发展。要实现陆海统筹，最主要的是处理好陆海两个系统之间的关联性，疏通二者之间的资源交换通道，为实现二者之间的优势资源互补创造条件，以此为出发点对二者进行统一的规划与设计，从而实现海域与陆域经济的协调发展。

2. 开启出海梦想

中华人民共和国成立后，海洋战略思想经历了从"海防前线"到"近海防御"再到"远海护卫""和谐海洋""陆海统筹"的发展过程。以陆强海，以海强陆，推进建设海洋强国和 21 世纪海上丝绸之路。这是国际发展潮流的大势所趋，是我国发展进程的必然要求。如今，面对我国海洋强国战略的实施推进，沿海省份甚至一些近海省和内陆省，也都在谋划如何陆海统筹寻求发展。充分借助图们江出海，才能开启东北地区出海梦想。

历史上有图们江出海权，周边国际港口众多，而且通过过去 20 多年参与图们江区域合作开发，与周边港口联结的口岸和道路设施更趋完善，通关效率大幅提升，对外通道日益畅通，已初步构筑成通过图们江区域走向东北亚国家的东大门。

（二）推进图们江地区陆海统筹

1. 以陆强海，以海兴陆

在宏观战略层面，应当强化内陆腹地区域与前沿、毗邻港口的联动发展。不仅做大做强靠海和近海地区的海洋经济发展，还要扩大内陆区域开放，提升内陆区域在战略制定、产业布局、城市发展规划、物流信息交互等方面的出海意识，鼓励内地借海发展，向海洋要资源，向海洋要效益。使陆地与海洋两者相得益彰，形成良性互动发展关系。

2."小扇面"变"大扇面"

在操作层面，要依托"长吉图"战略实施，扩大陆海统筹扇面。图们江区域合作开发在 20 世纪 90 年代初的最早构想就是构建新的欧亚大陆桥，向西打通中蒙"两山"铁路，向东进入日本海，进行陆海统筹。而"长吉图"战略也是以珲春为出海口，以长春和吉林为产业支撑腹地，进行陆海统筹。图们江区域陆海统筹是篇大文章，只有坚持陆海统筹，才能进一步扩大对外开放，开拓新的经济增长点，加快图们江区域振兴步伐。图们江区域物产丰富、生态优良、资源众多，在与国家东北振兴的大势下，陆海统筹，加强与东北亚各国、世界各地的陆海交流，是未来东北振兴"破局"的又一新篇章。

（三）从边疆近海到沿边通海的跨越

早在20世纪90年代初，吉林人就敏锐地意识到，近在咫尺的海洋对于图们江区域发展至关重要，必须融入海洋实现开放发展，由此提出"建设发达的边疆近海省"战略构想，面向"两海"（日本海和渤海）构筑"两带"（横向和纵向经济隆起带）。但由于当时所借助的图们江区域合作机制刚刚建立，东北亚区域形势复杂多变，致使"边疆近海省"建设推进艰难。如今，新的国际区域形势和我国强化国际海洋合作的良好愿望，以及我国参与图们江机制20多年奠定的发展基础，为图们江区域融入海洋、实现从边疆近海向沿边通海的跨越，提供了战略机遇和有利条件。

1. 从"边疆近海"借鉴经验

实现"边疆近海"向"沿边通海"的跨越，首先要正视图们江区域在建设"边疆近海省"过程中取得的成效和遇到的问题。应当说，"边疆近海"是图们江区域的区位特点，"建设发达的边疆近海省"意味着全新的思想解放、视野布局。"边疆近海省"建设是基于对省情和国内外形势的充分认识，也正好契合了国家第二轮开放形势，又顺应了联合国开发计划署关于图们江地区开发的构想，但习惯了内陆身份的图们江区域能否形成沿海开放思维的共识，在推进国际海洋合作中如何解决地缘政治博弈、外交谈判、主权争议、环境保护、投资等复杂问题，直接考验着这一战略构想的实施。值得肯定的是，通过"边疆近海省"建设，图们江区域海洋意识空前提升，参与图们江区域合作的积极性得到充分调动，与朝、俄、韩、日的海上合作得到进一步发展。但"边疆近海省"作为开放战略，势必要受到所处东北亚区域国际形势的影响。20 世纪90 年代初，苏联解体，中俄关系重新建立，俄罗斯能否顺延苏联的相关政策，对远东地区发展持何种态度，一切都处在变化调整之中。因此，中俄边境地区的形势将直接影响到吉林省"边疆近海省"建设。20 世纪90 年代，朝鲜半岛形势也出现重大调整，中韩建交，朝韩关系时而紧张，时而缓和，处在不断波动期。中朝边境地区受"中韩建交"影响，也出现不稳定因素。这些变化无常的国际因素，给"边疆近海省"建设带来了不可预期的影响。

2."沿边通海"缩短开放距离

图们江区域在区位上有通海的先天优势，与朝俄两国接壤地紧邻日本海，最近处离日本海只有 4.5 千米，顺图们江而下 15 千米便可进入日本海。在吉林珲春市方圆 200 千米内，分布着多个优良港口：符拉迪沃斯托克(海参崴)港、扎鲁比诺港、波谢特港、斯拉维扬卡港、东方港、纳霍德卡港、罗津港、雄尚港、先锋港等。历史上，吉林珲春曾是繁忙港口，与环日本海港口的海上贸易十分活跃。而今，经过 20 多年参与图们江国际区域合作开发，吉林不仅与朝俄两国港口进行了密切合作，而且与毗邻区域建立了友好关系，政界、学术界和企业界的交流合作日益频繁。吉林延边朝鲜族自治州有专门通往朝鲜罗津港，俄罗斯海参崴港、扎鲁比诺港的公路和铁路。2014 年，珲春—克拉斯基诺公路口岸、珲春—马哈林诺铁路口岸实现了常态化运营，同时，还开通了珲春—扎鲁比诺—束草、釜山、新潟航线。2014 年 5 月，吉林省政府与俄罗斯苏玛集团签署了合作建设俄罗斯扎鲁比诺万能海港合作框架协议，正式拉开合作运营俄罗斯港口的序幕。可以说，中国图们江地区与朝俄两国毗邻区域良好的合作现状，为图们江区域走向海洋奠定了坚实基础。

3."沿边通海"处于有利时期

要把握周边国际区域的有利形势。20 年前的"边疆近海省"建设之所以艰难，主要是受周边国际形势的不利影响，而今，同样需要密切关注并把握周边区域国家形势对我"沿边通海"的影响，尤其是俄、朝两国。现在，图们江地区"沿边通海"建设正处于一个有利时期。俄罗斯大力开发远东，强化与东北亚区域国家特别是与我国的合作，而中、俄两国已建立全面战略协作伙伴关系，两国元首保持着高频率接触，正在推动将高层的合作共识变成地方经济和毗邻区域的务实合作。朝鲜因频繁核试验，受到联合国的严厉制裁，经济发展放缓，在这种情况下，朝鲜地方政府已主动与我国珲春市洽谈，在图们江三角洲旅游合作上表现出强烈意愿。

吸取过去经验，正视目前成就，抓住有利机遇，乘势扩大开放，图们江区域一定能实现从"边疆近海"到"沿边通海"的历史跨越。

（四）海洋强国重在海洋经济

海洋经济，这座沉睡多年的蓝色宝藏正在被"唤醒"。海洋经济是朝阳产业，是我国"海洋强国"战略的重要内容。一向被视为内陆地区的中国图们江区域，有没有海洋经济，当下能否发展海洋经济，其前景如何？在"建设海洋强国"的热门话题中广受瞩目。

1. 什么是海洋经济

广义的海洋经济也称为现代海洋经济，主要包括为开发海洋资源和依赖海洋空间而进行的生产活动，以及直接或间接为开发海洋资源及空间的相关服务性产业活动，如海洋渔业、海洋交通运输业、海洋船舶工业、海盐业、海洋油气业、滨海旅游业等。

2. 海洋资源丰富

在不破坏资源的前提下，海洋每年可供捕捞的生物资源约 3 亿吨，海洋提供的动物蛋白超过陆上畜产品总量。地球上 97% 的水是海水，海水淡化和海水直接利用已成为缓解沿海地区淡水资源紧缺的重要途径。海洋石油、天然气及天然气水合物资源丰富，潮汐能、波浪能等可再生能源开发前景广阔。国际海底区域的多金属结核、富钴结壳、海底热液硫化物等资源是金属矿产资源的战略性接续基地。

3. 撬动"蓝色经济"

珲春海产品加工

走向海洋，拥抱深蓝。海洋的地位和作用从来没有像今天这样，与国家发展和人民生活如此密切相关。海洋事业的创新发展让蓝色的"中国梦"越来越近，而海洋也将为点亮世界的中国"火炬"提供源源不断的澎湃动力。而海洋经济正是图们江地区"无中生有"的战略性创新产业。

（1）独特的"珲春现象"

图们江区域经济发展需要打破旧产业格局，大力发展战略性新兴产业，而海洋经济正是图们江区域"无中生有"的战略性创新产业。中国图们江地区海洋经济主要在以珲春为主的延边朝鲜族自治州，形成了独特的"珲春现象"。拥有"海产品贸易与加工 + 滨海旅游 + 海上运输业"等多重优势发展海洋经济，珲春毗邻朝俄海产品富集区、临海旅游资源富集区，有铁路和公路口岸与朝俄众多港口毗邻相通，具备了大力发展海洋经济的条件。珲春已形成海产品贸易与加工、滨海旅游、海上运输业三大产业为主的海洋经济发展格局。依托朝俄深海水产资源，形成国外取材、国内加工、国内外销售的发展模式。站上发展新起点，做大、做强海洋经济这块"大蛋糕"，成为珲春产业发展的"重头戏"，已有54家海产品加工企业、94家海产品贸易企业，有20余个海产项目正在全力推进之中。2016年珲春水产品产值达83亿元。

（2）海洋经济带动周边地区发展

除了珲春，还有图们、龙井、和龙、延吉，均以海产品加工、滨海旅游、海洋贸易与海洋运输三种传统门类为主。2015年，延边朝鲜族自治州海洋产业产值实现110亿元。由于俄罗斯远东和朝鲜东部海域有非常丰富的渔业资源，这种资源在世界上十分罕见。同时，在珲春周边200千米内分布着10多个优良港口，有航线与日本海新潟港、秋田港，韩国束草港、釜山港相通，而且延边朝鲜族自治州所处纬度带是明太鱼加工晾晒的最佳地带，最适宜发展渔业加工。从发展渔业加工所需的劳动力资源来看，延边朝鲜族自治州可以从境外引进大量优质的劳动力。从口岸条件来看，2016年8月，对俄珲春口岸、对朝圈河口岸正式被国家质检总局批准为进境食用水生动物指定口岸，而全国获批的海陆空进境食用水生动物指定口岸总共只有46个。这些有利条件为吉林特别是延边朝鲜族自治州发展海洋经济，提供了巨大潜能和可靠保障。

（3）传统海洋经济产业的"重头戏"

图们江区域海洋经济发展，主要有三大传统产业：海产品加工贸易、海上交通运输业、滨海旅游业。海产和海产品加工业在吉林延边已有一定基础，应当继续发挥优势，畅通陆海通道，提升通关效率，将海产品加工贸易培育成吉林海洋经济的一大支柱，在珲春创建国家特色海洋产业园区，重点进行海产品加工贸易，在和龙、龙井、延吉建设明太鱼晾晒及深加工产业园区，在延边朝鲜族自治州形成面向国内外的水产品批发集散中心。

海上交通运输业主要是"借港出海"，只要我们主动参与港口合作开发，确保航线的稳定可持续运营，就能够开创吉林与东北亚区域国家海上合作的新局面。滨海旅游业是有待深入发掘且前景可观的海洋经济产业门类。

图们江临海区域旅游资源丰富，优良的自然资源和海洋环境是其最大的魅力。中、朝、俄三国已就共同建设图们江三角洲旅游圈达成共识，并进行了多次磋商。我国图们江三角洲旅游项目已获国家旅游局批准，进入规划建设阶段。朝鲜地方政府对此也非常积极，多次与珲春市主动对接。中朝俄三国正按照"近期开通珲春—罗先—海参崴陆海旅游，中期开通环日本海旅游，远期开展北冰洋航线游"的构想加以推动，并开展邮轮游，前景十分看好。

(4)海洋经济新兴产业 着眼未来之路

开发海洋经济的战略性新兴产业，一方面，通过技术手段推动传统产业门类的效率升级和产品升级，并加大贸易中介、互联网对传统海洋经济的服务力度；另一方面，以工业化为主体，突出海洋工程装备制造、远洋捕捞、海洋油气开采、海洋生物医药等新兴高科技产业。综合分析我们所处周边环境和日本海资源，可以利用与珲春接壤的俄边境地区丰富的油气资源和远东最大船舶维修中心，开展海上油气资源运输和船舶维修。还可以利用我国远洋捕捞技术到朝鲜开展渔业远洋捕捞。

图们江地区海洋经济正由延边向长春、吉林腹地延伸，包括松原、白城，都可利用海洋发展海洋经济。除此之外，吉林省委提出"向南开放"战略，也为通化、白山利用丹东港口发展海洋经济提供了便利。

4. 海洋经济是图们江地区"走出去"的重要依托

（1）中国图们江地区优势

吉林省东部的珲春市，北望俄罗斯远东地区，南邻朝鲜，现有 3 个公路口岸（国家级一类口岸）和 1 个铁路口岸（国家级一类口岸）与俄、朝相连，中、俄、朝、韩、日五国水路相通，是中国直接进入日本海的最近通道，也是中国从水路到俄罗斯、朝鲜东海岸、日本西海岸乃至北美、北欧的最近点。以珲春市为中心，半径 200 千米的范围内分布着俄、朝两国的 10 多个港口。其中，俄罗斯波谢特港距珲春口岸只有 42 千米，扎鲁比诺港距珲春口岸 71 千米，海参崴港距珲春口岸 170 千米，纳霍德卡港距珲春口岸 340 千米，东方港距珲春口岸 350 千米；朝鲜先锋岗距珲春圈河口岸仅 36 千米，罗津港距珲春圈河口岸 48 千米，清津港距珲春圈河口岸 127 千米。以上各港距日本海新潟港、秋田港、金泽港等港口均在 900 千米以内，距韩国束草港、釜山港等港口 620 千米以内。优越的区位优势使吉林省东部的珲春市具备了沟通东北亚与欧亚大陆腹地经济联系的巨大优势。

（2）四大困难阻碍海洋经济发展

图们江地区凭借"有图们江出海权"的一丝缝隙和"借港出海"的国际合作条件，发展海洋经济，具有极大的特殊性，也一定会遇到各种各样的困难。

一是跨国陆海联运航线的制约。目前，延边朝鲜族自治州与俄罗斯的跨国陆海联运航线主要是五条，可通往韩国束草、釜山和日本新潟，但时常停运，许多进口的海产品经加工后不得不绕道经大连港销往国际市场，极大增加了运输成本，挫伤了企业的积极性。

二是政策扶持问题。延边朝鲜族自治州的海洋产业发展主要靠民间自发形成，规模小、实力差、抗市场风险能力低，应当进行政策扶持。

三是原料来源问题。延边朝鲜族自治州发展海洋产业受到朝鲜半岛复杂的国际局势和俄罗斯局势制约，如何寻找一种互利共赢而且健康稳定的国际合作关系，有待解决。

四是产业提升问题。延边朝鲜族自治州海洋经济还处于传统的产业门类，附加值低，应当在海洋战略性新兴产业方面加大开拓力度。所有这些，需要我们对外持续强化国际合作理念，建立稳固的国际海洋合作关系，并加大对企业的政策扶持力度，改善内部营商环境，有效化解不利因素，使吉林海洋经济取得长足发展。

三、在"一带一路"东北亚方向取得突破

中国在南海吸引了全世界的目光，但同时，中国的战略已经延伸到了日本海、鄂霍次克海和北冰洋。日本海被中国纳入"一带一路"倡议也许只是时间问题。

（一）"一带一路"东北亚新方向的提出

作为中国从陆路进入日本海的唯一通道，也是中国从海上至俄罗斯、朝鲜东海岸、日本西海岸乃至北欧的最近点，吉林省沿边通海，地处东北亚的几何中心，有融入"一带一路"的条件和优势，我国面向东北亚方向的"一带一路"建设主要是：推动黑龙江、吉林、辽宁与俄远东地区陆海联运合作，构建北京—莫斯科欧亚高速运输走廊，建设向北开放的重要窗口，利用内陆纵深广阔、人力资源丰富、产业基础较好的优势，依托包括哈（尔滨）长（春）城市群在内的重点区域，推动区域互动合作和产业集聚发展。中国图们江地区在我国"一带一路"倡议实施中有明确的重要位置。面对"一带一路"的全新开放格局，我们不能再

坐失良机，急需转换思路，让中国图们江地区都铁屑趋磁般思考如何融入"一带一路"，进而做好开放这篇大文章。

（二）图们江地区融入"一带一路"有历史渊源

历史上，图们江地区曾是东北亚海上丝绸之路五条线路之一。据专家考证和历史资料记载，东北亚主要是由环黄海、渤海和日本海国家组成，我国与日本、韩国、朝鲜等国形成了紧密的政治、经济、文化交流局面，这些交流均通过海上贸易往来完成，因此东北亚各国之间逐渐形成了多条海上交通道路，且主要以丝绸为贸易商品。其交通路线有以下五条：一是明州道（今宁波）—韩国、日本；二是扬州、海州（今连云港）—韩国；三是登州（今烟台）—朝鲜、日本；四是大连、丹东—朝鲜半岛西海岸—日本；五是图们江—滨海地区（今俄罗斯海参崴）—朝鲜半岛、日本。这五条道路又通过中国东部和南部海岸的交通与其他地区互相联系，其道路和港口组成了古代东北亚地区海上的交通网，形成了"东北亚海上丝绸之路"。

（三）构建东北亚陆海联运枢纽区

这一定位是图们江地区在东北亚的区位决定的，是国家在"一带一路"倡议中对图们江地区的要求，是"长吉图"战略实施的目标指向，还是东北亚区域国家战略对接的客观需

陆海联运

要。放眼东北亚区域，我国"一带一路"与俄罗斯"欧亚经济联盟"、蒙古国"草原之路"、韩国"欧亚倡议"四国战略要实现较好对接，图们江地区"西连蒙古国""东出日本海""内联东北"的枢纽通道地位，无可比拟。

1. 搞好"外联"

"外联"即向东打通图们江出海通道，让吉林走进日本海，与东北亚区域各大港口相连，向西建设中蒙"两山"铁路与珲春相连，形成新的欧亚大陆桥和东北亚陆海联运大通道，从而带动东北亚区域各国参与合作。由于"图们江区域出海"是"两山"铁路的前沿窗口，"两山"铁路是"图们江区域出海"的腹地支撑，两者互为条件，又相互促进，因此，在当前中、蒙、俄三国关系密切并共同致力于建设经济走廊的形势下，率先推动出海通道建设，就可能取得整个东北亚区域合作的突破性进展。

2. 搞好"内引"

即是将东北大部分区域的国际物流吸引到这条东北亚陆海联运的大通道上。目前，东北地区交通物流网络较为发达，资源最为丰富的东北东部地区，已经贯通"东北地区东部铁路"和"鹤大高速"。贯通东北三省的哈尔滨—长春—沈阳、大连、丹东的高铁，已开通运行。吉林省境内，长珲高速和长珲高铁已开通，长春向西至白城的快速铁路也已开通。如果"两山"铁路贯通形成俄罗斯赤塔—蒙古国乔巴山—中国珲春—日本海的新欧亚大陆桥，中国东北地区包括内蒙古东部，均有公路铁路与这条陆海联运通道的节点站相连，从而为这条通道提供"大进大出"的物流支撑。

（四）开通北极航线

图们江区域从争取出海权、出海口到"借港出海"，走得很艰辛，一直在探索。可以把图们江纳入北极战略的蓝图，开辟北极航线，将其作为我国离北极航线最近的港口区域。

1. 北极航线知多少

东北航道也称为"北方海航道"，大部分航段位于俄罗斯北部沿海的北冰洋离岸海域。从北欧出发，向东穿过北冰洋巴伦支海、喀拉海、拉普捷夫海、新西伯利亚海和楚科奇海五大海域直到白令海峡。在东北航道上，连接五大海域的海峡多达 58 个，其中最主要的有 10 个。西北航道大部分航段位于加拿大北极群岛水域，以白令海峡为起点，向东沿美国阿拉斯加北部离岸海域，穿过加拿大北极群岛，直到戴维斯海峡。这条航线在波弗特海进入加拿大北极群岛时，分成 2 条主要支线：一条穿过阿蒙森湾、多芬联合海峡、维多利亚海峡到兰开斯特海峡；另一条

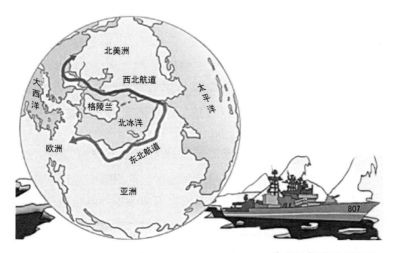

东北亚推进北极航线

穿过麦克卢尔海峡、梅尔维尔子爵海峡、巴罗海峡到兰开斯特海峡。此外，北极航道理论上还有一条穿越北极点航线。这条航线从白令海峡出发，不走俄罗斯或北美沿岸，直接穿过北冰洋中心区域到达格陵兰海或挪威海。由于北冰洋中心区域被多年累积的海冰覆盖，海冰最为密集和厚实，这条航线预计将是最后开通并被利用的。

2. 北极航线通航的可行性

东北航道北极航线一旦通航，便可成为北美洲、北欧和东北亚地区之间最快捷的通道。从欧洲到太平洋有 3 条主要航线，分别为经苏伊士运河、巴拿马运河和非洲好望角到达太平洋。从东北亚前往欧洲或北美东岸，取道北极航线比取道苏伊士运河或巴拿马运河可减少 40% 以上航程。例如，从德国汉堡到日本横滨之间的海运距离只有 6900 英里（约11 105 千米），而通过苏伊士运河则要走 11 430 英里（约 18 395 千米）。虽然北极航线存在海冰问题，但仍可缩短航期，降低成本，并相应减少航运中的能源消耗。如从伦敦到东京的习惯航线须经巴拿马运河，整个航程约 1.3 万海里，若能采用北极航线航程将缩短约 8850 海里。如日本的集装箱从横滨到荷兰的鹿特丹港，经非洲的好望角需要航行 29 天，若经新加坡的马六甲海峡、经苏伊士运河需要 22 天，但如果同样的船舶采用东北航道的北极航线，仅需 15 天就可到达。近年，苏伊士运河、巴拿马运河等传统航线已出现拥塞并存在恐怖袭击、海盗等安全隐患，北极航线则暂不存在这方面的问题。

3. 战略影响

北极航道一旦开通，将对我国产生重大而深远的战略影响，主要表现在缩短运输周期，降低运输成本，对我国对外航运和贸易直接带来经济利益，特别有利于我国的高纬度港口成为新的国际航运中心。从航程来看，我国利用北极航道到达欧洲和北美的距离都将缩短，但幅度不一。从我国东部沿海港口，通过西北航线到达北美东岸的航程，相比起目前经过巴拿马运河，从上海出发航程可缩短约 2000 海里，从珲春出发，则可缩短 3500 海里。而通过东北航线，从我国东部港口到达欧洲的距离比经由红海和地中海的航线大大缩短。以上海港为例，上海到欧洲西部、北海、波罗的海等地港口的航程将缩短 25%，若改从珲春出发则可缩短 55% 的航程。航程缩短带来的海运经济成本是非常显著的。据测算，如果北极航线完全开通，如能充分发挥上海、青岛、珲春附近港口的作用，我国每年可节省 533 亿～1274 亿美元的海运成本。这也同时意味着我国东北地区的珲春将取得重要的国际航运地位。

4. 最快捷的通道

作为我国离北极航线最近的港口区域，吉林有对接北极航线的美好前景。我国中远公司"永盛号"货轮对北极航线的东北航道成功地进行商业利用，标志着我国已初步进入大规模商业利用北极航线的历史时代。北极航线的开通，不仅对我国有重大的战略意义和经济利益，而且对于整个东北亚区域国家与北美洲、北欧国家的贸易往来，架起了一座最快捷的通道，其巨大的经济效益引起全世界的瞩目。

北极航线的开通，将直接改变原有的世界海洋运输格局，将使北极地区的战略地位整体提升，这种变化将导致世界重心向北方偏移，对我国对外航运和贸易直接带来经济利益的同时，有利于我国高纬度港口成为新的国际航运中心，我国最靠近北极航线的吉林珲春，有可能取得与新加坡、我国香港同等重要的国际航运地位，成为北极航线的新贸易中心。总之，通海意味着开放，用海意味着发展，海洋经济必将成为吉林新的增长点。

后　记

　　《漫话图们江与日本海》一书，经过半年多的策划、编撰，终于付梓出版了。编撰本书的初衷是增进人们对图们江流域历史、地理、人文状况的了解，增强对图们江地区地缘政治和国际经贸战略地位的认识，阐释开发图们江、进入日本海、连接北极航线、助推海洋强国建设的构想。

　　研究图们江进入日本海课题，源于图们江是我国东北部直达日本海的唯一通道，基于维护我国享有从图们江口进入日本海的航海权益。可以说，做好这篇大文章，既有历史意义，又有现实意义；既有政治意义，又有经济意义。探索图们江进入日本海，是个很理性的课题。为了普及宣传，通俗解读，本书尝试用漫话形式，附以大量图片，力求将图们江流域的历史、地理、人文，以及进入日本海的契机、挑战、途径，全方位、多角度地展现在读者面前。

　　为保证书稿质量，我们一方面约请通晓图们江历史文化乃至民俗知识的专家，撰写"漫话图们江"的内容；一方面约请研究大图们江国际

316

合作、发展海洋经济方面的学者，撰写"进入日本海"的篇目，体现了叙事与明理、文采与慎思的有机融合。

本书编撰，仰仗中国海洋学会的高端策划和大力支持，依靠吉林图们江分会全力实施，以及海洋出版社的指导和帮助。参与本书撰稿的作者，付出了辛勤的劳动。徐青民为本书统稿，朱岩协调编辑。第一章作者金卉，第二章作者陈海英，第三章作者肖红，第四章作者李明基，第五章作者王兴龙，第六、第八章作者朱岩，第七章作者陈明辉。值此，向上述单位的领导和工作人员、向积极参与本书编撰的各位作者和编辑，表示衷心感谢！本书使用的个别图片，由于权源不详，未能与著作权人一一取得联系，在此表示由衷的歉意。请相关著作权人与本编委会联系。

"日出江花红胜火，春来江水绿如蓝。"让我们继续关注美丽的图们江、神奇的日本海，为加强图们江区域国际合作、助推海洋强国战略凝心聚力、献计献策。

《漫话图们江与日本海》编委会

2018 年 1 月